서비스 시장개방과 생존전략

서비스 경쟁력이 돈이다

김창선 지음

한국경제신문

세계 경제환경이 급속히 변화하고 있다. 정보통신 기술의 발전이 뒷받침되어 경제의 세계화(Globalization)가 급진전되면서, 새로운 차원의 개방과 협력을 통해 경제통합이 가속화되고 있다. 또한 경제구조가 고도화될수록 고부가가치 분야 서비스 산업의 비중이 더욱 높아지는 경제의 서비스화가 일어나고 있다. 경제의 서비스화로 산업의 상호의존 관계는 물론 고용구조도 고부가가치 직종으로 변화를 맞이하고 있다.

경제의 서비스화가 촉진되는 요인은 다음과 같이 세 가지로 집약될 수 있다.

첫째 산업기술의 발전으로 전문화가 이루어져 분업이 발생하며, 둘째 국민소득의 증가는 교육, 보건, 관광 등의 서비스 수요를 증대시키고, 끝으로 정보통신 기술이 생산기술과 접목되면서 기업 서비스의 부가가치를 높이고 있기 때문이다.

경제의 세계화는 개방된 시장경제를 토대로 한다. 세계화된 기업은 이미 국경을 넘어 외국으로 진출하고 있다. 브랜드 기업들은 시장의 개방을 선호하고 있다. 이제 선·후진국을 막론하고 서비스 산업이 국내 생산이나 고용 측면에서 중요성을 더해가고 있고, 서비스 대외교역 규모가 증대됨에 따라 서비스 시장의 개방이 불가피해진다. 그러나 우리의 경우 개방은 '외부의 압력' 에 의해 이루어져왔다.

"우르르 쾅!"

1990년대 초 우루과이라운드 협상의 타결로 쌀 시장이 개방되자 협상 실패를 빗대어 언론보도의 제자(題字)로 등장한 말이다. "쌀 시장 개방만은 막겠다"는 국민에 대한 공약이 깨지자, 대통령의 사과문 발표에 이어 총리를 비롯한 관계 장관들이 한꺼번에 사퇴했던 모습이 떠오른다. 2001년 11월 카타르 도하에서 열린 WTO(세계무역기구) 각료회의는 새로운 라운드의 무역협상인 '도하개발의제(Doha Development Agenda)' 를 채택했다. 농업시장의 개방 확대와 함께 서비스 시장의 본격적인 개방을 예고한 셈이다. "자라 보고 놀란 가슴 솥뚜껑 보고 놀란다"고 우리 국민의 이목이 이제 뉴 라운드 협상에 쏠리고 있다.

도하개발의제 하의 서비스 협상은 금년 초부터 이미 개시되었다. 미국, 유럽 연합(EU), 일본, 싱가포르, 호주, 뉴질랜드, 중국 등 한국시장

진출을 노리는 회원국들은 "서비스 시장을 개방하라"며 협상요구서를 제출해놓고 있다.

2003년 3월 말까지 우리의 개방안을 제시해야 한다. 협상의 전초전은 시작되었다. 우리의 국민소득이나 고용구조 면에서 60%를 상회하는 서비스 산업이 거센 개방의 압력을 받고 있다. 그 동안 외국기업과의 경쟁에 무관심한 채 국내장벽의 보호를 받아왔던 교육, 법률, 의료 서비스, 시청각 분야도 개방이 불가피하게 됐다. 이제 살 길은 우리 서비스 산업의 경쟁력을 키우는 일이다. 우리 산업이 경쟁력을 갖출 때 외국시장의 진출도 가능하게 되며 세계는 우리의 일터가 된다.

이 책은 서비스 기업의 경쟁력을 강화하기 위한 발전전략을 다루고 있다. 필자는 지구촌시대에 21세기 경제를 조망하면서 경제 서비스화의 현실과 서비스 시장개방을 둘러싼 WTO 협상을 중점적으로 소개하고, 우리나라 서비스 산업의 실태를 두루 살펴보았다. 특히 이 책에서 다룬 세계적인 명성을 지닌 12개 브랜드 기업들은 모두 경쟁우위를 지키기 위하여 핵심가치를 지닌 서비스(core value service)를 공급하고 있다. 우리기업이 어떻게 하면 브랜드 기업으로 변화할 수 있을까? 기업의 경쟁력 강화의 핵심은 소중한 자산인 사람과 지식과 문화를 토대로 핵심가치(core value)를 창조하여 보존하는 데 있다.

서비스 교역에 관한 다자간 협정인 WTO 서비스협정(GATS)이 탄생한 지 10년이 지났는데도, 국내에서는 서비스 경제에 관한 전문서적을 찾아보기 힘들다. 이 책은 필자가 공직에 몸을 담고 있는 동안 국제경제와 통상교섭 실무에서 익힌 산지식과 경험은 물론, 후버연구소(Hoover Institution)에서 객원연구 생활을 하는 동안 수집한 자료와 석학들과의 대담을 토대로 엮었다. 서비스 경제에 관한 이론적인 틀이 아직 확립되어 있지 못하고 서비스 산업에 대한 통계 역시 부족한 현실에서, 학계의 연구나 기업의 경쟁력 강화에 밑거름이 되기를 바라는 소박한 마음에서 감히 이 책을 출간하기로 결심했다.

이 책을 출판하기까지 필자는 많은 사람들의 도움을 받았다. 연구생활을 하는 동안 후버연구소의 존 레이지언(John Raisian) 소장, 토머스 H. 헨릭슨(Thomas H. Henrikson) 부소장, 라먼 H. 마이어스(Ramon H. myers), 마이클 J. 보스킨(Michael J, Boskin), 힐튼 L. 루트(Hilton L. Root), 래리 J. 다이아먼드(Larry J. Diamond) 등 여러 수석연구원들은 필자에게 학술적인 조언과 연구자료 지원에 큰 도움을 주신 분들이다.

국내외 경제자료 수집과 통계작성에는 재정경제부와 외교통상부의 동료들과 통계청의 김민경 국장을 비롯해 대외경제정책연구원, 한국은행 등 여러 기관 임직원들의 도움이 많았다.

필자가 집필하는 동안 Elizabeth Chung과 임현정 씨는 어려운 원고 교정과 워드프로세싱에 수고를 아끼지 않았다. 이 모든 분들께 깊은 감사를 드린다.

　도하개발의제 협상이 개시된 이후 본격적인 서비스 시장의 개방을 앞두고 산업의 경쟁력 강화가 시급한 과제임을 인식하고 출판을 기꺼이 맡아주신 한경BP 여러분께도 이 지면을 빌어 감사를 드린다.

2002년 12월

김 창 선

■ 차 례

■ 머리말__3

제1장 브랜드 기업들의 핵심가치 서비스

1. 유통부문 : 월마트, 아마존닷컴__15

2. 교통부문 : CNF__27

3. 금융부문 : 찰스 슈왑, E*TRADE, 메릴 린치__36

4. 관광부문 : 노보텔__44

5. 교육부문 : 스탠퍼드 대학__57

6. 통신부문 : KT 통신__67

7. 의료부문 : M. D. 앤더슨 암센터__76

8. 전문직 서비스 부문 : 앤더슨 월드와이드, KPMG__86

9. 특급배달 서비스 부문 : DHL__94

제2장 서비스 경제시대의 경쟁전략

1. 브랜드 기업의 경쟁우위 진수를 찾아라___105

2. 브랜드 기업의 핵심가치___107

3. 고객과 한 마음___112

4. 지식의 창조와 전수___126

5. 서비스 기업문화를 창조___147

6. 지구촌을 향하여___157

제3장 지구촌 시대의 서비스 경제

1. 20세기 우리의 두 가지 국치(國恥)___173

2. 21세기 경제를 조망___183

3. 열린 시장경제___191

4. 경제의 서비스화___198

5. 서비스 시장의 세계화___210

제4장 '도하개발의제'의 파고

1. 우루과이라운드의 발자취__ 217
2. WTO 협상전선__ 234
3. 서비스 시장을 열어라__ 268
4. 우리 경제의 현주소__ 292

■ 참고문헌__ 315

브랜드 기업들의 핵심가치 서비스

기업의 성공은 끊임없이 재창조하는 속도와 효과,

노하우를 전수할 수 있는 지식의 제도화,

그리고 네트워킹을 통해 서비스가 가능한 조직의

문화를 창조하는 데 있다

1
유통부문 : 월마트, 아마존닷컴

　유통산업에서도 인터넷 서비스 시대가 열렸다. 가장 혁신적인 온라인 창업의 본거지는 소매업이다. 아마존닷컴은 소매업에서 계속 혁신적인 변화를 일으키기 위해 아주 작은 부분도 놓치지 않는다. 소매업의 주요기업인 월마트도 포기하지 않고 있다. 월마트는 소매업의 성공이 고객에 달렸음을 인식하고, 고객을 위한 인터넷 서비스를 시작했다.

　월마트닷컴(walmart.com)의 사무실은 캘리포니아 실리콘 밸리에 소재 하지만 그 기업정신과 혼은 월마트 소재지인 아칸소 주 벤턴빌에 남아 있다. 월마트닷컴은 월마트 주주와 종업원, 액셀파트너(실리콘 밸리의 가장 존경받는 벤처기업인)가 공동 소유한다. 월마트닷컴은 자체 이사진과 경영진을 둔 독립회사다. 2000년 9월 월마트닷컴은 자신들의 사이트를 개편하기 위해 몇 주 동안 문을 닫기로 결정했다. 고객의 이익을 마음에 두고 닫은 것이다. 모든 사람이 놀랐고, 사장은 다음과 같이 얘기했다.

"이것은 단거리 경주가 아닌 마라톤 경기입니다. 온라인 판매는 월마트 총판매고의 일부이기 때문입니다."

월마트는 널리 알려진 브랜드다. 거래처와 아주 좋은 관계, 고도로 능률적인 사무체제, '언제나 저가(Always low prices)'를 지키는 철학, '고객제일'이라는 신념을 가지고 있는 소매회사다. 1962년 월마트가 문을 연 이래로 많은 변화가 있었지만, '최저 가격에 최고의 가치 창조'라는 월마트의 조직목표는 여전히 지켜지고 있다.

고객이 월마트 매장을 들어서거나 컴퓨터를 켜서 웹사이트를 방문하면 항상 따뜻한 환영인사를 받을 수 있다. 월마트의 온라인 전략은 매장과 온라인에서 최상의 소매 서비스를 이루겠다는 목표 아래 진행되고 있다. 실제 매장에서 한 달에 하나 팔리는 품목도 온라인에서는 훨씬 많이 판매되는 품목이 될 수도 있다. 온라인에서 상품을 검색해본 후 매장에서 그 물건을 찾을 수도 있다. 웹사이트는 새로운 기회를 제공해주며, 좀더 효과적으로 공간을 이용하는 셈이다. 이것은 소매 분야에서 결정적인 요소가 되고 서비스 비용을 최소화하기 위해 온라인 상품선정에 있어 신중을 기하게 된다.

월마트는 유통업계에서 가장 세계적인 선두주자다. 월마트의 판매 전략은 고객에게 최상의 편의를 제공하고 많은 제품선택의 기회와 더불어 더욱 낮은 가격을 보장하는 것이다. 월마트의 가격은 언제나 낮으며 고객 서비스는 우수하다. 월마트는 최저 가격을 유지하기 위해 비용을 신중히 관리한다. 고객들은 절약을 위해 세일(sale) 기간이 돌아올 때까지 기다릴 필요가 없다.

월마트가 고객들로부터 오늘날까지 인기를 누리는 핵심요소는 지역사회와의 일체감이다. 쇼핑하러 온 사람들은 어느 매장의 입구에서나 환영인사를 받는다. 각 점포는 대학 장학금을 받은 그 지역 고교졸업반 학생들을 우대한다. 또한 지방특산품을 자랑스럽게, 자주 전시해준다. 자선기금을 어디에 내야 할지를 종업원들이 결정한다. 월마트는 고향의 정취를 지니고 있어 가장 세련된 유통망으로 인식된다. 지역사회의 수요에 맞게 상품을 골라 맞추는 일도 게을리하지 않는다.

1992년 조지 부시(George Bush) 대통령으로부터 자유의 메달을 수상한 창업자 샘 월턴(Sam Walton, 1918~92년)은 수상소감을 이렇게 말했다.

"우리 모두는 함께 일합니다. 그것이 비밀이지요. 우리는 모든 사람의 생활비를 낮춰줍니다. 미국뿐만 아니라 전세계에서 우리의 고객들이 저축하면서 더 좋은 생활양식을 가꾸도록 기회를 제공합니다. 우리는 지금까지 이룬 우리의 성과를 자랑스럽게 생각하며 이제 새로 시작합니다."

그가 남긴 이 말은 3가지 절대원칙으로 월마트 기업정신에 뿌리내려 있다.

첫째 원칙은, '열 발자국 이내 몸가짐(10-foot attitude)' 이다. 창업자인 월턴은 매장을 돌아볼 때마다 직원들에게 늘 이렇게 말했다. "고객이 열 발자국 이내로 근접했을 때 고객의 눈을 바라보고 인사를 한 다음 '무엇을 도와드릴까요?' 하고 상냥하게 물어보라. 이 약속을 지킬 수 있겠지?" 웹사이트 내에서도 이 원칙을 어떻게 구현할지 항상 기획하고 있다. 고객이 편리하게 이용하고 더 좋은 쇼핑 기회를 갖게 하려고 노력한다. 변화에 변화를 거듭하지만, 한 가지 변하지 않는 것은 고객에 대한 약속을 지키는 것이다. 즉 고객의 요구에 최우선 순위를 두는 것이다.

둘째 원칙은 '좀더 싼 가격(lower price)'이다. 샘의 가격철학은 변함이 없다. 월마트 최초의 매장지배인은 이렇게 회상한다. "샘은 우리들에게 물건값에 장벽을 치지 말라고 했습니다. '카탈로그 가격이 1달러 98센트이지만 우리가 납품회사에 50센트밖에 지불하지 않았으니 30%만 더 붙여라. 싸게 산 것은 고객에게 돌려주어야 한다.'" 월마트닷컴은 이 원칙을 오늘도 지키고 있다.

세번째 원칙은 '일몰규칙'이다. 월마트에서 가장 신중하게 선택한 규칙이다. 오늘 내에 해야 할 일은 해가 지기 전까지 마무리하는 것을 원칙으로 삼는다. 소비자로부터 어느 매장에서 요청을 받든지 또는 매장 내에서 전화를 받든지 모든 요구를 당일 내로 처리하라는 것이다. 이것은 온라인 서비스에서는 가장 쉽게 적용할 수 있을 것이다.

월마트의 핵심경쟁력은 ① 고객에 밀착하는 강한 조직문화 ② 고객 중심의 조직 ③ 능률적이고 IT 집약적인 재고관리 ④ 월마트닷컴과 지상매장 사이의 통합운영 등에 있다.

아마존닷컴(Amazon.com)

"우리 아마존닷컴에는 한 가지 전략이 있는데, 그것은 고객에게 최고의 쇼핑경험을 제공하는 것이다. 아마존닷컴의 마음과 정신은 고객이 더 좋은 쇼핑을 하도록 하는 것이다." 이 회사의 창시자요 최고경영자인 제프 베조스(Jeff Bezos)의 말이다.

아마존닷컴은 월마트와 유사해보이지만 그것은 아니다. 아마존은 세계에서 가장 고객 중심적인 회사다. 아마존의 진정한 가치는 혁신이

다. 이 회사는 기술을 개인 서비스와 신축적인 판촉을 하는 데 창조적
으로 사용했다. 경영자 베조스에 의하면 모든 고객을 위해 점포를 새롭
게 단장할 것이라고 한다. 즉 2,500만 명의 고객을 위해 2,500만 개의
가게를 준비한다는 것을 의미한다.

이 회사는 일반적인 회사에서 경험한 것을 바탕으로 어떤 면에서 단
순하고 효과적인 변화를 통해 인터넷 점포를 혁신했다. 이 가상매장은
고객들의 이름을 불러주며 인사를 한다. 고객들은 특정제품에 대해 다
른 고객이 작성한 상품의 품질평가 의견을 읽을 수 있다. 여기에서는
고객 누구나가 자신의 선호에 따라 물건 선택이 가능하다. 물건 이름만
알면 상세한 설명을 찾을 수 있다. 모든 책도 취급한다. 고객들은 선물
구입에 관한 적절한 권고의견을 엿볼 수도 있다.

아마존닷컴은 1995년 7월에 도서를 판매하는 가상점포의 문을 열었
다. 지금까지도 온라인 책 판매에서는 선도적인 위치에 있다. 1998년 6
월에는 음반매장을 구축했는데, 그 해 10월 말 온라인 음반판매 1위를
기록했다. 1998년 11월에 비디오 매장을 열어 3개월 만에 위업을 달성
했던 것이다. 2001년 전자제품에서도 같은 위업을 반복했다. 베조스는
말한다.

"우리 회사는 서점도 아니고, 음반회사도 아닙니다. 그리고 우리는
비디오 회사도 아닙니다. 우리는 경매회사도 아닙니다. 우리는 고객의
회사일 뿐입니다"

아마존닷컴의 한 고객이 고백한 이야기를 들어보자. "아마존의 성공
은 세계를 지향하는 태도입니다. 라이벌 회사는 아마존을 피할 방법을
생각하고 있으며, 고객들은 자유로운 찬사로 감정을 표출하려고 합니
다. 귀사의 사이트는 위험스러워요. 나의 봉급의 절반을 이 곳에서 쉽

사리 지출해버릴 수도 있지요. 나는 서적과 도서관을 좋아합니다. 나는 귀사의 사이트에서 내가 원하는 많은 물품을 발견합니다. 주문하기 쉽고 접속시 너무나 친절하므로, 이 새로운 버릇이 나를 영원히 타락시킬 것 같은 생각이 들어요." 아마존은 고객중심 사례를 창조함에 있어서 매우 섬세하다. 특집 뉴스를 제공할 때 고객이 쉽게 다운로드(download)할 수 있도록 웹사이트에 작은 그래픽 콘텐츠를 싣고 있다.

또한 아마존의 인터넷 서비스를 강하게 뒷받침해줄 수 있었던 것은 회사전용 소프트웨어와 시스템 개발에 많은 투자를 했기 때문이다. 쇼핑에서 어려움을 겪는 일이 없게 하고 고객이 더 좋은 경험을 할 수 있도록 항상 새롭고 혁신적인 방법을 찾고 있다. '1회 클릭' 및 '선물 클릭(Gift-Click)'은 소비자가 당황하지 않고 손쉽게 쇼핑할 수 있도록 만들어져 있다. '희망 품목(Wish list)'은 선물을 하고 싶은 경우의 난감함과 불안감을 없애준다. '1회 클릭'은 고객이 품목을 고르고 난 후 대금지불과 상품인도를 한 곳에서 처리하도록 한다. 구매 때마다 같은 화면에 자주 들어갈 필요가 없다.

구입도서 반환정책은 편집자의 추천에 대한 신뢰와 평가를 가능하게 한다. 심지어 책을 다 읽은 후에도 어떠한 책이든 반환이 가능하도록 허용한다. 책 모서리가 구겨졌거나 닳았어도 상관없다. 심지어 책의 내용이 나빠서 몇 페이지를 잘라버렸어도 전액 환불이 가능하다. 과거에는 읽지 않은 것으로 깨끗한 상태여야만 반환이 가능했다. 반환정책을 새롭게 변경한 것은 고객만족을 위한 약속의 결과이다. 아마존의 고객에 더 좋은 서비스를 제공한다는 약속은 수많은 혁신을 가져왔다. 아마존닷컴의 핵심경쟁력은 ① 비전 있는 지도력 ② 선구자적 위치 ③ 최고급 온라인 고객 서비스 ④ 특수기술의 뒷받침 등이다.

2000년에 '장난감 탐구(Toy Quest)' 대회가 있었다. 어린이들을 초청해 그들이 장난감을 디자인하고 꿈을 창조하도록 했다. 12세 이하 어린이들에게 유명한 장난감 발명가가 될 기회를 제공하기 위해 '아마존장난감 탐구'에 아이디어를 보내게 했다. 아마존에서도 어린이가 어떤 장난감을 갖고 싶어하는지 궁금했고, 가장 흥미 있는 장난감을 창조해 보도록 주문했다. 이를 통해 채택된 장난감 발명가에게 대학진학 비용에 상응하는 저축채권과 장난감 판매액의 7%를 채권의 형태로 지급했다.

월마트의 변신

월마트는 1996년 7월 월마트와 샘스 클럽(SAM'S CLUB)에 웹사이트를 가지고 인터넷 거래를 시작했다. 매일 최저가격을 유지하기 위해 인터넷 이용이 가능한 특정제품과 서비스를 고르는 데 노력을 집중했다. 월마트는 온라인상에서 절대적 가치의 선도자가 되기를 원했다.

이 꿈을 실현하기 위해 표준 웹(web) 소매방식을 개발하고자 마이크로소프트와 협력했다. 온라인 소매점을 방문할 때마다 동일한 사이트 설계와 편리한 쇼핑 체제를 고객에게 제공했다. 사이트의 입구는 고객을 맞는 '환영인사(greeters)'로 꾸며져 있다. 인터넷 이용자에게 입구, 쇼핑 카트, 거래보증, 고객 선호품, 신제품을 선보인다. 1996년 9월까지 월마트의 사이트는 25대 쇼핑 사이트에 속해 있었다. 월마트는 수시로 온라인 채널에 혁신을 기했고, 초대형 매장보다 더 많은 품목을 온라인상에 선보였다.

1998년 사이트에서 가장 잘 팔리는 품목은 의외로 월마트 매장에서와 달리 롤렉스 시계와 나이키 티셔츠였다. 1997년 웹사이트에 신선한 해산물을 신규품목으로 올렸다. 5개의 해산물 중 선택만 하면 24시간 이내에 소비자의 집으로 배달되어 신선도가 보장되었다. 같은 해 월마트는 주요 카드 회사의 인준을 받아 개발한 새로운 지불카드 보안 시스템(SET)을 확립했다.

월마트는 1997년에 음반 카테고리를 온라인 사이트에 올려 모두 10만 품목 이상을 취급했고 1997년 말에는 14만 품목으로 확대했다. 스포츠 용품부터 생화(生花)까지 27개에 이르는 주종 카테고리를 두고 있다. 1997년에 월마트는 공개적으로 다른 기업의 경쟁도전을 받아들이겠다고 선언했다. "월마트는 소매업을 하는 곳이다. 소매에 관해 어떤 경쟁자와도 경쟁한다. 인터넷은 매우 인기 있는 분야다. 21세기 성장시장으로 부상할 것이다." 인터넷 소매업은 이윤이 아주 박하다. 배달, 상품반환, 자료보안과 같은 사소한 문제가 시행 이전에 완벽히 해결되어야 한다. 인터넷 사업이 개시되면 기술, 유통, 분류, 최저가격이 취급되어야 한다. 월마트는 2000년에 41개의 할인점과 167개의 슈퍼센터를 개설했고, 샘스 클럽은 13개 신규 클럽을 개방했다.

반스 앤 노블닷컴(Barnes & Noble. com)

아마존닷컴의 출현으로 가장 타격을 받은 기업은 반스 앤 노블스 (Barnes & Nobles)이다. 이들도 온라인 진출을 하지 않을 수 없었다. 월마트가 인터넷에서 좀더 공격적이다. 〈포천(Fortune)〉은 500대 기업으로 미국의 최대 서적판매회사인 반스 앤 노블스로 재 탄생해 인터넷

회사를 두기까지 값진 유산을 지니고 있었다. 1917년에 창설한 뒤 서적판매의 개념을 혁신적으로 재설정하며 성장해왔다. 서점은 지역사회의 중심인 것이다. 책표지의 선정과 점원의 훈련에 이르기까지 모두 이러한 철학이 반영되고 있다. 서점 내에서 지역사회 행사, 저자와의 만남, 저자 서명, 문예행사 등이 개최되고 있다.

반스 앤 노블스는 1975년 TV에 광고를 처음했으며 1985년 출판부를 만들어 우수도서 출판을 시작했다. 1991년에는 대형서점(superstore) 개념을 도입했다. 풍부한 도서 선택의 기회제공, 경험 있는 점원, 카페와 잡지, 지역행사, 어린이 코너가 있는 따뜻한 분위기 조성 등이 가능해졌다. 1997년 5월에 온라인을 개설했고, 1999년 5월 www.bn.com이 나스닥(NASDAQ)에 공개 상장해 4억 7,000만 달러를 조성했다. 2000년 수익은 3억 2,000만 달러를 기록했으며 730만 명의 이용고객을 확보하고 있다.

인터넷 거래에서 반스 앤 노블스가 아마존에는 뒤지지만 무엇보다 값진 자산 가치를 보유하고 있다. 오랜 경험을 갖춘 3만 명 이상의 서적 판매직원을 보유하고 있고 마케팅과 지역사회와 깊은 연관성을 맺고 있어 시 낭독, 토론집단, 작가모임, 저자 초빙 등의 모임이 지속되고 있다. 특수우편 주문으로 50개국에 100만 건 이상의 책을 선적한다. 2만 개 이상의 출판사와 사업관계를 구축하고 있으며 저자와의 관계도 돈독하다. 특히 저자와의 관계는 다른 곳과 매우 다른 차별화를 보인다. 저자와 독자와의 상호관계를 갖는 행사에 저자로부터 지원을 받기가 수월할 수 있다.

2000년 9월 비엔닷컴(bn.com)과 반스 앤 노블스는 대통합 선언을 했다. 551개 서점에 인터넷 서비스가 가능한 카운터를 설치한 것이다.

고객은 서점의 어떤 책도 비엔닷컴을 통해 주문이 가능하게 되었고 어느 가게에서 구입한 책이나 CD도 반환할 수 있게 되었다. 비엔닷컴은 기업 간 거래(business to business: B2B) 영역으로 사업을 확장시켰다. 비즈니스 솔루션(Business Solutions) 프로그램이 〈포천〉 1,000개 회사에 도서구매 과정을 단축시키고 인트라넷 서점을 제공한 것이다.

2000년 9월에는 기업의 전문 기술서적을 주로 취급하는 제3대 온라인 서점인 팻브레인닷컴(Fatbrain.com)을 흡수했다. 세계적인 〈포천〉 1,000개 기업 중 350개사의 직원 350만 명의 데스크탑을 온라인으로 연결했다. 팻브레인은 이들의 회사경영자, 직원, 고객 등에게 기업정보, 전문서적의 구독과 유통, 디지털 정보를 제공할 수 있는 시스템이다. 2000년 8월에 반스 앤 노블스 대학이 무료 원거리 학습과정을 개설했으며, 2000년 5월부터 뉴욕 내 고객에게 당일 배달 서비스를 실시했다.

비엔닷컴(bn.com)은 '디지털 콘텐츠'의 선두 공급자가 되겠다는 비전을 분명히 하고 있다. 'e-지식회사'가 되어야 한다는 것은 아마존의 혁신의 그늘에서 나온 방안이었다. 비엔닷컴은 그 밖에 e-비즈니스 분야에 투자를 적극적으로 모색하고 있다. 할인잡지공급 주력 사이트인 enews.com, 프린트와 포스터를 주문 생산하는 BuyEnlarge, 온라인 브랜드 대학교를 개발하는 선구자인 notHarvard.com, 그리고 디지털 콘텐츠 공급자인 MightyWords 등이다.

월마트도 인터넷에 성공

월마트는 월마트 점포에서 쇼핑하는 9,000만 고객의 늘어나는 수요를 만족시키기 위해 무수한 개인 쇼핑 지원, 여행 서비스, 사진 센터를 갖춘 새로운 월마트닷컴을 2000년 1월에 개설했다. 비엔닷컴(bn.com) 처럼 온라인 책, 음반, 비디오 게임, 홈 비디오만도 10배나 증가시킴으로써, 50만 품목의 물품을 갖추게 되었다. 월마트 사업개발 담당수석 부사장인 글렌 하번(Glenn Habern)은 "이것은 경기가 아니고 여행입니다. 우리의 혁신은 모험적이긴 해도 기대가 됩니다. 우리는 고객에게 초점을 두고 있으며, 그들은 우리의 기대입니다. 월마트의 새로운 인터넷 상점은 고객을 마음 속에 두고 설계했습니다"라고 말했다.

월마트는 2000년 9월 다시 인터넷 사이트를 개편했다. Walmart.com 은 카테고리별 매장(store)에 모든 것을 담아 깨끗하고 단순하게 개편했다. 고객은 가격, 브랜드, 인기품목별로 검색이 가능하게 되었다. 월마트 인터넷 사이트는 특별한 유행에 맞추어져 꾸며진 것은 아니더라도, 고객이 쇼핑하기에 편리하게 소매업의 경험을 바탕으로 설계되었다는 장점이 있다. 월마트는 고객관리를 중요하게 생각하는 만큼 비즈니스 파트너의 선택에서도 신중했다. 부가가치를 낼 수 있는 기업과 제휴(value-added alliances)를 추구한 것이다. 미국의 항공사 중 사우스웨스트 항공사(Southwest Airlines)가 비용 면에서 저렴하고 고객 지향적인 항공사였기에 이 회사를 택해 연결시켰다.

비결은 혁신의 지속

아마존이 현 위치를 굳히고 있는 비결은 혁신의 지속에 있다. 여러 가지 혁신 아이디어들이 항상 생명을 지속하지는 못하지만 혁신의 지속은 성공의 비결이다. 각 고객에게 무료 음성 메시지를 보내고, 시와 음악을 실은 전자 인사 카드를 보낸 것은 아마존이 최초였다. 고객 컴퓨터에 사운드 카드가 없는 경우, 무료 전화를 걸면 음성인사말을 들을 수 있게 했다.

아마존닷컴의 지속적인 혁신 추진력은 성공의 비결이다. 2001년 4월 아마존은 보더스닷컴(Borders.com)과 매우 재미있는 제휴를 했다. 이를 통해 아마존닷컴의 풍부한 책, 음악, 비디오, DVD의 선택과 보더스닷컴이 공급하는 지리정보, 점포 내 각종 행사정보, 일정 등에 관한 정보를 동시에 제공하게 되었다. 이어 아마존닷컴은 장난감 전문소매업체인 토이스알어스(Toys "R" Us)와도 제휴했다. 온라인의 경쟁우위와 오프라인(off-line) 소매점의 윈윈(Win-Win) 전략을 모색한 것이다.

아마존닷컴은 끊임없이 신기술에 투자하고 있다. 최초로 이동전화를 이용한 상거래(m-commerce)가 가능하도록 준비한 것 등이 그 예이다. 고객지향 정보 시스템을 갖추고 직원훈련도 시키고 있다.

지금까지 유통 서비스 분야에서 월마트와 아마존닷컴, 반스 앤 노블스를 중심으로 그들의 경영전략을 알아보았다. 결국 월마트는 물리적 매장중심인 소매업에서 선두주자이고, 아마존닷컴은 온라인상의 제왕이라고 볼 수 있다. 두 기업 모두 지속적인 혁신을 전개함과 동시에 탁월한 서비스에 경쟁우위를 두고 있다. 기업의 성공은 끊임없이 재창조하는 속도와 효과, 노하우를 전수할 수 있는 지식의 제도화, 네트워킹을 통해 소매 서비스가 가능토록 하는 조직의 문화를 창조하는 데 있다.

<h1 style="text-align:center">2
교통부문 : CNF</h1>

　　최근 기업경영에서는 재고를 줄이고 회전율을 높이는 일이 경쟁의 주요 쟁점이기 때문에 공급 체인을 효과적으로 관리해야 할 중요성이 크게 늘고 있다. 미국의 예를 들면 공급 체인이 GDP에서 차지하는 비중은 10%(9,000억 달러)에 상당하는 것으로 추산된다. CNF는 공급체인서비스 회사로서 제조업체, 유통업체, 정부조달 물품을 세계 각지로 운송해 제품의 부가가치를 높이는 역할을 담당한다. CNF는 여러 산업분야에서 필요로 하는 원자재의 확보 및 조달과 복합운송을 위해 정보 네트워크를 통합·경영하여 적시공급을 목표로 하는 회사다. CNF는 연간 250억 파운드의 화물을 운송함으로써 60억 달러의 이익을 내고 있다. 현재 화물운송의 성격은 화물운송과 트럭 수송에 의존했던 것에서 정보화 시대에 걸맞는 정보 인프라를 구축하는 방향으로 혁신을 하고 있다. 따라서 기술투자가 중요시된다. CNF도 2000년 12월, 미국 오

리건주 포틀랜드(Portland)에 신기술 센터(AdTech Center)를 운영하고 있다. CNF는 인터넷을 통해 고객의 서비스를 요청받아 그들과 거래하고 있다. 또한 첨단설비를 갖춘 대리점을 설치하고, 창고관리, 주문, 추적, 운송시간 단축을 위한 수송 루트 최적화 시스템을 갖추어 경영하고 있다.

'현상유지는 금물'

한 기업의 역사와 전략에 관한 책, 《현상유지는 금물(Never Stand Still)》은 미국 서부연안의 작은 도시에서 사업을 하던 조그만 트럭 운송 회사가 연간 60억 달러의 수익을 올리는 대기업으로 성장한 역사이자, 이 회사의 고유문화를 대변하고 있다. CNF 회장 도널드 모피트(Donald Moffitt)는 1999년 창립 70주년을 맞아 회사의 지나온 발전과정을 깊이 연구하여 새로운 기업전략을 세우고 회사문화를 창조하자고 제안했다. 이 사업을 위해 2명의 박사(Dr. Cantelon & Dr. Durr)에게 용역을 주었고 그 보고서가 《현상유지는 금물》이라는 책으로 발간되었다. CNF가 바로 이 책의 주인공인 것이다.

CNF의 창설자인 리랜드 제임스(Leland James)는 윈드 서핑(wind surfing)과 보트 놀이(boating), 등산과 캠핑, 전문 스포츠, 극장, 예술의 정취가 서린 미국의 오리건 주 포틀랜드에서 타이어 소매업으로 사업을 시작하여 도시 간 버스 회사를 운영하고 있었다. 사람을 수송하기보다는 화물을 운송하는 것이 수지가 맞을 것 같다는 그의 생각은, 1929년 4월 1일 버스를 팔고 트럭 운송업을 시작하는 계기가 되었다고 한다. 그는 일찍부터 회사소개를 담은 팸플릿에 "우리 회사는 정지하는 것을 원하지 않는다"고 밝히고 있다. 1998년에 새로 취임한 최고경영자 그레고리 퀘스넬(Greg Quesnel)은 "CNF는 변화와 성장을 지속할 것이다"라고 다짐했다.

그들은 결코 정지하지 않았기 때문에 미국 동부에 비해 도로 사정이나 수송 여건이 불리함에도 불구, 서부의 작은 트럭회사가 세계의 기업으로 성장할 수 있었던 것이 아닐까? CNF는 콘웨이 운송서비스(Con-Way Transportation Services), 멘로 월드와이드(Menlo Worldwide)라는 두 개의 커다란 회사와 기타 자회사를 두고 있다. 콘웨이 운송서비스는 국내운송을, 멘로 월드와이드는 국제운송 업무를 주로 맡아보고 있다. CNF가 다른 운송회사와 다른 점은 육로운송, 항공화물, 선박화물, 통관대행, 물류관리뿐 아니라 전자상거래와 트레일러 제조를 통합 운영한 공급체인 서비스를 통해 부가가치를 제고하고 있다는 것이다. 지난 25년 동안 이 회사는 뉴욕 증권거래소의 수송부문 상장회사 가운데 판매고와 이윤에서 줄곧 선두주자였으며, 벤치마크 주식임을 인정받았다. 오늘날 세계 120만 고객을 확보하고 연간 2,000만 건의 화물(300억 파운드)을 운송한다. 미국 내 20만 개 지역과 세계 200개국에 운송망을 갖추고 있어 세계 최대규모를 자랑한다.

그레고리 사장은 최근 들어 세계경제가 침체된 가운데 미국의 9·11 테러 사태가 일어나 경기회복이 지연되자, 2001년 초 모든 투자가에게 회사수익이 낮아졌음을 투명하게 밝히고 새로운 혁신을 단행할 것을 약속했다. 기업의 핵심전략은 가치를 창출하는 것이므로, 단순한 운송사업에서 탈피해 세계적 공급체인을 형성해나가는 것이 새로운 좌표임을 천명했다.

2001년 12월, 기존의 항공운송 서비스를 담당하는 에머리 월드와이드(Emery Worldwide), 멘로 로지스틱스(Menlo Logistics), GM의 화물 유통 서비스 담당 벤처기업인 벡터(Vector SCM, 2000년 설립) 등을 연합하여 멘로 월드와이드(Menlo Worldwide)를 설립함으로써 공급 체인과 물류유통을 통합했다. 항공, 해운, 육로수송에 있어서 광범한 정보체제를 보유하고 운송, 보관, 재고관리, 통관 등의 공급체인 서비스를 갖추어 부가가치를 증대시킬 수 있게 되었다. 경제가 빨리 회복되지 않아 2000년 3분기부터 사업이 축소되기 시작하자, CNF는 이에 대응하여 재무구조를 조정했다. 즉 사업운영비와 행정비용을 절감하기 시작한 것이다. 반면에 오리건 주 포틀랜드에 새로운 기술 빌딩을 세워 기술담당 직원들과 세계의 모든 자료 센터를 수용했다. 경기 후퇴에도 불구, 콘웨이 운송서비스는 2001년에 사업수익을 크게 올린 가장 효율적인 운송회사로 평가받았다.

CNF의 트럭운송은 70년 이상의 역사를 갖고 있다. 대공황이 일어나던 1929년에 회사를 창립했기 때문에 경기침체에 잘 적응하는 노하우는 일찍부터 익숙한 것이었으나 2000년 말 새로운 기업전략을 바탕으로 새로운 출발을 하던 중 맞게 된 경기침체는 새로운 적응력을 갖게 하는 기회가 되었다. 콘웨이처럼 경기침체기에 경영의 효율이 높아진 회사는 없다고 해도 과언이 아니다. 2001년 콘웨이는 북미지역으로 운송을 강화했다. 캐나다 지사(Con-Way Canada Express)와 멕시코 지사(Con-Way Mexico Express)가 일체감을 갖고 사업을 확대했던 것이다. 2001년 CNF 회사는 콘웨이 에어 익스프레스(CAX)를 개설하여 항공화물 운송사업에 착수했다. 이 사업 역시 콘웨이 자체 항공 탁송 서비스를 통해 우수한 운송망과 콘웨이가 지닌 인간 중심의 기업문화를 고객에게 맛보게 했다.

현재 CNF는 경기회복이 불투명한 가운데 미래의 성장전망을 조심스럽게 예측하고 있다. 전통적으로 CNF 회사들은 국가경제 성장률을 능가하는 사업 신장률을 보였다. 멘로 월드와이드(Menlo Worldwide)는 세계 공급체인 서비스의 리더로서 위치를 굳히는 전략을 추진하는 데 초점을 두고 있다. 이 새로운 회사는 엄청난 에너지 자원과 좋은 기업전략을 통해 효율적인 경영을 하고 있다. 경비는 절감하면서 유동성은 증대시키는 방향으로 사업을 강화해나가고 있는 것이다.

"CNF는 운송시간을 절약하는 아름다운 역사를 우리들의 고객과 월스트리트 투자가에게 보여주고 있습니다. 세계의 수많은 기업들의 중요하고 복잡한 물류부문의 일을 우리가 대신하고 있습니다. 함께 일하는 동료들에게 무엇보다 감사드립니다. CNF의 지주와 같은 종업원, 주주, 고객, 공급자들에게 감사드립니다."

사장 겸 최고경영자인 퀘스넬은 2002년 사원과 고객 사이의 의사소통을 강화하기 위해 서한을 보내면서 이와 같은 감사의 인사를 전했다.

공급이 수요를 창출

CNF 회사들, 콘웨이 운송서비스, 멘로 월드와이드가 언제 어디서나 고객이 원하는 것을 실현시키고 있다. 제조업체에 원재료를 적시(just-in-tine)에 공급해주는 운송업무도 빈틈없이 수행하고 있다. 고객의 수요에 맞추어 제품을 포장하고 창고를 관리하며, 통용되는 언어로 매뉴얼을 제작하고 있다. 기계 고장이 나타났을 때 부품을 긴급 수송해주는 업무도 담당한다. 원재료 공급에 시간을 다투는 중량 항공화물을 운송하기도 한다. 세계 200개국에 발송되는 국제선적화물을 신속 정확하게 취급하고, 서류 없는 통관까지 도맡는다.

오늘날 정보의 이동은 사업가와 고객들에게 화물의 운송처럼 중요한 것이다. 정보화 기술에 수십억 달러를 투자하여 화물운송을 좀더 신속하고 능률적으로 제시간에 맞춰 운송한다. 어떤 화물을 어떤 트럭에 실어야 하는지에서부터 컴퓨터 웹을 통해 송장을 보내고, 선적보고를 받는다. 이는 고객의 비즈니스를 경쟁적으로 처리하는 모습이다. CNF 회사들은 관련기업과 함께 공급체인 서비스를 수행한다. 그들은 동일한 업종에서 1인자이고 고객 서비스도 최상이다. CNF 회사의 완벽에 가까운 서비스와 운영은 고객들로 하여금 이들을 선택하도록 만들고 있다.

공급체인 경영(Supply Chain Management)으로 우위

오늘날 사업을 공격형으로 하는 회사들은 공급 체인을 경쟁우위의 방법으로 선택하고 있다. CNF 회사들은 경영능률의 증진, 비용 절감, 회전속도 단축, 고객에게 가치를 증대시켜 경쟁우위를 누릴 수 있게 완벽한 고객체인 서비스를 제공한다. 공급체인 경영이란 화물운송에만 국한되는 것이 아니라 경쟁능력을 키울 수 있도록 좀더 큰 규모의 그림을 제공하는 것이다. 효과적인 공급체인 경영은 배달, 회전시기, 비용관리, 제품품질, 고객 서비스, 자료관리, 전망 등에서 효율을 증대시켜 이윤으로 돌린다. CNF 공급 체인의 큰 그림을 보자. 화물, 항공, 해상,

육로 등 운송에 관한 모든 것을 취급한다. 원재료부터 완제품에 이르기까지 모든 분야가 유기적인 공급 체인을 형성하고 있다. CNF의 공급체인 서비스는 모두 연결되어 있는 것이다.

- 공급체인 동시화
- 세계적 물류
- 물류 엔지니어링과 컨설팅
- 적시공급
- 효율적 창고운영
- 전자상거래
- 공급체인 투명성
- 통관대행
- 적시유통
- 재고관리
- 역류화물
- 자료처리 관리

　콘웨이는 미국과 캐나다에 300개 이상의 터미널을 두고 있다. 1980년 미국의 도로운송법의 개정으로 지역진입 규제가 해제되자, 운송망의 확대가 가능해졌다. 1989년 에머리항공화물(주)(Emery Air Freight Corp)를 인수하여 CNF 항공과 통합, 전세계의 항공화물 운송을 수행하는 에머리 월드와이드(Emery Worldwide)를 탄생시켰다. 북미지역 중량 항공화물 운송의 주력기업이며 국제항공화물 운송에서도 선도적 위치에 있다.

　트럭과 항공 화물운송에서 나아가 물류 서비스에 대한 고객의 주문이 쇄도하자 1990년 멘로 로지스틱스(Menlo logistics)를 설립해서 창고보관, 재고관리, 운송관리, 소프트웨어 운영 등으로 연계수송이 가능한 공급 체인망을 구축, 연간 400억 달러의 기업으로 성장했다. 1999년 CNF는 중량 화물운송의 주문접수로부터 역류화물에 이르기까지 모든 운송 서비스 부문에 정상급으로 올라서게 되었다.

사람 중심의 기업문화

시골의 작은 트럭회사에서 오늘의 CNF로의 성장신화는 하루 아침에 이루어지지 않았다. 그것은 '무엇인가 달라야한다' 는 비전과 리더십과 약속이 있었기 때문에 가능했다. CNF는 지속적인 비즈니스의 신축성을 갖추고 개인이나 전문성 두 가지 면에서 성장할 수 있는 회사를 만들기 위해 혁신적인 프로그램을 개발했다. 직원들이 인정받으며 개인과 기업의 성공을 공유하는 것은 매우 중요한 일이다. 사원의 성장이 중요하다는 것을 알고 그들의 능력개발을 위해 무한한 기회를 제공하는 프로그램을 설치했다. 회사일과 관련된 분야의 교육과정인 '평생교육(Lifetime Education)', 중요한 일에 시간과 금전을 할애하는 '자원봉사자위원회(Volunteer Committee)', CNF 직원이면 누구나 개인과 신념에 대해 존경을 표시하며 접근하는 '문호개방 정책(Open Door Policy)' 이 대표적인 프로그램이다. CNF의 3만 명이나 되는 직원의 능력은 한 마디로 '기술의 조병창(An arsenal of skills)' 이라고 하겠다. 즉 기술의 '다양성' 을 말하는 것이다. 기업에서 최선의 팀을 갖추려면 여러 분야에서 최고의 인재를 발굴, 확보해야 한다. 이 회사의 최대 자원과 힘은 사람이다. 그들의 다양성을 포용함으로 회사는 더욱 든든해진 것이다. CNF 기술센터의 본부는 스탠퍼드 대학과 인접한 팔로알토 시에 위치한다. 인구 5만 9,000명의 작은 도시로 샌프란시스코에서 남쪽으로 35마일 떨어져 있다. 팔로알토란 말은 키가 큰 레드우드(redwood)나무를 뜻하는데, 시의 상징도 바로 그 나무이다. 팔로알토에는 모두 3,300에이커에 달하는 크고 작은 공원이 25개나 있다. 두 개의 주민 센터가 있고 6개의 도서관, 수영장, 문화 센터, 극장, 청소년박물관이 있다. 팔로알토에는 인구보다 많은 7만 5,000개의 일자리가 있다.

IT 기술과 함께 하는 운송

　CNF의 정보통신 그룹은 IBM 390본체와 IS/400, 텐뎀(Tandem) 등 첨단기술 시스템과 People Tools 7.06, IBM os390, Window 2000, 10.7NCA 등의 소프트웨어를 갖추고, 에머리, 콘웨이, 멘로, 운송 서비스의 행정과 정보망 운영업무를 수행한다. CNF의 EDI(Electronic Data Interchange) 시스템은 회사 사이의 주요 정보와 서류를 전달하는 체계다. Gentran 6.0(Sterling 소프트웨어 제품)은 23개의 서로 다른 거래장부를 처리하여 전송한다. CNF의 기업서류 관리는 정상급이다. 하루 30만 건의 화물관리, 차량관리, 회계문서 등을 취급한다. CNF의 IT 설비는 기업을 위한 최첨단 효율적인 시스템이며 정보의 유통과 의사소통 임무를 수행해낸다.

　콘웨이 운송서비스는 미국 미시간 주 앤아버에 위치해 있으며, 20억 달러의 운송서비스 회사로 16만 6,000명의 직원이 있다. 기업 간 전자거래(B2B) 웹사이트, 2만 6,000대의 트랙터와 트레일러를 보유하고 있다. 미국 내에도 420개의 사업장을 갖고 있으며 20만 명의 고객에게 99% 적시공급을 한다. CNF는 1998년부터 3년 동안 〈포천〉에서 호평을 받았다.

3
금융부문 : 찰스 슈왑, E *Trade, 메릴 린치

샌프란시스코에 위치한 찰스 슈왑(Charles Schwab)의 본사 깊숙한 내부에는 전자거래본부가 있다. 이 사무실에는 회사의 역사적 유물들을 최첨단(cutting-edge) 기술로 소장한 유리진열장이 있다. 1982년까지 거슬러올라가 증권거래 시세(quotes)를 다운로드할 수 있도록 고안한 포켓텀(Pocketerm), 1986년 그 당시 최신설비인 유선으로 수집된 시장정보를 계산기에서 인쇄하는 슈왑라인(Schwabline) 터미널, 과거에 사용했던 소프트웨어를 포함한 온라인 거래장비도 진열되어 있다. 이 유리진열장 안에서 볼 수 없는 것은 이 회사가 오랫동안 온라인 기술개발을 통해 구축한 최신 웹사이트 www.schwab.com이다. 이를 두고 〈포천〉은 전자상거래의 가장 큰 성공작으로 꼽을 수 있는 설비라고 격찬했다.

인터넷 거래의 등장

증권거래 회사는 서비스 형태를 기준으로 크게 세 종류로 구분한다. 풀서비스 증권사(Full service), 할인증권사(Discount broker), 인터넷 증권사(Internet service)가 그것이다.

풀서비스의 대표적 예는 메릴 린치(Merrill Lynch), 모건 스탠리(Morgan Stanley)가 있다. 본부와 증권시장에 연결된 많은 지점을 갖추고 기관투자가와 고객에게 서비스를 제공한다. 할인증권사는 풀서비스와는 달리 핵심 서비스만 제공하는데, 거래수수료가 매우 저렴하다. 최근 할인증권사가 무료로 제공하는 서비스 수준은 긴급전화(hotline), 주가시황, 자금계획, 투자자문을 담은 뉴스 레터로까지 확대되고 있는 추세이다. 경쟁이 치열할수록 서비스의 질은 높아지고 수수료는 내려가게 되었다. 미국 증권시장에서 고정 수수료율은 1975년에 사라지게 되었는데 이는 할인증권사의 역할이 컸던 이유다.

인터넷이 우리의 실생활의 많은 부분을 변화시키고 있는 오늘날, 증권거래의 방법에도 획기적인 변화가 일어났다. 마우스를 몇 차례만 클릭하면 뉴욕 월 스트리트의 증권시세와 투자신탁의 거래실적, 최신 은행 대출이자율 등의 정보를 한눈에 살펴볼 수 있다.

E*TRADE가 1996년 초에 처음 개발한 인터넷 증권거래 서비스는 빠르게 확산되었다. 고객 친화, 접근 용이, 시간 절약, 수수료절감의 장점을 지닌 온라인 거래는 고객투자방법을 완전히 바꾸었다. 거래 수수료를 80%까지 줄일 수도 있다. 증권회사는 고객에게 투자자문, 매입과 매도, 주문처리, 기록관리 등의 증권관리를 해줌으로써 투자자가 원활하게 증권을 사고 팔 수 있도록 돕는다. 매도자와 매입자 양측을 모두

관리하는 것이다. 미국에서 있었던 증권거래의 신 혁명은 1996년 초부터 실시된 인터넷 주식거래로부터다. 풀서비스나 할인증권사 고객 8,000만 명 중에서 1,500만 명 이상이 인터넷 거래를 이용하는 고객이다. 인터넷 거래시장에서 슈왑(Schwab)의 점유율은 35%에 이르고 E*TRADE는 15%정도를 점유한다.

지금부터 온라인 거래회사 슈왑(Schwab)과 경쟁사인 메릴 린치(Merrill Lynch) 사이의 전개되는 치열한 기업경쟁을 살펴보자.

증권 서비스의 유래가 깊은 슈왑(Schwab)은 인터넷 거래의 승자이다. 승자는 언제나 선구자의 몫이다. 일류기업은 항상 선구자였다. 슈왑의 정신 속에는 혁신의식이 깊이 자리잡고 있다. 1975년 슈왑은 증권산업에서 유별난 위치에 있었다.

혁신(innovation)이 유일한 전략이었다. 그들은 혁신하기 위해 존재하고 고객에게 더 좋은 서비스를 제공하기 위해 혁신한다. 오로지 고객에게만 마음을 쏟은 것이 오늘날까지 선구자적 위치에 서게 된 배경이다. 조직의 모든 부서들은 각자 주어진 임무를 수행하면서, 조직의 혁신전략에 말없이 따른다. 슈왑은 고객에게 고기술(high-tech)과 고감동(high-touch)이 결합된 서비스, 즉 기술과 사람을 융합시킨 금융 서비스의 새로운 모델을 만들어왔다.

1979년 초 슈왑은 컴퓨터 시스템에 승부를 걸어 투자했다. 기술이 기업성장의 중심이라는 경영관으로 거래의 자동화와 기록관리 체제를 성공적으로 개편했다. 최고정보관리자(CIO)인 돈 레포르(Dawn Lepore)는 "당시 슈왑은 자산규모가 50만 달러 정도의 민간회사였지만, 50만 달러 규모의 신규 소프트웨어 투자계약을 체결했다"고 증언한다. 기술에 승부를 건 것이다. 슈왑은 1971년 캘리포니아에서 유한책임회사로 설립되었다. 회사명은 회장의 이름을 딴 것이다. 처음엔 풀서비스 증권사로 출범했다. 단순한 아이디어로 쇄신을 착수해 경쟁사인 메릴린치와 차별화하기 시작했다.

슈왑의 경영목표는 "미국에서 투자가에게 가장 양심적이고 실용적인 증권거래 서비스를 제공하겠다"는 것이다. 그것은 30년이 지난 지금까지도 변하지 않는 기업정신이다. 슈왑은 기술, 투자, 제품 및 서비스 개발, 혁신적인 고객 서비스 공급 시스템 등으로 성장해 현재 800만 고객을 확보하고 있다.

E*TRADE는 증권 전자거래의 선구자다. 미국 미시간 주의 한 박사가 1983년 7월 11일, E*TRADE 기술을 이용해 최초의 온라인 거래를 했다. 증권 전자거래는 오늘날 증권업계를 태풍처럼 휩쓸고 있다. 현재의 고객은 미국의 50개 주와 세계 119개국에 산재해 있다. E*TRADE는 피델러티(Fidelity)나 찰스 슈왑 등 여러 증권회사에 온라인 시황과 거래 서비스를 제공하기도 했다.

1996년 E*TRADE는 슈왑에 앞서 www.etrade.com이라는 도메인으로 온라인 서비스를 시작했다. 그러나 E*TRADE를 앞지른 슈왑의 성공은 우연이 아니라 혁신을 바탕으로 하는 기업정신이 그 밑바탕에 있었기 때문이다. 이 회사의 최고경영자는 혁신을 바탕으로 하는 우수한 조직을 갖추고 있다. 기술자를 동원해 응용 프로그램을 개발하고, 프로젝트팀의 리더도 특별히 초빙되었다. 혁신업무를 추진하면서 회사조직 안의 재무, 전략, 지식을 활용함에 있어 어떠한 장애나 불편이 초래하지 않도록 CEO의 특별한 지시가 내려졌다. 그 결과 1997년 E-슈왑이 탄생한다.

24시간 거래할 수 있는 서비스 체제를 갖추고 있는 슈왑의 경영적인 기술력은 중요한 역할을 차지한다. 실리콘 밸리 차고에서 6명의 전용 고객들에게 처음 도입됐던 이퀼라이저(Equalizer) 소프트웨어를 통한 PC 온라인 거래를 시험했고, 1993년 고객정보 제공을 위해 투자정보 서비스 체제(Street Smart)를 도입했다.

찰스 슈왑의 파괴력은 ① 비전 있는 경영(회사에 승부를 거는 용기) ② 고객중심(고객을 위해 좋은 것은 회사에도 좋다) ③ 혁신문화(지속적인 실험)에 있다. 슈왑의 주식 30%는 종업원 소유다. 슈왑의 직원은 회사를 신뢰하고 있으며 회사의 핵심가치가 변하지 않는다는 것을 알고 있다. 훌륭한 서비스와 고객에 초점을 둔 것이 슈왑 성공의 비결이다. 사람과 기술지식이 적당하게 결합되었다는 것을 알 수 있다. 사람이 미래의 열쇠다.

슈왑의 고객관리는 다른 증권회사와 다르다. 자기의 돈을 자기 스스로 관리할 수 있도록 고객을 교육시키고 능력을 키워준다. 증권회사 중에서 가장 우수한 회사로 꼽히는 슈왑은 '좀더 현명한 투자가 세계(investors world)의 창조'에 초점을 두고 있다. 고객에게 가깝게 다가가서 증권거래를 더욱 알기 쉽게 해주는 노력을 한다. 한 예로 2000년 11월 베트남어로 증권투자 서비스를 제공하기 위한 핫라인을 무료로 설치했고 한국어, 중국어, 스페인어 등으로도 제공하고 있다.

2001년 10월에는 여성투자가들을 위해 여성들의 금융지식을 키우고 가족들과 공유할 수 있도록 하는 프로그램을 개발했다. 여기에는 주간 포럼, 워크숍, 전문가와 대담 코너 등이 마련되어 있다. '생활소식 시리즈(Life Event Series)'는 직업전환, 어린이가 돈을 버는 길, 이혼, 은퇴 후 계획 등 금융에 관한 주제에 대해 알기 쉬운 설명을 제공한다. 2000년 2월에는 슈왑 학습 센터를 신설했는데, 이러한 아이디어는 기존의 고객을 관리하는 가운데 발굴된 것들이다.

메릴 린치의 운명

증권업계의 거두로 불리던 메릴 린치는 1999년까지도 인터넷을 전략의 기회로 생각하지 못했다. 그러나 그들이 200달러의 수수료를 받을 때 30달러의 수수료만을 받겠다는 기업이 경쟁적으로 생겨나자 메릴 린치의 운명은 바뀌게 되었다. 풀서비스 증권사는 나날이 취약해졌다. 1998년 12월 28일 슈왑은 255억 달러의 자본동원을 기록했다. 메릴 린치와 슈왑은 주식발행고에서 114억 달러 대 19억 달러, 자산보유고 1조 5,000억 달러 대 6,000억 달러, 직원 수 6만 6,000명 대 1만 7,400명으로, 어느 면에서나 비교가 안 되는 회사규모였다.

메릴 린치는 깨닫기 시작했다. 즉 '거구의 몸집이 안전하지 않다', '새로운 선수가 따라잡는다', '혁신의 현장에서는 행동하지 않는다면 시체나 다름없다', '현장에 일하는 사람이 회사를 변화시키는 놀라운 힘을 보유하고 있다' 는 것을 새롭게 인식했다.

메릴 린치는 기업경영의 모든 것을 새롭게 생각하는 과정에서 출발했다. 점포의 고객접촉에서부터 고객의 욕구에 이르기까지, 거래조사로부터 자산관리에 이르기까지 하나하나 점검했다. 메릴 린치의 최고전략가인 제롬 케니(Jerome Kenny)는 메릴 린치의 경영진단 결과 '우리도 인터넷 기반 회사로 전환되어야 한다' 는 결론을 내렸다. 기존의 관례를 떨쳐 버리기 위해 최고 기술경영자를 GE 캐피털에서 초빙했다.

1999년은 메릴 린치가 새롭게 태어나는 해였으며, 또한 슈왑과

E*TRADE의 혁신을 따라잡기 위한 전초의 해였다. 메릴 린치의 최초 공격은 무한우위(Unlimited Advantage SM)였다. 금융 컨설턴트를 통해 많은 투자가들에게 전문적인 자문을 수행하고, 컴퓨터, 전화, 사람을 통한 거래를 포함해 포괄적인 금융 서비스를 제공하는 것이었다. 그로부터 얼마 지나지 않아 구좌의 증가율이 20배나 늘어나는 등 온라인을 통한 고객의 자산이 3,000억 달러를 넘어섰다. 그러자 회사의 경영자도 경쟁력과 지위를 회복한 것에 대해 놀라움을 표시했다.

2차 공격은 메릴 린치 직거래(ML Direct)였다. 일련의 정보, 조사, 금융 모델을 갖추고 적은 비용으로 고객이 직접 온라인 거래를 할 수 있도록 한 것이다. 메릴 린치는 전세계에 걸친 풍부한 자원을 바탕으로 온라인 투자가에게 현명한 투자 대상을 제공하기 위한 콘텐츠, 정보, 혁신을 결합했다. 실시간 계좌정보, 세금관리 정보, 투자연구 네트워크, 금융 서비스, 온라인 쇼핑, 보상 프로그램을 갖춘 컴퓨터의 화면을 통해 금융거래를 하도록 했으며, 이 사이트를 통해 개인과 소기업이 연결될 수 있도록 했다.

과거 메릴 린치의 회사 문화는 자동화를 기피하는 기업(Luddite firm)의 이미지가 강했다. 그러한 이미지로부터 기술을 아는, 변화에 친화적인, 수평적인 조직으로 변화하고 있었다. 메릴 린치의 2000년도 고객자산 중 7~10%는 온라인 구좌였다.

2000년 4월 메릴 린치는 스위스 HSBC 지주회사와 50 대 50의 비율로 세계 최초 세계 온라인 금융 및 투자 서비스 회사 창설을 공표했으며, 이를 통해 미국을 제외한 전세계 고객을 대상으로 서비스를 제공하는 회사가 되었다. 메릴 린치는 2000년 7월 온라인 도구와 정보를 제공하는 단일 사이트인 www.hddrs.com을 개설했다.

새로운 경기자의 출현

인터넷은, 탄탄한 인프라를 갖춘다면 매력적인 금융서비스를 제공하는 새로운 기업의 탄생을 가능케 한다. 야후(Yahoo)의 경우를 살펴보면, 야후는 인터넷에서 가장 인기 있는 금융 사이트(Yahoo!Finance)를 제공하고 있다. 이 사이트에서는 금융정보와 도구에 무료로 접근이 가능하다. 야후의 금융 사이트를 통해 고객이 선호하는 포트폴리오(Portfolio)의 구축 및 정보획득, 보유하고 있는 상품의 시세도 확인 가능하며 전문가들의 매도·매수에 관한 의견도 살펴볼 수 있다.

혁신은 지속적인 변화의 과정이다. 잠시라도 쉴 틈이 없다. 온라인 거래기업들의 속출로 수수료는 6달러 수준까지 떨어졌다. 2001년 3월 22일 슈왑은 종업원의 13%(3,400명)를 해고한다는 충격적인 뉴스를 전했다. 증권업계에서 1990년대 후반은 혁신의 시간이었다.

4

관광부문 : 노보텔

지금부터 관광 서비스 중 대표적인 호텔 사례인 노보텔(Novotel)의 경영혁신을 알아보자. 이 사례는 호텔 자체가 보유한 자원과 능력을 결합해 핵심경쟁력을 육성, 관리하는 경쟁력 관리의 대표적 사례다.

경쟁력의 관리

기업경영에서 경쟁우위를 누리기 위해 회사 내에 자원과 경쟁력에 토대를 두고 전략을 구사하는 방법론, 즉 경쟁력 관리가 새로운 인기를 얻고 있다. 경쟁력 관리란 '기업을 경영하면서 자원과 경쟁력을 발굴해 조직하고 육성하는 전략개발과 이의 시행을 중요시하는 접근법' 이다. 이는 경쟁력 이론에 권위가 있는 하버드 경영대학원 마이클 포터

(Michael Porter) 교수의 산업구조, 시장지배력을 중심으로 하는 견해
와 대조를 이룬다.

기업의 내부 자원은 전략을 결정하고 경영실적을 설명하는 핵심요
소다. 기업은 각기 특유의 자원을 보유하고 있다. 물리적 기술과 경영
기술 같은 무형의 기술도 핵심 경쟁력의 토대를 이루게 되어 경쟁력을
갖게 한다. 대부분의 기업이 보유하고 있는 자원은 유사하지만 기업이
자원을 발휘하는 능력은 다르다. 시장지배와 경영성과의 토대를 만드
는 경쟁력은 저마다 특징이 있다. 기업마다 핵심경쟁력이 되는 자원의
결합방식을 달리하기 때문이다.

어느 산업분야에서 일어나는 혁신, 새로운 지식과 기술, 그리고 사
업의 성장을 살펴보면, 기존의 사업능력을 바탕으로 경쟁력 제고를 위
한 지속적인 발굴과 육성에 투자하는 것이 경영성과를 높이고 기업생
존에 결정적인 역할을 한다. 이 같은 경쟁력의 발굴과 새롭게 혁신하려
는 대표적인 기업의 예로서 노보텔이 있다.

핵심경쟁력 관리를 이해함에 있어 ‘가지고 있는 것(having)’과 ‘행
동하는 것(doing)’은 중요한 문제이다. 전자는 보유하고 있는 유형의
자원에 관련된 것이고, 후자는 무형의 자원으로 내적 경영과정의 혁신
에 의존하는 것이다. 생산 활동은 자원을 보유한 팀 사이의 협력과 조
정이 불가피하다. 노보텔의 사례는 호텔 체인이 경쟁 환경에서 ‘행동
하는 것(doing)’을 역사적 · 시대적으로 어떻게 달리해왔는가에 관한
이야기다.

서비스 기업은 제조업과 다른 자원과 경쟁력을 보유하고 있다. 즉
서비스 기업은 서비스 기업의 특수성인 종업원과 고객 사이의 상호작
용이라 할 수 있는 서비스 공급 과정에서 핵심경쟁력을 발휘해 그 결실

을 맺는다. 고객 서비스에 대한 경쟁력은, 특정 서비스 산업이 정보기술이나 하부구조 수준의 높고 낮음을 떠나 종사원들이 주어진 사명과 책임을 어떻게 수행하느냐의 결과에 달려 있다. 이 점이 핵심경쟁력의 관리과정이다.

서비스의 효과적인 공급은 종사원에 대한 훈련을 포함한 외부 환경과 고객의 욕구를 잘 관리하고 적응시키는 과정을 필요로 한다. 특히 다국적 서비스 기업은 각 나라의 문화와 언어, 국경을 넘어 동일한 품질의 서비스와 자산을 공급해야 하는 어려운 여건에서도 무형의 서비스를 제공해야 하는 점 때문에 경쟁력 관리과정이 더욱 요구된다.

서비스도 유·무형의 성격에 따라 경성 서비스(hard service)와 연성 서비스(soft service)로 구분할 수 있으나, 실제로 이 두 가지의 결합형태에 따라 다양한 방법의 공급이 이루어진다. 호텔 산업의 경우, 경성 서비스(침대와 TV 설비)와 연성 서비스(접객태도)의 양면이 있다. 침대와 TV 설비는 전세계적으로 고급 표준제품을 공급할 수 있으나, 서비스 제공에 있어 동일한 가치의 공유와 지식은 전세계를 대상으로 경영관리를 할 때 문제가 될 수 있다. 프랑스 호텔 체제인 노보텔의 사례는 이와 같은 서비스의 관리과정을 분석하는 좋은 기회가 된다. 이 사례를 통해 서비스 개념을 비롯해 서비스 기업이 세계화에 필수적인 경쟁력 향상과정을 배울 수 있을 것이다.

노보텔의 전략

노보텔이 호텔 문을 처음 연 것은 1967년 두 창업자 폴 듀브롤(Paule

Dubrule)과 제럴 펠리송(Gerald Pelisson)이 프랑스 릴리(Lille)공항 부
근 릴리 레스캥(Lille Lesquin)에서였다. 1973년에 해외로 진출해 현재
프랑스 내에 118개 호텔(객실수 1만 4,232개)을 포함, 56개국에 336개
호텔(객실 수 5만 3,637개)을 보유하고 있다.

노보텔은 프랑스 아코르 그룹(Accor Group)에 속한 호텔 체인이다.
아코르 그룹은 전세계 2,000개 이상의 호텔을 운영하고 있는데, 효율
과 서비스 수준이 각기 다른 2백만 개 이상의 객실을 확보하고 있다.
소피텔(Sofitel), 메르큐르(Mercure), 이비스(Ibis), 포뮬엥(Formule 1)이
모두 아코르 계열의 호텔이다. 노보텔은 최초의 3스타급 국제호텔 체
인이다. 전략적 혁신이 대두되기 전까지는 국제호텔 체인은 4스타와 5
스타급뿐이었다. 노보텔은 3스타의 국제적 표준을 보여주고자 했다.

이러한 표준화를 위해서는 호텔 서비스 수준의 일관성이 필요하다.
표준화는 서비스 국제화의 한 요소이다. 각 나라의 국내 여건, 즉 국내
문화 또는 국내 하부구조의 차이에도 불구하고 동일한 수준의 서비스
공급이 가능하도록 해야 한다.

따라서 노보텔의 사업개발 초기에 갖추어야 할 경쟁력은 호텔 서비
스의 유형 및 무형의 요소를 표준화해 공급하는 국제전략의 시행에 있
었다. 유형의 요소를 표준화하기란 어렵지 않다. 호텔의 디자인과 스타
일과 배치도는 구체적으로 재생산이 가능하다. 침실가구, 수영장, 주차
장 면적 등 시설과 외부환경의 규모를 일정하게 갖추기란 쉽다. 그러나
무형의 서비스는 국제적으로 표준화된 서비스 수준을 갖추어야 한다.
이것은 본부의 표준설정과 서비스 기준의 관리로 실현가능하다.

노보텔이 호텔 객실과 부대시설을 갖추는 데 선택한 개념은 다음과
같다.

객실은 고객이 수면을 취하는 삶의 공간이라는 데 초점을 둔다. 침실규격은 25m²로 준비하고, 더블 침대, 소파와 라운지, 사무공간, 옷장, 자동전화, 컴퓨터 소킷, 컬러 TV, 알람시계, 미니 바, 에어컨의 설비를 갖추어야 한다. 실내는 밝은 색상과 안락한 느낌을 줄 수 있는 재질로 환경을 꾸민다.

욕실은 새롭게 단장하되 안락함을 누릴 수 있도록 만든다. 세면기와 샤워가 달린 욕조의 디자인을 아름답게 설계하고 헤어드라이기, 조절이 가능한 조명 설비를 한다. 식당은 정원과 수영장이 보이는 곳에 위치해 환영하는 분위기를 연출하게 하고, 각종 메뉴를 준비하되 선택폭이 넓은 뷔페 식당도 함께 운영한다. 모든 노보텔에는 수영장과 녹지대를 두어 편히 쉴 수 있는 공간을 제공한다.

노보텔은 전세계에서 수집한 각종 예술작품을 많이 확보해 실내를 장식하고 있다. 노보텔이 수집한 작품의 진정한 가치는 현재 작품활동 중인 125명의 현대화가들의 작품수준과 다양성에 있다. 기하학 추상파(Geometric Abstraction), 코브라(Cobra), 단순주의(Mimalism), 초현실주의(Surrealism) 등 신현실주의로부터 표현주의에 이르기까지 다양한 작품을 수집했는데, '노보텔 현대예술 수집' 사업은 성공적인 평가를 받고 있다.

국제표준화 모색

지난 25년 동안 호텔 체인이 빠르게 증가했는데, 이러한 상황에서 일반적인 서비스 수준만을 유지하는 것은 심각한 문제이다. 1987년에

표준절차를 모니터링하는 경영과정이 도입되었으며, 이를 계기로 경영
층으로부터 일선의 현장에 이르기까지 개념과 스타일에서 서비스의 구
조적 문제를 강조하게 되었다.

이 표준화사업은 '95볼트(Bolts)' 라고 명명되었다. 서비스를 공급할
때 종업원과 고객과의 관계에서 13분야 95개 사항에 대해 지켜져야 할
규정인 것이다. 예약, 도착, 접근, 주차, 체크인, 홀, 침실, 욕실, 식당,
쇼핑, 바, 실외경기와 수영장, 체크아웃 등의 분야이다. 침실 정돈, 식
당 배치, 접객 등에 관한 사항도 포함되어 있다.' 95볼트' 는 모든 직원
과 특히 신입사원에게 바이블(Bible)이라 할 수 있는 규정이었다. 이 규
정은 직원들에게 공표되었고 감사반은 이를 지키도록 요구했다.

1987년 95볼트 사업을 도입하게 된 이유는 기존의 경쟁력을 강화하
기 위한 것이었다. 1992년 그 동안의 성과에 대한 재평가를 실시해본
결과는 경쟁우위의 근간으로 실시한 국제 서비스 표준화에 반하는 것
이었다. 그 결과 기업적인 측면에서 고객중심의 호텔 네트워크 방식은
종업원의 자유재량의 범위를 확대하는 것에서 찾게 되었다. 조직 문화
적 측면에서 이것은 전략변화로 이해되었다. 애초의 기업문화로 되돌
아가는 것이었다.

'미래로 돌아가는(Back to the future)' 새로운 회사의 선택은 중앙
집권적 표준화의 접근법을 포기하고 고객을 중시한다는 노보텔의 기업
가적 뿌리사상으로 돌아가는 것이었다. 이와 같은 문화적인 르네상스
이자 기업개념의 변화를 실시함에 있어 공유할 핵심가치로 환대(hospi-
tality) 개념을 채택한 것이다.

환대(Hospitality)의 세계화

환대는 기업의 핵심 개념으로 대외 비즈니스에서 노보텔이 취하는 대응이다. 경쟁력의 잠재적 원천으로서의 환대는 접객 서비스에 의존한다. 이것은 무슨 자원을 보유하고 있는지(having)가 아니라 어떻게 하느냐(doing)에 관한 것이다. 환대에 대해 이와 같은 핵심가치는 노보텔의 모계회사인 아코르 그룹의 철학이다. "환대란, 말(word)이나 개념(concept)이 아니라 마음(mind)의 심기(frame)인 것이다. 당신이 주기 때문에 얻는 것이다(Accor 연보 1992년)."

환대 개념을 이행하기 위해 새로운 조직방식과 새로운 일의 시행이 요구되었다. 새로운 핵심능력 형성을 이루기 위한 다양한 시도가 이루어졌다. 이는 암묵적인 지식의 발굴과 공유이다. 새로운 경영과 직원책무, 스타일에 관련한 각 나라의 지식과 최선의 사례(best practice)의 전수, 공유가치의 개발 등이 포함되어 있다. 1992년부터 호텔 총지배인과 직원과의 관계는 상하관계에서 기능관계로 재정립되었다.

전세계적으로 노보텔의 기능별 집단이 아이디어, 혁신, 최선의 선례(best practices)를 공유하기 위해 구성되었다. 노보텔 체인의 유사환경, 즉 도로주변, 공항부근, 도심지 호텔 등으로 총지배인 집단이 형성되었다. 계층제적 의사결정 모델이 개인 서비스 단위별로 위임되어 대체되었다. 특정 기능을 수행하는 집단이 특정 목적을 수행하기 위해 기능별·지역별로 자발적인 구성이 되었다. 집단 내 지식의 축적과 공유를 위한 것이었다. 과거 총지배인이 두 명의 공동 사장을 대신하던 방식을 개편해, 총지배인의 역할은 사교적인 것으로 바꾸었다. 좀더 혁신적인 조직으로 변모되었다.

핵심 경쟁력의 개발

노보텔의 경쟁력(competence)은 연속성과 변화의 결합에서 나온다. 연속성은 역사, 경영 및 전략목표에서 나오고, 변화는 시장과 경쟁압력에 적응하려는 의지와 무엇인가를 하고자 하는 움직임에서 생긴다. 1992년 노보텔은 새롭게 전진하느냐 아니면 쇠퇴하느냐의 갈림길에 섰다. 1992년 이후 노보텔은 회사의 핵심 경쟁능력을 환대와 환영의 개념으로 재설정했다. 총지배인과 지배인들은 이 문구를 개개인의 서비스 개념으로 '마음에서 우러나오는 것' 또는 '당신의 일부를 주라'는 뜻으로 사용하고 있다.

그러나 어떠한 서비스 개념일지라도 공유된 가치, 암묵의 지식, 유연한 규범(flexible routines)에 뿌리를 두고 있어야 한다. 1992년 이후 채택된 접근 방법은 수직적 통제가 아닌 수평적 통합에서 찾아볼 수 있다. 유연하고 빈틈없는 체제(loose-tight system)는 구조에 의존한 것이 아니고 상호관계에 달려 있으며, 경쟁력은 여기에서 비롯된다.

일정 기준을 어떤 방법으로 달성하는가에 대한 유연성과 자유재량에 따라 집단을 통한 높은 서비스 수준의 동질성을 기대할 수 있게 되었다. 동질성은 호텔 내 모든 일에서 일정 수준의 등급과 수준을 달성하는 노보텔 발전전략 시스템에 의해 측정된다. 노보텔 발전전략은 각 직원의 업무기준을 구체적으로 정해줌으로써 확실한 경쟁력을 제공한다.

새로운 경쟁능력을 개발하기 위한 노보텔의 경영과정은 회사 본부 조직이나 모든 체인 호텔의 운영에 영향을 주었다. 비록 등급과 시간대가 다르지만 여건에 대비하는 경쟁능력 관리과정으로의 전환은 노보텔

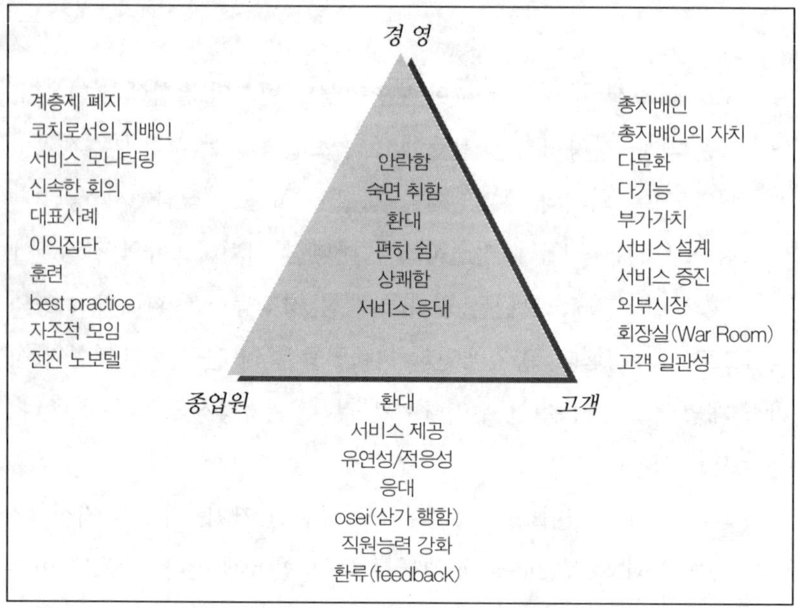

서비스 삼각형의 모든 면을 변형시켰다. 이러한 변화의 주된 요소는 '새로운 서비스 삼각형(New Service Triangle)'이라는 그림에서 살펴볼 수 있다.

환대 개념은 인사, 환영, 온정과 같이 개인이 상호작용에서 보여주는 무형의 자산이다. 규정은 일정한 수준의 무형 서비스를 고객에게 제공해야 한다. 노보텔은 무형의 자산을 지원코자 가능한 유형의 것을 사용한다. 예를 들면 서비스를 고려해 호텔의 배치도를 둔다. 식당이나 바(bar)를 리셉션 데스크가 있는 공용층에 배치하도록 한다. 환대 개념은 직원을 교체함으로써 시행에 옮길 수 있다. 각 나라의 인사가 찾는 경우 국가와 지역사이의 근무인력을 교체해 상호 친밀히 접촉할 수 있게 한다.

문제를 협의하기 위한 회의는 지배인이나 직원이 소집하되 5분이 넘지 않도록 신속히 한다. 관심집단은 노보텔 그룹 내 유사한 호텔 지배인들로 구성된 모임이다. 경영현실의 최선의 사례(best practice)인 'Pilot Cases'는 회사에서 실행 가능한 것으로 회사 어디에서나 나온다.

결론적으로 조직의 변화와 노보텔의 새로운 경쟁력의 육성에 대한 기여는 다음과 같이 요약할 수 있다.

① 경영계층을 없앰으로써 주요 조직의 변화를 꾀했다. 관리자를 줄이자 총지배인의 자유재량권이 강화되고 비용절감의 효과도 얻게 되었다.

② 계층조직을 수평으로 변화시켜 회사 내 정보의 흐름을 바꾸어놓았다. 관련정보가 필요한 직원에게 더욱 신속히 제공되어 변화된 경쟁 환경에 더욱 민첩하게 대응할 수 있어, 조직의 규범을 재구축하기가 쉽다.

③ 본부의 역할도 변화되었다. 정보의 조정자와 채널로 행동하기 시작했다. 본부는 공유할 만한 가치가 있는 참고자료를 'Pilot Case'에 수록할 만한 유용한 정보도 가려내는 일을 진행한다. 본부는 이제 중앙 집권자가 아니라 회사의 경쟁력을 구축하는 자원의 공급자다.

④ 수평조직 사이의 협조가 증대되었다. 총지배인은 자조적 집단을 조직하고 훈련 내용은 집단 사이에 공유되었고 혁신을 논의하기 위해 비공식 직원회의인 '혁신클럽(reflective clubs)'이 개최되었다. 호텔 내 각종 서비스 영역에서 참여하고 호텔 전체문제를 다

루었다. 이것이야말로 신축성, 지식공유, 가치공유를 강화하는
데 직결되는 것이었다.

⑤ 총지배인의 역할은 이제 코치로 변화되었다. 환대 개념을 도입하
는 데 그들은 팀의 능력을 개발하는 역할을 한다.

⑥ 직원의 자치권이 확대되면서 책임도 자연스럽게 부과되고, 직원
들이 기업 전체를 이해하고 각 기능 사이의 연계가 잘 이루어질
수 있게 되었다. 매일 같이 일어나는 사소한 문제는 5분 내에 회
의를 통해 해결되었다. 물론 조직차원의 문제점이 없는 것은 아
니다. 계층제가 수평으로 변화되고 나서 승진의 기회가 없어지고
인사교류로 인해 업무에 대한 경력이 짧아지게 된 것이다.

핵심 경쟁력의 분석

노보텔의 핵심 경쟁력을 키우기 위한 조직과 경영의 변화는 노보텔
의 경쟁우위를 지킬 수 있을 것인가? 그러기 위해서는 새로운 경쟁능
력이 독특해야 하고 남들이 모방하기 어려운 것이어야 한다. 이러한 경
쟁력의 차별화는 ① 모방하기 어려운 것이어야 하고 ② 자원의 결합에
서 도출되어야 하며 ③ 개인능력을 통합하고 ④ '경성' 및 '연성' 요소
의 조화 ⑤ 핵심경쟁력이 경쟁우위를 선도해야 한다. 위의 5대 핵심경
쟁능력 기준에 비추어 노보텔의 6대 변화를 살펴보자.

① 계층의 축소 ② 정보흐름의 변화 ③ 정보와 지식 채널로서의 본
부 ④ 수직계층 간 협조의 증대 ⑤ 코치로 변한 총지배인의 역할 ⑥ 유
연한 업무규칙. 이 여섯 가지 사항들 중에서 ①은 모방이 용이하다. 그

러나 나머지 다섯 가지는 복잡한 변화가 필요하다. 정보흐름을 변화시키는 것은 횡적 조정과 연계를 가능하게 했다. 협조의 초점으로 팀 근무, 책임공유, 코치하는 것을 강조했다. 본부는 정보 조정자로 변화되었다. 이 모든 변화는 팀 체제로 일하며 개인행동과 학습차원에서 복잡하게 이루어졌다. ②에서 ⑥까지의 요소는 모방하기 어렵다. 핵심 경쟁능력 ①~④가 조화되어 있기 때문이다. 자원, 능력, 실적의 결합은 직접적이라기보다는 간접적이다.

표준화가 서비스 공급에 명백한 기준을 제공하지만 실제상황은 다르다. 따라서 기능과 행동의 레퍼토리가 계속 보완되고 조정되어야 한다. 새로운 서비스 제공의 비전으로 '혁신 노보텔(Progress Novotel)'을 채택했는데 이것은 1992년 후 노보텔이 복잡한 업무를 위임한 다기능 팀 업무를 통합하는 방식으로 추진되었다.

실험사례(Pilot Case)나 회장실(War Room)과 같은 내부 자원은 통합 메커니즘에 추가된다. 핵심능력과 대외 산업활동을 계속 모니터링한다. 경영방식은 분화되면서 책임은 동료집단 가운데 공유되었다. 목표는 차별화된 서비스 환경을 제공하는 것이다. 내부 심사평가와 조정은 산업의 지위를 개선하고, 이러한 경쟁능력 배양은 오늘날 국제 호텔 업계의 동태적인 환경변화에 잘 적응하도록 할 것이다. 고객에게 좋은 서비스를 제공함으로써 대외적으로 지위를 지켜나갈 수 있다.

핵심 경쟁력 관리과정

노보텔은 호텔 서비스 업계의 혁신자였다. 그러나 지속적으로 그 지위를 누리는 데에는 실패했다. 핵심 경쟁력의 내부적 개선이 있었지만 변화는 그 수준에서만 일어났고 더 좋은 실적을 보인 다른 경쟁자보다 우위를 지키지 못했다. 좀더 차별화된 경쟁력을 갖추어야 한다. 경쟁력이란 정적이지 않고 동적이므로 시간의 경과에 따라 관리되고 발전되어야 한다.

다국적 서비스 기업의 핵심 경쟁력 관리는 경영자와 직원이 함께 할 수 있는 가운데 가치공유와 지식공유에 의존한다. 서비스 삼각형을 핵심 경쟁력에 두고 있다. 고객응대, 조직응집력, 기술경쟁력의 측면에서 서비스 삼각형은 기업의 핵심 경쟁력의 맥락에서 달성될 수 있을 뿐이다. 노보텔에서 가치공유를 위한 변화와 새로운 핵심 경쟁력 및 유연하면서도 철저한 서비스 공급은 기업 내부의 경쟁력과 기업가적 사고의 맥락에서 나왔다. 노보텔의 노력은 완벽하지는 않지만 유용한 벤치마크를 제공한다.

5
교육부문 : 스탠퍼드 대학

　미국 서부의 가장 아름다운 도시 샌프란시스코에서 101번 또는 280번 고속도로를 타고 내려와 동남쪽으로 56km 정도 가면 팔로알토라는 작은 도시가 있다. 이와 인접한 학원도시 스탠퍼드(Stanford) 시에 1,000만 평이 넘는 대지에 속칭 '서부의 하버드(Harvard in the West)'라고 불리는 스탠퍼드 대학이 위치한다. 실리콘 밸리(Silicon Valley)의 중심도시인 산호세(San Jose)는 스탠퍼드 대학에서 동남쪽으로 32km 정도 떨어져 있다.

　스탠퍼드 대학은 뉴욕의 중앙공원(Central Park)을 설계한 프레데릭 옴스테드(Frederick Olmsted)와 보스턴 출신의 건축가 찰스 쿨리지(Charles Coolidge)의 설계로 만들어졌다. 건축양식은 리처드슨식 로마네스크 양식(Richardsonian Romanesque, 로마네스크식과 Mission Revival의 결합방식)을 이용했다. 건물은 사각형의 사암으로 축조되었고, 반원의 아치형 아케이드와 기둥의 윗부분을 아름답게 장식한 짧은 원기둥이 부착되어 있는데, 울창한 산림 등 주변의 자연과 잘 어울려 환상적인 캠퍼스를 연출한다.

스탠퍼드 대학의 설립자 리랜드 스탠퍼드(Leland Stanford, 1824~93년)는 뉴욕에서 태어나 시카고를 거쳐, 1852년 캘리포니아로 이주하여 미 대륙횡단 철도건설 사업에서 성공한 서부의 개척자이다. 당시 상원의원이었던 리랜드 여사는 16세의 어린 나이로 장티푸스를 앓다 죽은 그녀의 외아들을 대신해 많은 젊은이들을 성장시키고자 아들의 이름 (Leland Junior Stanford)을 붙여 대학을 설립했다. 리랜드는 1885년 11월 14일 설립기금증서를 기증하면서 설립취지를 다음과 같이 밝혔다.

"대학교육을 통해 일생동안 학생 개개인의 성공과 능력발휘를 위한 자격을 갖추고, 인류문화 형성에 기여하며, 준법정신과 자유를 배우고, 생명·자유·행복추구라는 천부의 인권과 민주주의 원리를 지키면서 애정과 존경심을 키워 공공복지를 위해 힘써야 합니다."

훌륭한 인재를 양성하기 위해 이렇게 '실용교육(practical educa-tion)'을 강조한 리랜드의 설립취지는 대학헌장(University Charter)에 반영되어 오늘까지도 전해진다.

1887년 5월 14일 학교 건설이 시작되어 4년이 지난 1891년 10월 1일 첫 수업이 열렸다. 개교식에서 초대 총장이었던 데이비드 조던(David Starr Jordan) 박사는 자유사회에서 지도적 역할을 수행하는데 보다 적합한 인재를 양육하는 것이 대학 본연의 사명임을 다음과 같이 강조했다.

"학생들에게 무엇이 진실인가를 알게 하는 힘, 다시 말하면 돈으로 환산할 수 없는 소중한 지성인의 유산을 물려주기 바랍니다. 고등교육은 낡은 전통의 쓸모없는 일손에서 벗어나, 그들 앞에 펼쳐질 새롭고 값진 일들에 쓰일 수 있도록 해야 합니다."

개교 당시 학생 559명, 교수 17명으로 출발했지만 대학원 중심체제로 전환(1948년)해, 현재 7개 대학원(경영, 지구과학, 교육, 공학, 인문, 법, 의학)에 70개 학과를 두고 있다. 또한 1919년 설립된 후버 연구소(Hoover Institution)를 비롯한 각종 연구소와 연구 센터가 30개가 넘는다.

스탠퍼드 대학이 국제적으로 유명해진 이유는 미국의 31대 대통령 허버트 후버(Hebert Hoover), 에후드 바라크(Ehud Barak) 전 이스라엘 총리. 1962년 노벨문학상을 수상한 존 스타인벡(John Steinbeck, 1902~68년), 골프 스타 타이거 우즈(Tiger Woods) 등 유명 동문들의 역할도 있었지만, 대학평가 기관의 객관적인 기준에 의해 우수 명문학교로 평가받은 일이 더욱 큰 영향이 되었다고 생각된다. 물론 대학의 평가는 쉬운 일이 아니다. 평가하는 기준에 따라서 여러 가지 다른 결과가 나올 수도 있기 때문이다.

미국의 유명한 대학 평가기관인 〈US 뉴스 & 월드 리포트(US News and World Report)〉에서는 16개 세부항목으로 나누어 해마다 대학의 질을 평가하고 있다. 여기에는 ① 학문과 명성 ② 교수진 ③ 학생 수준 ④ 학생의 졸업 및 재등록 비율 ⑤ 재정지원 ⑥ 동문들의 기부금 실적 등의 항목이 포함된다. 현재 미국에 있는 약 3,500개의 대학 중 1,900개 정도가 4년제 대학이며, 그 중 70% 이상인 1,400개 대학이 사립이다.

〈US 뉴스 & 월드리포트〉가 2000년과 2001년 평가한 바에 의하면 스탠퍼드 대학의 학부는 미국 내 6위를 기록했다. 스탠퍼드가 배출한 노벨상 수상자는 23명으로 세계 11위다. 더욱 놀라운 것은 대학원의 경우 이공계는 MIT 공대에 이어 2위, 경영대학원과 경제학은 하버드 대학과 공동 1위, 법과대학원은 예일에 이어 2위, 정치학은 4위 등의 높은 평가를 받고 있는 일이다. 스탠퍼드 대학은 동부의 아이비리그(Ivy League, 미 동부 8개 명문대)와 어깨를 나란히 할 수 있는 명문임에 틀림없다.

스탠퍼드 대학이 높은 명성을 얻고 있는 것은 좋은 교육환경에서 우수한 교육을 실시하고 있기 때문이다. 그렇다면 우수한 교육이란 무엇을 의미하는가? 미국 교육성에서 근무하면서 교육여건 조사와 교육개혁 업무분야의 차관보를 역임하고 부르킹스 연구소(Brookings Institution) 초청연구원으로 근무했던 다이앤 래비치(Diane Ravitch)는 좋은 교육에 대해서 다음과 같은 연구보고서를 내놓았다.

미국 국민이 생각하고 있는 이상적인 교육은 ① 학생들에게 학습목표와 사명을 제시 ② 교과목에 대한 학생들의 정확한 기대수준 ③ 이 기대수준에 맞추어 이루어지는 시험 ④ 교수의 질, 교재, 평가와 같은 교육 시스템의 개선 ⑤ 학생들에게 충분한 교육기회의 제공, ⑥ 학생들이 배운 것을 생각하고 활용하도록 장려 ⑦ 부모와 교수는 학생의 재능보다 노력을 중시 ⑧ 시험을 통해 배운 것을 정확하게 이해하고 있는지를 평가 ⑨ 규제보다 교육성과를 중시해야 하는 행정기관 등이라고 주장한다.

스탠퍼드 대학이 미국 대학평가에서 좋은 결과를 얻을 수 있었던 이유는 위에서 열거한 교육의 조건들을 대부분 갖추고 있기 때문이다. 스탠퍼드 대학의 학생이라면 알아야 할 각종 정보를 대학에서 발간하는 〈스탠퍼드 공보(Stanford Bulletin)〉를 통해 얻는다. 이 공보 자료는 학사일정을 비롯해 학교에 관한 모든 정보를 약 900쪽에 걸쳐 제공한다. 우수한 교수의 확보는 좋은 교육을 가능토록 하는 매우 중요한 요건이다. 학교 당국은 교수진의 경쟁력을 확보하기 위해 모교 출신 교수의 비중을 2% 이내로 유지한다. 스탠퍼드 대학의 교수로 발탁되어 7년 이내에 종신재직(tenure) 자격을 획득하지 못하는 경우는 학교를 떠나야 한다. 현재 대학의 학생 수는 학부 6,500명, 대학원 7,500명이며 교수진이 1,456명이다. 교수 1인당 학생 수가 10명 이내인 셈이다.

존 헤네시(John Hennessy) 총장은 스탠퍼드 대학의 명성을 이렇게 소개한 바 있다.

"스탠퍼드 교수진은 새로운 지식의 창조와 전달에 있어 최고의 수준을 자랑하며, 학생들은 배움을 사랑하고 그들의 재능은 탁월합니다. 스탠퍼드의 학부교육은 초창기부터 소규모 학급으로 편성해 원로교수들과 긴밀한 접촉 하에 진행됩니다. 다른 연구대학(Research University)과 필적할 수 있다고 자신합니다."

우등학생들이 원로교수와 '특별히 연구할 기회(independent honors study)'를 갖게 해주는 프로그램에서 보듯, 창의적인 사고와 열의를 갖춘 학생들에게는 충분한 연구기회가 제공되고 있다.

오늘의 스탠퍼드는 캘리포니아에만 존재하는 것이 아니라 베를린, 파리, 옥스퍼드, 모스크바, 플로렌스, 부에노스아이레스, 교토, 푸에블로, 산티아고 등 세계 9개 지역에 진출해 있다. 강의실에서 스포츠 시설에 이르기까지 스탠퍼드인들의 개척정신은 설립 당시부터 그 명맥이 이어지고 있으며, 30여 개에 달하는 연구소와 연구 센터들은 새로운 이론과 지식을 끊임없이 창출하고 있다.

스탠퍼드의 명성에 대해서 사람, 지식, 문화라는 세 가지 범주에서 이야기해보기로 하겠다.

스탠퍼드가 명문대학으로 명성을 누리는 첫번째 이유는 무엇보다도 이 곳이 지식의 샘터요, 보고(寶庫)라는 점이다. 스탠퍼드 대학 내에는 25개의 도서관이 있다. 후버 연구소 도서관(Hoover Library & Archives), 인문사회학 도서관(Cecil H. Green Library), 경영학 (Jackson) 도서관 등 각 학부별로 독립된 별도의 도서관을 두고 있으며 정부문서만 소장하고 있는 도서관도 따로 갖추고 있다. 후버 도서관에는 110만 권의 장서와 15만 장이 넘는 마이크로필름, 2만 6,800개 표제의 간행물(300개 이상의 저널, 신문 포함), 그리고 5,000만 점 이상의 기록물을 소장하고 있다. 35만 권 이상을 소장한 아시아 언어 도서실도 별도로 마련되어 있다.

인문사회학과 학생을 위한 '그린 라이브러리'에는 200만 권의 도서와 6,500개 이상의 표제를 지닌 저널과 신문(지하 1층 별실에 소장), 2만 5,000권 이상의 참고서적, 현재 발행되고 있는 140개의 신문들을 언제나 열람할 수 있다. 또한 경영대학원인 잭슨(Jackson) 도서관은 전문도서 외에 40만 가지 이상의 저널과 마이크로필름을 소장하고 있다.

정부문서 도서관에는 미국 연방정부, 캘리포니아 주정부, UN을 비롯한 국제기관과 외국정부가 발간한 자료나 문서를 소장한다. 후버 연구소는 허버트 후버 대통령이 제1차 세계대전과 소련혁명에 관한 자료를 수집해 도서관과 문서고(archives)를 설립한 데서 그 역사가 시작된다. 존 레이지언(John Raisian) 연구소장을 비롯한 130여 명의 박사 연구원들과 100여 명의 인력들이 국제정치, 세계경제, 외교, 군사, 문화 분야의 국제협력에 관한 연구를 한다. 미국의 국내정치, 경제, 교육, 환경, 보건, 군사, 문화에 관한 국내정책, 아프리카, 남미, 중앙아시아, 동유럽 신흥국가들의 민주주의와 시장경제에 관한 연구 등 3개 분야에 광범위한 학제 간 연구(interdisciplinary approach)도 이루어진다.

이 연구소는 분기별로 발행하고 있는 뉴스 레터(News Letter) 외에도 국내외에서 일어나는 주요 사건과 주제가 언론에서 다루어지면, 연구소 안의 각 분야 전문가의 견해를 담은 〈관점(Viewpoints)〉이라는 소책자를 발간한다. 소련혁명 당시 발행한 포스터와 벽보가 현재 러시아에는 한 점도 없지만 후버 연구소에는 수십 종이 보관되어 있다.

스탠퍼드 대학의 도서관은 교수나 학생들이 필요한 연구자료를 신속히 입수할 수 있는 체제를 갖추고 있다. 각 도서관은 연구용 데이터베이스를 보유하고 교수들에게 연구지원을 하는 팀도 운영하며, 필요한 자료를 사서보조원들이 직접 찾아주기도 한다. 그룹 연구실이 따로 마련되어 있고 정보 센터도 운영한다. 도서관 사이의 네트워킹 체제도 갖추고 있다. 특히 공동연구사업을 수행하는 교수, 대학원생들에게 도서관 이용의 우선권을 주고 있다.

스탠퍼드 대학을 찾는 유명인사들이 꼭 한번 방문하는 곳은 캠퍼스 서쪽에 위치한 선형입자가속기 센터(Stanford Linear Accelerator Center: SLAC)이다. 버튼 리터(Burton Richter) 소장과 명예교수 8명을 포함한 약 50명의 연구진들이 기초입자물리학의 이론적 연구와 실험, 고에너지 입자가속기의 이론과 신기술 개발, 미세입자탐지 연구개발 등을 실시하고 있다. 이 연구소에는 물리학 외에 화학, 생물, 수학, 전기공학 등을 전공한 세계적인 과학자와 전문가들이 네트워킹을 통해 참여한다. 이미 SLAC는 우주의 생성원리를 밝혀내고 있는 곳으로 알려져 있다. 1990년대 중반 이와 관련한 중간 연구결과를 가설로 밝힌 바 있다. 이에 따르면 '우주의 생성근원은 빛'이라는 것이다.

스탠퍼드가 명성을 얻는 두번째 이유는 인재를 사랑하고 양성하는 곳이라는 점이다. 헤네시 총장이 언급했듯이 최고 수준의 교수진이 배움을 사랑하는 학생들을 대상으로 풍부한 교육기회를 제공한다. 과목별 수업이나 논문 지도뿐 아니라 경력관리와 이력서 작성하는 방법에 이르기까지의 모든 것들을 설명회를 통해 지도한다. 스탠퍼드의 성적평가제도 특이하다. 대부분의 대학이 A, B, C, D, F로 평가하고 있지만, 경영대학의 예를 보면, 합격은 P, 최고 성적은 H, 최하 성적은 U이며, P의 경우 수준에 따라 P+, 또는 P- 로 평가한다. H와 U는 매우 드문 점수이므로 평점에 연연하지 말고 공부만 열심히 하라는 취지이다.

스탠퍼드가 명성을 얻고 있는 세번째 이유는 그들은 열린 마음으로 대학 공동체문화를 형성하고 있다는 점이다. 대학이나 연구소의 자유로운 면학 분위기는 누구나 느낄 수 있다. 1992년 10월 2일 스탠퍼드는 제9대 제허드 카스퍼(Gerhard Casper) 총장을 새로 맞이했다. 그는 스탠퍼드에 '자유의 바람(winds of freedom)'을 새롭게 불러일으켰다.

필자의 수첩에 메모된 카스퍼 총장의 자유의 바람은 ① 지식을 추구하는 자유 ② 낡은 정설에 도전하는 자유 ③ 새로운 정설에 도전하는 자유 ④ 독자적으로 사고하는 자유 ⑤ 언론의 자유 ⑥ 정신적 생활에 기쁨을 누리는 자유 ⑦ 민족과 문화의 국경이 없는 자유 ⑧ 낡은 상아탑에서 벗어나는 자유 ⑨ 교수와 학생들의 연구, 학습에 새바람 등 아홉 가지 자유의 뜻을 담고 있다.

후버 연구소 본관 2층에 사무실을 두고 있는 레이지언 소장은 연구소를 찾는 인사들에게 스탠퍼드를 이렇게 소개한다.

"스탠퍼드는 참으로 자유로운 곳입니다. 아무도 간섭하지 않습니다.

우리 지식인들이 자기의 사명을 다하고 있는가는 연구결과가 말해줍니다. 그리고 연구에 필요한 시설과 환경은 잘 갖추어져 있다고 자부합니다. 불편하거나 부족한 점이 있다면 즉시 시정하겠습니다.”

그 곳에는 많은 지식인들이 모여든다. 저명한 경제학자 밀턴 프리드먼(Milton Friedman)과 마이클 보스킨(Michael Boskin), 중국전문가 라몬 마이어스(Ramon Myers), 국제정치학자 토머스 헨릭슨(Thomas Henrikson), 전 국무장관 조지 슐츠(George Schultz), 경영학자 에드워드 라지이르(Edward Lazear), 사회학자 래리 다이아먼드(Larry Diamond) 등 많은 사람들이 새로운 지식의 창조와 미래의 경제사회를 위한 정책연구에 몰두하고 있다. 그들은 동구의 변화를 보면서 왜 사회주의체제로 경제문제를 해결할 수 없었는지 알 수 있을 것이라 말했고, 중국의 변화를 주시하라고 일러주기도 한다.

앞에서 소개한 SLAC의 연구사업에는 스탠퍼드의 교수진 외에도 세계 각 국의 전문가들에게 참여할 기회가 제공되고 있다. 또한 후버 연구소에도 연간 100명 이상의 세계 각국의 객원연구원들(Visiting Fellows)이 연구활동에 참여한다. 스탠퍼드는 유선방송 채널 #51을 통해 방송을 하는데, 여기에는 각 연구소도 참여한다. 후버 연구소는 ‘진귀한 지식(Uncommon Knowledge)’ 이란 프로그램을 통해 미국의 비전과 정책에 관한 연구결과를 방영하기도 한다.

각종 연구소들이 지역사회와 밀접한 유대를 갖고 연구활동을 할 수 있는 배경은 대부분의 연구자금이 지역사회의 개인, 단체, 회사들의 기부금에 의해 운영되고 있기 때문이다. 스탠퍼드는 학생교육 외에도 외부 전문가를 교육시키는 전문인력양성 센터(Stanford Center for Professional Development)를 두고 있다. 의학, 컴퓨터, 전기, 토목, 경영,

회계, 생명정보, 생화학 등 전문분야에 대학원 교과수준의 전문교육을 방송이나 정보망을 통해 실시한다. 일반시민을 위한 평생교육 프로그램(Continuing Study)은 역사, 문학, 예술 등 교양과목을 위주로 학기에 맞추어 분기별로 실시한다.

스탠퍼드 교수진들은 재직 중 교수와 연구활동에 전념할 수 있도록 각종 인센티브가 제공된다. 퇴직시에는 재직기간에 따라 연봉의 60~200%까지 특별 보너스가 지급되며, 명예교수로서 지위를 누린다. 본인이 희망하는 경우 교수회의의 원로회원으로 참여할 수 있다.

6

통신부문 : KT 통신

    2002년 2월 3일 한국의 〈연합뉴스〉는 뉴욕에서 열린 세계 경제지도 자들과 전문가, 그리고 정부 고위경제관료들의 세계경제포럼(WEF) 연례 총회 소식을 다음과 같이 전했다.

    "이 총회에 한국기업 대표로 참석 중인 이상철 KT 사장은 2일 '통신 산업의 승자' 토론회에서 통신 산업이 사회 문화에 미치는 영향을 주제로 세계적인 정보통신기업 지도자들 앞에서 발표를 했다. 마이클 파월 미국 연방통신위원회(FCC) 회장과 일본 NTT 게이지 다시가와 사장 등 5명의 정보통신 관련 주요 인사들이 참석한 가운데 열린 이날 토론회에서, 이상철 사장은 한국의 브로드밴드 시장현황과 초고속 인터넷, 유·무선통합 서비스 등 정보통신 기술의 발전이 사회에 미치는 영향 등에 대한 의견을 제시했다. 이상철 사장은 한국이 브로드밴드 인프라를 조기에 구축함으로써 정보통신 강국으로 급부상하고 KT가 글로벌

기업으로 성장하는 밑거름이 됐다고 강조하면서 이를 바탕으로 ADSL 기술의 해외수출, 차세대 브로드밴드 기술개발에 선도적 역할을 하게 될 것이라고 설명했다.”

5일 동안의 세계경제포럼(WEF) 기간 중에 갖는 각종 소모임은 무려 300여 개에 달한다. 이 중 한국과 관련된 공식모임이 2일 조찬 간담회로 열린 한국경제 설명회 하나뿐임을 감안할 때 KT 사장의 주제 발표는 국제사회에서 KT의 위상이 달라지고 있음을 실감케 했다. 한국의 통신 산업에 대한 세계인의 관심은 이 포럼뿐만이 아니다. 일본 오사카 인텍스 국제회의홀에서 한일 양국의 경제협력 강화를 위해 열린 한일 경제 심포지엄(2001. 11. 15)에서도 이상철 사장은 IT(정보통신) 산업의 핵심기반이 되는 초고속 통신망을 중심으로 ‘한국의 IT 산업 동향과 한일협력 방향’ 이란 주제발표를 했다.

오늘날 IT 산업은 새로운 산업혁명의 원동력이 되고 있다. IT 기술의 혁명적 변화는 제조업, 서비스업을 막론한 전반적인 산업의 생산성 증대에 크게 기여하고 있다. IT의 기본을 담당하는 것이 바로 통신망이다. 통신망의 고속화는 산업의 IT화를 더욱 촉진시키고 있다.

특히 한국의 경우 초고속 통신망의 구축과 함께 IT 산업이 급속하게 발전하고 있다. 1999년 상반기부터 공급이 시작된 한국의 초고속 통신망 가입자는 2001년 말 기준, 전체 가구의 55%(800여만 명)로 세계 1위의 보급률을 보이고 있다. 초고속 통신망의 보급에 따라 인터넷 사용자도 급격히 늘어나 2,438만 명(인구의 51%)을 넘는다. 인터넷 사용시간은 물론, 인터넷 사용인구와 전자상거래의 급속한 확대와 함께 온라인 금융거래가 급격히 늘고 있다. 특히 온라인 주식거래가 전체 거래대금의 70%에 달하며, 인터넷 뱅킹 역시 빠르게 증가하는 추세다.

초고속 통신망을 기반으로 인터넷 활용도가 높아짐에 따라 다양한 콘텐츠와 포털 서비스 제공업체 등 수많은 벤처기업들이 나타나고, 홈 네트워킹과 오피스 네트워킹 등 다양한 어플리케이션과 정보통신기기가 개발되고 있다. 따라서 IT 산업은 1998년부터 2001년까지 연평균 16.4%의 성장률을 보여 경제성장률 4%를 훨씬 웃돌았다. 2001년의 정보통신 서비스 산업은 전년 대비 32%의 높은 성장률을 나타냈고, 정보통신기기 산업과 소프트웨어 및 관련 서비스 산업은 각각 21% 성장, 한국의 전반적인 정보통신 산업은 전년 대비 23%의 고도성장을 보였다.

우리나라 정보통신 서비스 시장의 주역인 오늘의 KT가 있기까지 역사의 발자취를 잠시 되돌아보자. 새로운 외국문물을 시찰하기 위해 고종 18년(1881년) 홍영식을 비롯한 12명의 신사유람단이 일본을 다녀오고 난 후 우정총국이 설립(1884년)되었다. 근대 이전 봉화나 파발에 의존했던 우리의 통신은, 1885년 9월 28일 한성전보총국을 개설하고 청국과 연락을 위해 서울과 인천 사이에 처음 한문 전보를 보냄으로써 전신업무를 개시하고, 서울에서 평양을 거쳐 의주에 이르는 서로전신(西路電信)을 건설함으로써 시작되었다. 이어 서울-부산 간에 남로전신(1887년)과, 서울-원산 간 북로전신(1891년)을 개통해 전국적인 전신망을 구성했다.

전화는 전신보다 10년 뒤인 1895년에 도입, 1896년 궁 내부에 최초로 자석식 전화를 개통했다. 당시 서양에서 발명되어 도입된 문물인 '텔레폰'에 대한 우리말이 없어 한자음을 빌어 '득률풍'이라고 했으며, '말을 전하는 기계'라고 해서 '전어기(傳語機)'라고도 불렸다. 구한말 순종은 부왕인 고종의 능(陵)에 전화기를 설치하고 아침 저녁으로 이를 통해 '전화곡(電話哭)'을 올렸다는 이야기가 전해진다.

1902년 3월 20일 서울과 인천 간에 전화통화를 시작한 데 이어 그 해 6월에 한성전화소에서 13명의 가입자로 전화업무를 시작했다. 일제 치하에서는 우리의 통신설비를 일본에 강탈당했으며, 6·25 전쟁을 겪으면서 취약하던 통신시설의 대부분이 파괴되고 말았다. 1962년부터 추진한 경제사회발전 5개년 계획 중 통신부문 계획이 추진되면서 발전의 기틀이 마련되었다.

전화의 수요가 폭발적으로 증가해 공급이 이를 따르지 못하게 되어, 할 수 없이 전화가입권을 공개 추첨(1962년)하기도 했다. 매매가 가능했던 백색전화를 배정받으면 아파트를 분양받아 프리미엄을 붙여 팔듯이 팔기도 했는데, 그 가격이 하늘 높은 줄 몰라 한때 공무원의 1년 연봉과 맞먹을 정도로 비쌀 때도 있었다.

1979년 자동 전자교환 방식이 개통되기 전까지 전화는 교환원들이 전화를 연결하는 수동교환 방식이 주류를 이루었다. 1970년대만 해도 장거리 전화를 걸려면 우체국이나 전화국을 찾아가야만 가능했다. 교환양의 "통화하세요" 라는 허락이 떨어지자마자 전화요금이 계산되기 시작하는데도 "여보세요? 여보세요? 잘 들려요?" 라면서 음질을 확인한 후 잡음이 짙은 가운데 대화를 나눌 수 있었다.

한국전기통신공사법이 제정되어 공기업 형태인 공사가 설립(1981년)되기 전까지만 해도 체신부 공무원들이 통신사업을 수행했다. 공기업에 자치권을 높이고 능률성을 제고하고자 조직을 개편해 한국전기통신공사를 설립하기는 했지만, 이후에도 정부기관의 관료주의 문화를 쉽게 탈피하기는 어려웠다. 민간기업은 영리추구를 목표로 하고 있음에 비추어 공기업은 공공성이 강한 것이 특색이므로, 민주적인 절차와 결과에 대한 책임이 중시되므로 효율성을 제고시키는 데는 한계가 있음을 부인할 수 없다.

1980년대부터 전기통신 시설의 대량 확대와 현대화가 추진되었다. 정부부처에서 관리하던 통신사업이 한국전기통신공사의 발족으로 공기업 경영체제를 갖춘 1982년 이래, 해마다 연평균 100만 회선 이상의 전화시설을 대량 공급했다. 국내 기술로 얻어진 TDX-1 전전자 교환기의 개발(1984년)은 우리나라의 통신기술이 세계 선진국의 대열로 뛰어오르는 계기가 되었다. 전국의 모든 전화시설이 모두 광역 자동화(1987년)되어 섬 마을을 포함한 전국의 모든 지역에 자동식 전화가 공급됨으로써 전화 한 통화를 위해 교환원을 거쳐 몇십 분씩 기다려야 했던 진풍경은 시대의 유물로 남게 되었다. 1988년에 1,000만 회선을 돌파함으로써 '1가구 1전화 시대'가 열렸다.

1990년대부터 통신사업에 경쟁이 본격 도입되면서 이동전화와 무선호출 등 이동통신 서비스가 국민생활을 크게 향상시켰다. 서울·안양·수원 등 수도권에 3,000회선의 시설로 처음 출발(1984년)한 이동전화 서비스는, 1996년 세계 처음으로 CDMA방식의 상용 서비스를 제공하기 시작하면서 세계 통신역사의 한 획을 그었다. 그 뒤 1997년 10월부터 개인휴대통신(PCS) 서비스가 시작되어 본격적인 이동전화 시대를 열었다. 이어 2000년 10월 세계 처음으로 CDMA2000-1x를 선보이며 명실상부한 CDMA 종주국임을 다시 한번 확인했으며 사업 개시 1년 만인 지난해 가입자 350만 명을 넘어 무선 인터넷 시장을 활짝 꽃피웠다. CDMA2000-1x 서비스 급성장은 한국을 '세계 최초·최대의 3세대 이동통신 국가'라는 이미지를 심는 데 공헌했고 이는 '통신한국'의 명성을 떨치는 반증이기도 하다.

2002년 6월 4일 잠실 호텔롯데월드에서 'OECD 브로드밴드 워크

숍'이 열렸다. KT의 이상철 사장이 '정보통신이 경제에 미치는 영향'을 주제로 기조연설을 해 국내외 IT 관계자들의 이목을 집중시켰다. 이 워크숍은 OECD가 2001년 10월 한국을 초고속 인터넷 세계 1위로 공인한 이후, 한국의 브로드밴드 성공요인에 대한 세계의 관심이 높아지자 OECD와 정통부가 공동으로 마련한 행사였다. 5일까지 이어진 이 워크숍에는 우리 KT와 하나로통신, SK텔레콤, 삼성전자, LG전자 등의 국내 업계 및 한국전산원, 정보통신정책연구원(KISDI) 등의 관계자들이 성공 사례와 향후 전략을 발표했다.

한국의 IT 산업이 어떻게 세계의 각광을 받게 되었는가? 정보통신산업을 변화시키고 있는 초고속 통신망이 한국에서 성공하게 된 요인은 수요, 공급, 정부정책의 세 가지 측면에서 볼 수 있다.

첫째, 수요의 측면에서 인터넷 활용이 디지털 시대에 기본소양이라는 인식이 확산되면서, 한국은 높은 교육열, 창조적 문화전통, 활발한 벤처 창업 등과 연계, 초고속 통신망의 설치를 빠르게 요구하게 되었다. 그리고 초고속 통신망 보급 초기에 인터넷 카페(PC방)를 통해 젊은 이들이 매우 저렴한 비용으로 인터넷을 체험하게 되면서 다양한 욕구가 생겨났다. 이를 충족하기 위해 인터넷 게임과 인터넷 방송 등 콘텐츠 업체와 포털 서비스 업체가 급속히 늘어나 초고속 통신망 수요를 더욱 촉진시켰다.

둘째, 공급의 측면을 살펴보면, 주요 도시 사이의 광케이블에 의한 초고속 통신망을 갖추고 있고, 국민의 40%가 아파트에 거주하는 조건은 서비스 공급에 유리하다. 광통신망의 길이는 약 2만km로서 이 중에서 KT가 약 60%를 공급한다. 이와 같이 시설의 대량 공급과 저렴한 비용, 서비스 기술의 축적과 급속한 생산성 증대가 초고속 통신망의 대규모 확장을 가능하게 했다.

셋째, 정책측면에서 볼 때, 정보화시대를 맞이해 정보 인프라 구축이 정부의 핵심적인 기능임을 인식하고 초고속 정보통신망의 건설, 초고속 정보통신 건물인증제로 구내 선로시설의 현대화 도입, 전자정부 건설(2만 8,000여 공공기관 연결), 학교정보화 지원(전국의 1만여 초중고교를 연결), 시장 진입 규제를 완화해 경쟁을 촉진하는 정책을 추진했다.

현재는 인터넷의 확산, 디지털화 등의 환경변화로 인해 시장주도권이 고객중심으로 바뀌고 고객들은 나만의 맞춤형 서비스를 요구하고 있다. 또한, 개별 사업영역의 붕괴로 인해 산업을 초월하는 기업 사이의 경쟁이 치열해지고 있다. KT의 경우는 최근 ADSL에서의 성공을 통해 어느 기업보다 한발 앞서 새로운 가치를 창출할 수 있다는 자신감을 갖게 되었다. 또한, 변화의 시대를 맞아 21세기 세계 초일류기업으로의 새로운 도약을 위해 'The Value Networking Company' 라는 새로운 KT 비전을 설정했다. 이러한 Value Networking을 위해 한국통신도 다양한 유무선 통합 서비스 사업과 초고속 정보통신망과 연계된 인터넷 데이터센터(Internet Data Center) 사업, 그리고 중소기업을 대상으로 한 솔루션 제공사업 등 새로운 사업을 전개하고 있다.

전기통신 시설의 설치, 운용과 전기통신 기술의 진흥을 도모함으로써 국민생활의 편익을 높이고 공공복지의 향상에 이바지한다는 설립목적을 지닌 KT는 '도전과 창조의 기업으로 수익중시 경영실현, 인간중시 경영실현, 투명경영 실현, 스피드경영 가속화' 라는 경영 마인드로 변화하고 있다. 이는 최고의 상품과 최고의 고객 서비스를 제공해 고객이 인정하는 최고의 기업이 될 것이며, 사업의 모든 부문을 미래지향적으로 추진하고 이익과 성장중심의 효율적 경영으로 기업의 가치를 높인다는 방침이다. 더불어 '세계적 수준의 인적자원 시스템을 구축하고 인재의 확보와 육성을 통해 경쟁력을 강화해나가고, 올바른 사이버 문화 형성을 위해 노력하는 한편, 지역사회에 공헌하는 기업으로서 지식 정보사회화 촉진에 기여하는 일꾼이 되겠다'는 것이 KT 이상철 사장의 경영방침이다.

KT는 한국통신 창사 20주년을 맞아 사명을 변경하는 동시에 새로운 CI(Corporate Identity)를 채택했다. 한 언론사 기자와 인터뷰에서 이상철 사장은 "회사 이름을 영문으로 알기 쉽게 바꾼 것을 계기로 KT를 '월드클래스 회사'로 키우겠다"고 밝히고 있으며, "KT가 세계적인 기업으로 성장하기 위해서는 '탈(脫)전화, 탈유선'이 되어야 한다. 초고속 인터넷(ADSL) 분야를 2년 만에 세계 1위로 키운 것처럼 KT의 역량을 유무선 통합에 집중하면 단시일 내에 초우량기업으로 발돋움할 수 있다"고 그 배경을 밝혔다.

KT의 미래는 새로운 기술개발에 달려 있다. 지적재산권 보호강화라는 세계적인 추세와 국내 통신시장의 전면 개방에 능동적으로 대응하기 위해 KT는 국내 2,335건, 국외 340건의 지적재산권을 확보, 관리하고 있다. 통신과 방송의 융합, 유선과 무선의 통합, 통신사업자의 글로벌화, 부가통신사업의 활성화 등 정보통신 서비스 발전추세에 맞춰 'IMT-2000, B-WLL, 인터넷폰, 종합물류망, 전자상거래' 등 다각적인 연구사업을 추진하고 있으며 타 사업자와의 서비스 차별화 및 경쟁력 강화를 위한 차세대 지능망 서비스 개발, 가입자망의 고도화, 차세대 정보통신망 구축, 통신망 운용관리능력 제고 등에 역점을 두고 있다.

KT가 세계 초일류기업으로 명성을 유지하기 위해서는 아직 넘어야 할 산이 있다. 관료적이라는 잔재가 남아 있는 KT의 조직문화를 혁신해야 한다. 글로벌 경쟁의 물결 속에서 장래 성장이 유망한 소프트웨어와 관련 서비스 산업, 유무선 통합서비스, Value Networking 등의 분야에서 통신사업자와 IT 기업 간의 전략적 제휴 및 연합에도 깊은 관심을 기울여야 할 것이다.

7

의료부문 : M. D. 앤더슨 암센터

미국의 중남부 텍사스 주에 속하고 멕시코 만에 접한 연안도시 휴스턴에는 세계적인 명성의 'M.D. 앤더슨 암센터(M.D. Anderson Cancer Center)'가 위치해 있다. 부시 국제공항에서 남쪽으로 40마일 떨어진 텍사스 메디컬센터 캠퍼스에 위치한 이 암센터는 1961년에 설립한 이래 암 환자를 돌보고, 암에 대한 연구와 의학교육, 그리고 암을 예방하는 것에 전념하면서 암에 관한 역사를 기록하고 있다. 이 센터는 텍사스 주립대학교 계열로 900여 명의 의학교수와 의료진을 보유한, 미국 최고의 의술을 자랑하는 2대 암센터 중 하나다.

'암의 역사를 이룬다'

텍사스 M. D. 앤더슨 암센터의 사명은 암 환자를 돌보고 암에 대한 연구, 교육 및 예방을 하고, 암에 대한 종합 프로그램으로 미국과 전세계에서 암을 퇴치하는 데 있다. 이 센터의 비전은 우수한 의료진, 임상연구를 통한 환자진료, 의술의 탁월함 등이다. 이 센터에서 일하는 사람들은 "우리는 암의 역사를 이루고 있다(We are making cancer history)"고 자랑스럽게 이야기한다. 그들의 핵심가치는 간호(caring), 성실(integrity), 발견(discovery)이다. 그들은 말과 행동으로 모든 이를 돌보는 환경을 조성하며, 동료와 환자들의 신뢰를 얻기 위하여 함께 일하고 창조정신을 함양하여 새로운 지식을 찾고 있다.

M. D. 앤더슨 암센터가 생긴 이래, 50만 명의 암 환자들이 수술, 화학요법, 방사선 치료, 면역요법 등의 시술과 이들의 결합 형태로 치료를 받았다. 암을 치료하는 데 있어서 학제 간 연구방법(multi-disciplinary approach)을 사용한 것은 M. D. 앤더슨의 선구자적인 모습을 보인 것이라 하겠다. 이들은 암에만 초점을 두고 있기 때문에 이 곳의 전문의들은 일반적인 암은 물론이고 독특하고 기이한 암을 치료해냄으로써 명성을 얻고 있는 것이다. 의료시설이 잘 갖추어진 오늘날 M. D. 앤더슨은 연간 6만 5,000명의 환자를 돌보고 있으며 이중 신규환자는 1만 8,000명이나 된다. 이들 환자 중 절반은 연구를 통한 치료방법을 선호함으로써 텍사스 외부에서 찾아온 이들이다. 환자의 15% 정도는 진료기간 동안 새로운 요법의 임상실험에 참가한다.

M. D. 앤더슨은 어느 대학병원보다 환자간호에 있어서 연구조사를 철저히 한다. 실험실에서 얻은 중요한 과학적 지식은 연구실험을 통해

임상치료에 신속히 이용되기 때문에, 연구실험에 연간 2억1,0000만 달러가 지출되고 있다. 매년 2,700명의 학생들이 의료교육 프로그램에 참여한다. 의사, 과학자, 보건 전문연구원들도 여기에 포함되어 있다. 의학 분야 5개 학사학위를 수여하는가 하면 연간 수백 명의 레지던트들이 훈련을 받는다. 현재 약 300명의 박사과정에 있는 학생들이 연구중이며 700명의 연구 인력도 훈련을 받고 있다. 세계 각국의 의료진과 지식을 공유하기 위해 외국인 전문인력을 포함, 수천 명이 원거리 학습 프로그램에 참여한다.

어느 질병이나 그렇듯, 예방만이 암의 위협을 퇴치하는 데 최선의 방법임을 인식하고 있다. 전염병과 행태론에 대한 연구에 심혈을 기울인 놀라운 업적이 있었기에 임상 암 분야에서 명성을 얻고 있다. 실험활동은 암 예방시책의 발전과 시행을 돕는다. 암 예방 서비스는 암 조기진단으로부터 유전인자 상담에 이르기까지 주로 개인과 회사차원의 사업으로 이루어진다.

M. D. 앤더슨은 현재 1만 2,000명의 인력이 고용되어 있고 이 밖에도 1,500명의 자원봉사자가 연간 26만 시간의 봉사를 한다. 이들은 암을 뿌리뽑겠다는 M. D. 앤더슨의 사명을 완수하기 위해 핵심가치인 간호, 성실과 발견을 위해 일한다. 의료설비는 1997년부터 5년에 걸쳐 배로 늘어났다. 249베드의 병동과 임상연구 빌딩, 13층 건물의 의료진 연구실, 환자와 가족을 위한 324개 호텔 객실을 갖추고 있다. 또 다른 연구 빌딩과 통원환자 진료건물이 건설 중이다.

병원장의 메시지

M. D. 앤더슨을 소개하는 팸플릿에는 병원장의 모습을 담은 사진과 함께 '병원장의 메시지' 가 눈에 띈다. 암센터의 비전과 명성을 알리는 메시지가 담겨 있기 때문이다.

"우리는 암을 극복하는 데 큰 진전을 이룰 수 있다는 높은 희망과 기대를 갖고 21세기에 들어섰습니다. 앞으로 불과 수십 년 내에 암의 진단, 치료 및 예방에서 놀라운 발전을 보게 될 것이라고 확신합니다. 이와 같은 낙관적인 견해는 지난 60년 간 텍사스 대학교 M. D. 앤더슨 암센터 의료진들이 암 환자의 치료와 연구, 교육, 예방에서 이룩한 놀라운 업적에 기초하고 있습니다. 우리들은 암의 원인으로 세포성장과 DNA 회복을 조종하는 주요 유전인자의 선천적·후천적 변화 또는 기능부전에 따른 것임을 알게 되었습니다. 그리고 세포분열을 조절하고 수행하는 분자 스텝(molecular steps)에 관한 새로운 통찰력도 얻었으며, 신체의 면역반응과 혈관계통이 어떻게 임상결과에 영향을 미치는지에 대한 이해가 가능하게 되었습니다. 크게 보면 진보된 MRI, CT, PET 스캔과 더불어 각 환자의 암세포에서 특정분자의 이상을 규명하기 위해, 유전자 스크린을 포함한 효과적인 암 발견 방법과 같이 새로운 지식이 암의 영향을 줄이는 노력을 촉진시켜주고 있습니다. 앞으로 10년 안에는 암세포에서 이상을 일으키고 있는 주요 암 관련 유전자와 분자 스텝을 표적으로 하여 새로운 치료법이 개발될 것입니다. 대략 400개의 표적(targets) 목록에서 각 환자의 암에서 6개의 특정 유전자결함과 유전자 산물을 찾아내기를 기대합니다. 동일한 유형의 암이라고 해도 환자 개개인에 따라 유전자와 세포 스텝의 이상은 다양합니다. 앞으로 환자의 암에서 개인적으로 특이한 점을 찾아낼 것이며, 다양한 표준 치료법으로 이러한 문제의 질병을 치료할 것입니다. M. D. 앤더슨은 이러한 모든 기회를 개척하기 위하여 특별한 지위를 누리고 있습니다. 개인이나 회사 및 재단으로부터 받는 엄청난 후원이 환자의 치료에 연구실험 결과를 신속히 적용하는 학제 간 연구사업을 위한 연방기금을 확보하는 데 유리하도록 도와주고 있습니다. 민간의 기부금은 연방보건연구소(National Institutes of Health), 미국 암학회, 기타 단체들로부터 지원되는 후원금의 5배나 될 정도로 큰 금액이며 우리에게 큰 힘이 되고 있습니다. 조지 부시 전 대통령 내외가 암 연구기금으로 기부한 재원은 새로운 분자치료법의 개발에 이용되었으며, 각종 형태의 유전자 치료법에도 이용되고 있습니다.”

M. D. 앤더슨의 윤리규범

M. D. 앤더슨의 탁월한 점은 그들이 공개적으로 공포한 윤리규범을 통해서도 알 수 있다.

우리 센터는 암 환자를 돌보고 악성질환의 예방과 근절에 공헌하는 특수 기관이다. 우리는 현재 치료를 받고 있는 환자뿐만 아니라 미래 세대에 이익이 되는 환자치료, 예방, 교육, 연구활동을 결합하는 데에도 노력한다. 그러므로 암과의 전쟁이란 어려운 일에 우리의 근무자세를 일깨우고, 환자와 직원들이 다 함께 다짐하기 위한 기본 도덕규범으로 이 원칙을 지킨다.

1. 우리에게 환자를 돌보는 특권을 부여해준 분들에 대한 존경이 우리들의 첫째 임무다. 이 존경이란 생명의 가치와 존엄을 확인하는 것이다.

2. 전문 의료진의 도움을 받아 환자가 지닌 질병을 치료하고, 고통을 줄이며, 감내할 수 있는 생활의 질을 이룩하는 것은 우리 센터의 주된 목적이다. 암의 존재는 위험을 무릅쓰는 일을 필요로 하지는 않지만 이를 정당화한다.

3. 암의 진단은 질병의 원인을 규명하고 이를 치료하는 것만이 아니고, 환자나 그의 인척들에게 어려운 선택을 하고 살아가는 부담을 포함, 정서적·사회적·재정적 부담을 갖고 이행하는 것이기도 하다. 환자나 그 가족들에게 이러한 결정에 필요한 정보를 제공하는 데 후원과 지원을 하는 것도 우리들의 책임이다.

4, 환자에 관한 정보는 비밀이다. 환자의 동의 없이 제3자에게 공개되어서는 안 된다. 모든 정보는 정밀하게 기록되어 대응할 수 있도록 의사소통되어야 한다. 접근시 환자의 사생활과 개인의 이해를 보호하기 위한 의무를 지닌다.

5. 암의 예방은 우리 사명의 일부다. 일반교육, 임상예방 활동 및 임상연구를 통해 암의 발생을 줄이고, 우리의 환자가 되지 않도록 봉사한다. 암에 대한 예방 서비스를 받기 위해 우리를 찾아오는 사람들은 오명, 비밀, 위험의 회피 문제 등에 대해 신중함을 기한다.

6. 교육은 좀더 나은 미래에 대한 투자이며, 지난 세대의 환자, 학자에 대한 보답이다. 우리의 교육사명은 우리를 찾는 환자, 일반인, 의료진들을 받아들이는 것이다. 우리 센터의 기반인 지식, 기술, 윤리적 가치를 공유하고 나눔으로써 우리는 암의 극복을 발전시키고 한다.

7. 기초와 임상연구는 우리 사명의 핵심이다. 우리의 연구결과는 예방, 진

단, 치료 등 궁극적으로 암을 퇴치할 수 있는 토대가 된다. 이 같은 연구들은 환자를 돌보는 데 있어 위험이나 이익에 대하여 알고 있는 참여자들에게 기대를 줄 수 있는 활동이어야 한다.

8. 우리의 기관에서 근무하는 모든 사람은 특정 과업과 역할을 갖고 있다. 그러나 우리 모두는 환자를 돕는 역량에서는 균등하다. 우리들 개개인은 환자들에 대하여 도덕적 의무감을 갖는다.

9. 우리는 환자의 복지를 위한 책임을 지닌 협력자로서 상호존경하고 상호의존하고 있음을 인식한다.

10. 암의 진단, 예방, 교육, 연구의 의무를 성실하게 수행하는 것은 값진 노력이다. 암 환자들의 최고희망은 M. D. 앤더슨에서 암을 치료받고자 하는 일이다. 매년 6만 5,000명의 환자들이 각종 암의 진단과 치료를 위해 우리를 찾는다. 우리의 임상실험은 매우 어렵고 힘든 암의 종양에 대해 치료할 기회를 제공한다.

우리의 간호는 암의 치료를 넘어 암의 위험을 최소화하기 위한 예방프로그램과 환자, 가족들을 위하여 모인 후원집단을 통해 정서적 치유프로그램까지 제공한다. 외국 환자들에게는 모국어 통역과 여행을 돕는 일도 제공한다. M. D. 앤더슨은 암의 연구, 환자진료, 예방교육을 위한 풍부한 전문인력과 자원을 보유하고 있으며, 이러한 정보들은 다른 전문기관에서도 이용이 가능하다. 광범위한 임상 및 과학자료를 확인해보고 교육 프로그램에 참여하길 바란다.

M. D. 앤더슨의 서비스

M. D. 앤더슨이 암 환자의 치료부문에 세계적인 명성을 얻고 있지만 여기에는 다른 병원과는 차별화된 의학연구와 임상실험 등을 통한 새로운 치료법이 계속 개발되고 있기 때문이다. M. D. 앤더슨에서 실시되고 있는 연구과목은 200여 개에 이른다. M. D. 앤더슨 센터의 학과, 연구소, 서비스 센터에서 실시되는 프로그램은 탈모증(Alopecia)으로부터 환부 간호(wound nursing)에 이르기까지 알파벳 순으로 병원 현황에 소개돼 있다. 각종 행동의약품(Behavioral Medicine)과 행동과학(Behavioral Science), 생물면역치료법(Bioimmunotherapy), 암생물학, 종양학, 혈액병리학(Hematopathology), 분자유전학(Molecular Genetics), 분자혈액학(Molecular Hematology), 신경종양학(Neuro-Oncology), 골수이식(MarrowTransplantation), 임상종양학(Clinical Oncology), 분자 및 세포종양학(Molecular & Cellular Oncology), 방사선종양학, 방사선물리학 등이 포함된다.

M. D. 앤더슨은 특정 암의 유형에 대해 그들이 진료하고 있는 표준 진료방식과 현재의 임상실험 목록을 공개하고 있다. 그들은 외부 의사로부터 암 진단을 확인하기 위한 조직 샘플을 접수하여 실험하고 있다. 암 취급기관 네트워크를 위한 임상실험 프로그램인 지역사회 임상종양학 프로그램을 두고 있으며, 의사, 환자, 보건 전문인력의 보수교육을 위해 좋은 정보를 제공하는 통합의료 교육자원을 운영한다. M. D. 앤더슨은 지역사회와도 깊은 유대관계를 맺고 있다. 이 센터의 회원들에게 암 치료를 관리하는 의료기관을 소개한다. M. D. 앤더슨의 의사와 지역사회의 외부 의사 사이에 협조관계도 마련되어 있다. 이 센터의 의

료진이 이용할 수 있는 재원조성을 위한 암 센터 후원재단과의 관계도 긴밀하다. M. D. 앤더슨은 환자진료를 보완하고 마음, 몸, 정신의 치료에 초점을 두고 진행하는 프로그램도 둔다. M. D. 앤더슨의 환자, 자원봉사자, 간호사, 직원 등을 위한 세미나가 매주 화요일 1시간씩 열린다. 암에 대한 민간인의 이해를 도모하고, 전문 교육기관의 연구를 위한 프로그램은 물론, M. D. 앤더슨의 전문인력을 위한 교육행사의 일정이 1년 내내 그치지 않는다. 이 밖에도 대학원 수준의 교과로 편성되어 있는 의사훈련 프로그램과 평생 의료교육 서비스도 제공된다. M. D. 앤더슨 암센터에는 직원과 자원봉사자로 구성된 암 전문강사진(Cancer Wise Speakers)을 두고, 암에 대한 위험을 줄이고 암의 예방과 조기발견을 위한 교육 요구에 응하고 있다. 이 프로그램을 이용하려면 3주 전에 신청해야 하며 휴스턴 지역의 단체에게는 무료로 제공되는 서비스다.

암 전문강사진의 강의 주제는 ① 암에 대한 정보와 생활장소, 생활방식, 가족의 역사 등 암의 위험요소와 이를 줄이는 방법을 소개 ② 남녀는 암에 대한 위험 요소가 다르다는 것을 전제로 남성들이 걸리기 쉬운 암(폐, 피부, 결장)과 특별한 위험요소(전립선, 고환)에 초점 ③ 여성에게 특히 위험이 큰 요소(유방, 여성 생식계통)와 여성만을 위한 유방암 자아진단 등에 초점 ④ 모든 암 요인의 30%를 차지하는 흡연이 암과 건강에 미치는 영향과 금연방법을 가르침 ⑤ 음식물이 암의 생성에 영향을 주기 때문에 식이요법을 통하여 암의 위험을 줄이고 건강을 증진하는 방법 ⑥ 암은 환자뿐만 아니라 가족, 친구, 동료들에게도 영향을 주므로 질병의 정서적 측면에 초점을 맞추어 환자를 돌보는 방법에 대한 교육 등을 내용으로 하고 있다.

텍사스의 훌륭한 자원 중 하나는 암 정보 서비스(Cancer Informa-
tion Service: CIS)이다. 이 서비스는 전국암연구소(NCI)의 후원을 받아
M. D. 앤더슨이 제공하는데, 암에 관한 모든 의문점들을 무료전화번호
(1-800-4-cancer)를 이용해서 질문할 수 있다. 외국인의 경우 국제 환
자센터를 이용하는데, 이 곳은 환자의 모국 문화와 언어의 필요성을 이
해하고 이에 부합하는 여러 가지 서비스를 제공한다. 등록서류, 예약,
센터의 운영, 각종 서비스 제공내용, 진료비 조달문제 등의 상담이 가
능하다. 출국하기 전에 준비해야 할 지참서류와 병원기록물, 개인소지
품, 입원 또는 객실예약, 교통 등을 자세히 안내해준다. 일반 시민들을
위한 암의 예방, 암의 조기진단, 암 연구, 암 예방 소식, M. D. 앤더슨
의 소개에 관한 정보를 제공한다. 통역 서비스가 실시되는데 스페인어,
포르투갈어, 아랍어, 터키어, 중국어, 일본어, 이탈리아어, 독일어, 프
랑스어, 베트남어가 제공된다. 24시간 전에 요청하면 통역사가 준비되
고, 청각장애자들에게는 수화를 할 수 있는 통역원이나 TDD(점자 출
력이 가능한 전화) 연결도 가능한 서비스이다.

이 센터의 현황, 역사, 운영 등에 관해 관심을 가지고 있거나 교육목
적상의 관광 코스가 마련되어 있다. 관광은 1시간 정도 소요되며 환자
간호, 교육, 특히 예방에 초점을 둔다. 이와 별도로 일반교육실에서는
학교와 지역사회단체, 보건전문기관 방문객, 입법의원이나 외교관, 신
입사원과 자원봉사자, 센터 환자와 가족을 위한 별도의 관광 프로그램
을 운영한다. 주중 오전 9시에서 오후 4시까지 서비스되는데, 신청이
아주 많아 2주 전에 미리 신청해야 한다.

8

전문직 서비스 부문 : 앤더슨 월드와이드, KPMG

전문직 서비스 기업도 최근 다국적 기업으로 발전하면서 세계적으로 조직을 확대하고 있지만 이들에 대한 연구실적은 저조하다. 회계, 법률, 건축, 공학, 경영 컨설팅 등 전문직 서비스 기업들은 세계경제나 사회 면에서 중요성이 증가하고 있다.

대부분의 전문직 서비스 기업들은 경제의 세계화에 걸맞는 세계기업으로 발전하지 못하고 있다. 그리고 전문직별로 그 분야가 다르고 상대적인 역사발전 과정과 그 사회의 특수성을 갖고 있기 때문에 이들에 대한 연구가 부족한 것으로 생각된다.

전문직 서비스 기업들도 경제의 세계화 환경 속에서 최근 변화를 보이고 있는데(Jones 외 1997년) 첫째, 산업기술과 정보통신 기술의 발전으로 전문직 서비스 기업들의 조직이 개편되고 있다. 각 분야별로 더욱 전문화를 지향하고 합병과 인수를 통해 외적 규모를 늘리면서 세계적인 비즈니스 역량을 준비하고 있다.

둘째, 이 회사들은 전문 산업분야별로 좀더 실용적이고 전문적인 지식을 개발하고 있다. 산업기술의 발전으로 인해 기존의 경영개선이나 품질혁신을 넘어 좀더 전문화된 서비스 제공과 이윤을 늘리려는 기업의 요구에 대응하도록 전문화되고 있다. 각 분야별로 다양한 기술체계를 이해하면서 서비스 공급을 이루기 위해 통합 시스템의 모습으로 발전하고 있다.

셋째, 최근 이들 기업 사이의 경쟁이 치열하게 전개되고 있다. 기업의 합병과 인수를 통해 회계, 감사 서비스를 요구하는 기업의 수가 줄고, 또 거래하던 전문직 서비스 기업을 교체하기 때문에 이들 사이의 경쟁이 늘고 있다. 최근 기업들은 전통적인 감사, 세무, 컨설팅 등의 개별적인 주문을 하는 데서 더 나아가 기업과 사업의 가치평가(value evaluation), 파산, 경영 컨설팅과 정보기술 서비스 등에 대한 필요성이 증가되면서 전문직 서비스의 통합을 요구하고 있다.

넷째, 통상규범이나 회계 서비스의 조화(harmonization)에 대한 압력이 커지고 있다. 이 같이 변화하는 국제환경 속에서 전문직 서비스 기업들의 조직변화와 새로운 전략을 어떤 모습으로 보여주고 있는지 세계기업으로 성장한 앤더슨 월드와이드(Anderson Worldwide)와 KPMG를 중심으로 살펴보기로 하자.

앤더슨 월드와이드

1913년 미국 시카고에서 설립된 아더앤더슨(Arthur Anderson)은

1970년대 들어와 앤더슨 월드와이드로 조직을 개편했다. 세계 84개국에 385개의 사무소를 두고 있으며, 인력규모는 7만 7,000명으로 운영되는 경영 컨설팅 회사다. 아더앤더슨과 경영 및 IT 컨설팅을 전문으로 하는 앤더슨 컨설팅(Anderson Consulting)이 통합 조정된 방법으로 업무를 수행한다.

앤더슨 월드와이드는 기업 사이의 협약에 따라 각 나라에 국내법인을 두고 있다. 별도의 법인체로 설립되지만 세계적으로 통합된 학제 간 기업으로 경영되고 있다. 국제기업은 파트너 간의 독립채산제로 소득이 보장된 가운데 비용을 분담한다. 전세계적로 서비스를 공급하기 위하여 기업 사이의 서비스 품질의 표준화와 통합을 강조하고 국제적인 경영조직을 유지하고 있다. 세계적인 경영실적을 얻기 위해 집중화된 지식을 공급하고 국가 사이의 전략적 조정을 유도하는데, 이를 위해 본부 경영진의 권한이 엄격하게 강화되어 있다. 세계적인 통합 조정은 계층제적 권한과 조직문화를 통해 이루어진다. 아더앤더슨은 세계수준의 훈련시설을 갖추고 직원의 자질과 전문성을 키우기 위해 많은 노력을 기울이고 있다. 그 결과 회계와 경영 컨설팅 면에서 선도기업으로 자리잡고 있다.

직원들은 집중훈련을 통해 기술 표준화를 이루고, 더 나아가 기업의 가치와 규범의 사회화, 회사조직과 일에 헌신할 수 있는 능력을 개발하고 있다. 세계 훈련센터의 표준화된 프로그램을 통해서 전문지식의 발전과 경영개선을 이루기 때문에 자체 기업문화의 형성이 가능하다. 이 훈련센터는 기술전수의 터전이요 기업문화의 실마리를 제공한다.

앤더슨의 기업문화는 미국에 기반을 두고 있는데, 조직 내의 권한이 불균등하게 배분되어 있고 본부의 통제력이 강하다. 개인의 업적은 중시되지만 고도의 훈련 과정을 통해 참여기업으로서의 압력도 크다. 앤더슨의 기업특성은 창업자의 영향력이 크다. 창업자는 중산층의 인물로 강한 직업윤리 의식을 지니고 있다. 그는 가치를 공유하는 개인들로 구성된 동질적인 집단을 형성하는 것에 중점을 둔다. 모든 전문인력들의 집중훈련 과정을 통해서 이를 이루겠다는 것이다. 1930년대의 훈련 과정은 회계, 감사보다는 폭넓은 산업별 전문화 중심이었다. 1950년대에는 경력개발 기회, 정식교육 절차, 실적에 의한 승진, 사교와 같은 비공식적인 업무관계에 초점을 두었다. 1970년대에 들어서면서 아더앤더슨은 앤더슨 월드와이드로 조직을 개편하여 세계적인 기업활동을 조정할 수 있게 되었다. 경영전략을 수립하고 서비스 품질수준을 갖추며, 인력의 사내 훈련을 통해 이에 적응시키도록 했다. 앤더슨이 제공하는 서비스는 광범위하다는 것이 두드러진 특성이다. 다른 회계 서비스 기업보다 회계와 감사 이외의 서비스 영역에서 얻는 수입이 더 크다. 앤더슨은 재무분석 측면을 강조했다.

1920년대 기업합병이 많았던 시기에 많은 프로젝트를 수주받았고 기업규모를 확장시킬 수 있었다. 1925년 미국회계연구소의 모임에서 앤더슨은 회계 서비스 기업이 좀더 광범위한 영업을 할 것이라고 강조한 바 있다. 앤더슨은 회계 외에도 노사관계, 재원조달, 생산설비, 제품과 시장정보, 조직과 경영 컨설팅 영역으로 기업범위를 확대할 것을 주장했다.

1960년대까지는 경영 컨설팅 업무가 중심이었다. 컨설팅 업무가 회사의 수익을 증대시키면서 기업의 보상체계를 회계 서비스와 달리하면서 갈등이 일어나기 시작했다. 1989년에 회계와 경영 컨설팅 간의 경영분리가 이루어졌다. 우리나라에는 1986년에 사무소가 개설되었고,

1994년 아더앤더슨코리아라는 이름으로 상호를 변경했다. 앤더슨은 세계 전역에 4개 지역본부를 두고, 각 본부는 산업별·서비스 라인별로 '3Way Matrix' 형태로 운영되고 있다. 2000년에 84억 달러의 수입을 기록한 앤더슨 월드와이드는 기업에게 변화를 새로운 기회로 생각하고 교육과 도약의 기회가 되도록 도와주고 있다.

앤더슨의 비전은 고객과 긴밀한 관계를 만들고 그것을 바탕으로 고객의 회사에 알맞는 솔루션(solution)을 개발하여 조직이 그 특유의 가치를 창조하고 이를 실현하도록 자문한다. 앤더슨의 전략적인 자산은 '하나의 기업정책(One Firm Policy)'이며 이것이 곧 앤더슨의 문화다.

KPMG

KPMG의 명칭은 독립된 회계법인, 즉 Klynveld(암스텔담 소재, 1917년 설립), Peat(런던, 1870년), Marwick(뉴욕, 1897년), Goerdeler(독일)의 머릿글자를 딴 것이다. 그 역사를 살펴보면 Peat와 Marwick가 합병하여 PMI(Peat Marwick International, 1911년)를 설립했고, Klynveld와 Goerdeler는 국제전문직 서비스법인인 McLintock와 합병하여 KMG(1979년)를 창립했다.

전자는 파트너 수입관계를 갖고 좀더 엄격한 유대관계로 서비스품질의 통제와 이익의 공유를 지향했고, 후자는 각 나라마다 개별기업의 독립을 중요시하면서 연대하는 유형이었다. PMI와 KMG가 1987년에 결합하여 새로운 조직구조 (KPMG)를 갖추게 되었다. KPMG는 앤더슨과 같이 본부 집중통제보다 기업결합 형태로 세계적 조직망을 갖추었다. 제조기술, 금융, 보험, 부동산, 고급기술 등 산업전문기업연합으로 발전하고 있다.

KPMG는 앤더슨 월드와이드와 차별된 세계조직을 갖고 있다. KPMG는 각국 기업의 연합성격을 갖는다. 세계 주요시장에 주재하면서, 공통된 목표, 가치와 이익을 지닌다. KPMG의 편입은 각 나라의 차원에서 이루어지고 참가기업은 국내적으로 이윤을 공유하며 세계기업의 비용을 분담한다.

따라서 국제사무소의 조직규모는 작다. 의사결정 유형은 권위적이기보다는 행정지원의 성격을 갖는다. KPMG의 국제본부는 집행위원회를 운영하면서 새로운 시장개척에 많은 관심을 갖고 세계적 네트워크 발전에 대한 결정을 한다. 11명의 집행위원은 주요 나라의 기업대표들로 구성되고 국제업무를 담당하는 집행위원만 상임직이다.

KPMG도 직원훈련에 많은 훈련비용을 지불하지만 그 내용은 앤더슨과 다르다. KPMG의 훈련은 두 가지 목적을 지니고 있다.

하나는 각국의 고객들에게 동질의 서비스 수준을 유지하기 위하여 방법론을 표준화하기 위한 것이고, 다른 하나는 기업의 자산이라 할 수 있는 인력의 지식과 기술을 키우는 것이다. 그러나 유럽 지역에 있는 KPMG는 가치(value)를 증진하기 위하여 기업으로서 일체감을 조성하는 훈련목표를 두고 있다.

KPMG 역시 상업전문화를 우선하고 있으며, 새로운 세계구조의 발전에 더 큰 뜻을 두고 있다.

양사의 비교평가

앤더슨 월드와이드는 국제적으로 중앙집중형의 통합구조를 갖추고 폭넓은 서비스 범주와 동질적 가치를 중요시한다. 각 나라의 인력 다양성과 문화적 특성을 중시하기보다는 훈련을 통한 표준화와 최선의 사례를 확대 적용시키는 것을 강조한다.

KPMG는 기업연합 성격의 조직형태로 국가단위의 이윤공유제를 채택하고 있다. 회원사의 자치권을 인정하고 지역산업과 문화를 중시하고 있으나 세계적 경영능률 제고에는 어려움을 갖고 있다. 이러한 세계기업의 경영조직과 문화는 그 역사적 배경에 따라 차이를 갖는다. KPMG는 기업의 지역주의와 산업부문별 문화에서 새로운 기회를 개척할 수 있는 반면, 앤더슨과 같은 세계적 컨설팅 기업으로 경쟁력을 갖추는 것에는 한계가 있다고 본다.

정보통신 기술의 발전으로 전문직 서비스의 경우에도 경영의 세계화가 가능하게 되었다. 어떤 모습의 기업형태를 갖고 있든지 서비스의 전문화가 기업의 비교우위를 지니는 핵심이다. 서비스 시장이 개방되고 서비스 산업의 세계화가 진전됨에 따라 많은 전문직 서비스 기업들이 전문성을 갖추고 각국으로 진출하게 될 것이다. 서비스의 질에 대한 평가는 쉽지 않지만 전문 서비스 기업의 경우, 보유하고 있는 전문인력의 탁월한 능력과 명성이 중요하다. 또한 고객과의 관계유지는 전략목표가 된다. 이들 대부분은 서비스 공급자와 고객과의 장기적인 관계를 선호한다. 서비스 기업의 변경은 양측에 모두 큰 비용을 초래한다. 앞으로 전문직 서비스 기업의 성격은 고객의 요구에도 크게 의존하고 있다고 볼 수 있다.

　오늘날 KPMG는 세계 155개국에 10만 명 이상의 전문인력을 확보하고 회계, 세무, 법률, 금융 및 경영자문을 하는 법인(본부는 스위스 소재)으로 성장했는데, 그들의 전문지식을 고객의 가치로 만드는 자문역할을 수행한다. 2001년 KPMG는 전년 대비 9% 성장하여 117억 달러의 수입을 기록했다. 우리나라에는 삼정법인그룹이 KPMG의 회원사로 활동하고 있다. 세계 최초로 학제적(multi-disciplinary) 전문 서비스 법인으로 탄생한 KPMG는 전문직 서비스 산업의 변화를 위하여 여러 가지 혁신적인 조치를 취했다. 이 기업은 세계 각국이 고객수요에 부응하여 미주, 유럽, 중동, 아프리카, 아시아 · 태평양 등에 3개의 지역운영본부(operating regions)를 두고 각국의 국민, 이념, 제품, 지식과 기술을 결합하고 있다. KPMG는 다국적 연구개발을 위해 혁신센터를 두고, 특정 서비스와 고객에 적합한 수단과 서비스를 개발하고 있다. 또한 KClient라는 온라인 협력도구를 개발하여 지식교류와 정보공유를 도모한다. 고객에 대해 핵심가치를 이루는 것은 전문인력, 세계적 유동성, 산업과 시장에 대한 전문지식, 세계적 수준의 서비스다.

<h1 style="text-align:center">9
특급배달 서비스 : DHL</h1>

　미국의 법률가 출신인 델시(Dalsey), 힐블럼(Hillblom), 린(Lynn) 세 사람의 이름 첫 글자를 따서 설립된 DHL은 국제교역의 증대로 인한 각국 간 화물운송 등 빠른 물류이동이 필요함에 따라 신속한 사전통관 준비를 위한 선적서류의 긴급한 전달을 목적으로 만들어졌다. 1969년 처음으로 미국의 샌프란시스코와 하와이 간 항공특급 송·배달 업무를 시작했다.

　DHL은 전세계 229개국을 연결하는 자체 네트워크를 통해 신속, 정확, 안전을 모토로 '발송인의 책상에서 수취인의 책상까지(Desk to Desk)' 서류 및 소화물, 중대형 화물을 특급 배달하는 국제 항공특급 송·배달 서비스를 제공한다. 각종 화물을 긴급하게 해외로 발송할 경우, 발송예약 전화 한 통으로 DHL 직원이 직접 고객을 방문한다. DHL은 발송화물을 접수한 후, 포장, 운송, 통관, 그리고 수취인에 대한 최종 배달에 이르기까지 신속 정확한 국제 간 항공특급 일괄 운송 서비스를 제공한다.

1969년 DHL이 세계 최초로 국제 간 항공특급 배달 서비스를 개시한 이후 2년 뒤 아시아·태평양 지역에 서비스를 확대하고, 유럽 지역(1974년), 중동 지역(1976년), 중남미 지역(1978년), 아프리카 지역(1979년), 독립국가연합(CIS, 1993년)으로 서비스를 확대했다. 우리나라에도 1975년에 서비스를 시작했는데, 1977년 (주)일양익스프레스가 DHL 한국 총대리점 계약을 체결하여 국내 최초 국제 간 항공특급 배달 서비스를 개시했다.

DHL은 1983년 미국 신시내티에 화물 집하 및 분류 센터(HUB)를 개설하여 동유럽 국가로 진출하고, 벨기에의 브뤼셀(1985년)을 비롯한 전세계 9개 지역에 센터를 설치했다. 1986년 업계 최초로 중국에 서비스를 개시했고, 1988년에는 전세계 DHL 전용 전산망 (DHLNET)을 개통했다. 1995년에는 인터넷에 홈페이지를 개설 (www.dhl.com)했다.

1990년 세계적인 항공사인 루프트한자(Lufthansa), 재팬 에어라인(Japan Airlines) 등이 DHL에 투자한 바 있고 캐세이퍼시픽 항공사와 전략적 제휴를 통한 아시아 주요지역 익일 오전 초특급 배달 서비스를 실시하고 있다. 2001년 DHL Worldwide Express는 Fiat Auto와 합작 투자 법인을 설립했다.

DHL의 경영이념은 우수한 품질과 저렴한 가격으로 최상의 서비스를 고객에 제공함으로써 서류와 화물의 특급배달 업계에서 세계정상을 누리고 있다. 고객의 수요를 정확히 파악하여 적극적으로 봉사하고, 첨단기술을 바탕으로 지속적인 투자와 고객관리 및 경영정보 시스템을 갖추어 초일류 기업을 실현하고 있다. DHL은 2002년 5월 현재, 세계

229개국 9만여 도시에 서비스를 제공하는 네트워크를 갖추고 있다. 36 개의 화물 및 집적 분류센터를 설치하고, 보유 장비도 1만 7,000여 대에 이르며, 251대의 자체보유 비행기와, 전세계 4,070개 사무소에 7만 1,480여 명의 직원을 보유하고 있다.

미국의 샌프란시스코에서 하와이까지 서류의 긴급배달로 사업을 시작한 DHL이 현재 전세계적인 배달 네트워크를 갖추기까지 엄청난 쇄신 노력을 기울였다. 전화 벨이 3번 울리기 전에 받으며 한 시간 안에 답신을 주어야 한다. 오전 10시 반 이전, 정오, 일과 종료 이전 등의 배달시간대까지 정하는 서비스 지침 마련에서부터, 각 나라별 서비스 센터의 설치, 자체 운송시설의 확보, 자동화, 컴퓨터·통신설비 구축 등으로 화상회의는 물론, 이동통신 설비를 통해서도 추적이 가능한 최신 설비를 갖추고 있다.

DHL은 국제배달 서비스 공급의 약 40%를 점유할 정도로 최대의 배달 서비스를 담당하는 기업이다. 국제 특급배달서비스가 급격히 팽창하는 것은 국제교역의 급속한 증가와 세계 자원조달과 공급에서 시간관리의 중요성이 부각되었기 때문이다. 시간이 경쟁력의 중요한 요소로 인식됨에 따라 오늘날의 국제무역 비즈니스에서 속도와 신뢰성을 갖춘 배달체제는 필수적이다. DHL은 연간 1억 회 이상의 화물을 운송한다. 서류 외에도 화물, 견본제품을 신속하고 효율적으로 배달한다. 항공기, 트럭, 운송시설로 짜여진 DHL의 명성은 IT 네트워크가 잘 구축되어 있는 것으로도 알 수 있다. 핵심 서비스 제품은 최첨단 기술을 뒷받침하여 세계 고객의 배달수요를 충족시켜주고 있다. 속도와 신뢰성은 DHL에게 결정적이다. 경쟁시장에서 선두를 지키기 위해서 회사는 배달의 속도와 서비스 질에 초점을 두었다. 영국의 시장조사 연구소

(BMRI)가 실시한 배달사업 분야 조사에서 DHL이 속도에 관한 한 으뜸이다. DHL의 특급배달 서비스는 복잡한 과정을 거쳐 이루어진다. DHL 체인을 이루는 핵심 및 보완 서비스 범위는 주문접수, 픽업, 문서작성, 공급망 확인, 요금계산, 포장, 수송, 배달, 문제해결, 파트너와 고객의 권고나 정보처리 등이다.

DHL의 목표는 적시 배달을 확보하고 고객이 여러 가지 실패했던 경험상 문제점이 발생하지 않도록 성가신 불편사항을 최소한으로 줄이는 것이다. 운송 항공기나 장비의 연착, 통보나 픽업의 지연, 연계수송 지연, 포장 파손, 서류 분실 등이 문제를 발생시킨다. DHL 모니터가 배달망에 따라 추적하기 때문에 고객의 요구에 신속하게 응답할 수 있다. 실패하는 비율은 아주 드물지만 배달물량이 많다 보니 절대수요는 크다. 하루 80~150만 건이 배달되는데 99.9%는 적시 배달된다.

30분 정도의 연착은 고객에게 통보하지 않지만 하루가 연착한다는 것은 회사가 약속한 신뢰성의 부분에 문제를 발생시킨다. 화학약품이나 중요부품이 적기에 배달되지 못해 건설공사가 중단되기도 하고 생산 라인이 서기도 한다. DHL의 가장 결정적인 내부 실패사례는 수송의 지연과 물량이 많아 포장이 지연된 경우다. 대외적 요인 중에 가장 큰 문제는 비효율적인 통관관리와 절차에 있다. 통관관리 문제를 모니터하고 분석하는 데 DHL이 가장 효과적으로 대응하고 있다.

DHL과 통관행정

DHL 서비스의 가장 중요한 요소는 화물의 통관을 거쳐 필요한 서류를 확보하는 것이다. DHL 서비스 속도상의 전략우위는 관세행정의 효율에 직접적인 영향을 받는다고 해도 과언이 아니다. 통관에 필요한 요건을 갖추는 기술은 특급운송이 성공하기 위한 필수분야다. 세계 전역에서 기업활동을 하는 고객을 보호하고, 이와 관련된 비용증대를 막아주며 세계적 통관 서비스 능률을 걱정하지 않도록 DHL은 통관의 어려움을 예의 주시해왔던 것이다.

DHL 회사와 같이 경쟁력을 지키는 가장 핵심적인 요소의 하나는 동기부여가 되어 있는 훈련된 직원을 확보하는 것이다. 본부직원은 물론 각 지역과 지방에서 일하는 직원들이 협력하여 적시 통관이 가능하도록 해야 하므로, 이 문제를 다루는 적절한 회사조직이 필수적이다.

DHL은 주요 나라에 통관담당 부서를 둔다. 각국의 통관부서는 브뤼셀 회사본부에 있는 국제통관 서비스 본부의 지휘를 받는다. 각 나라, 각 지역 통관부서는 그 어떤 장애가 생기더라도 적시에 화물을 통관시키는 데 목적을 둔다. DHL 통관 서비스는 통관화물의 운송을 통관시키는데 현재 어느 위치에 있는가를 정확히 추적해낼 수 있도록 해야 한다. 세계 전역에 펼쳐 있는 각 나라의 통관부서는 매일 세관당국과 접촉하여 통관 서비스를 본사의 지침대로 또는 수시 대응하여 처리하되, 문제점이 있는 통관절차상의 어려움을 자세하게 본사에 보고할 책임이 있다. 이 보고들은 브뤼셀 본부로 이송된다.

세관에서의 마찰과 어려움을 최소화하기 위하여 DHL은 선적 이전에 발송자로부터 정보를 입수하여 기재하고 서류는 깔끔하게 작성한다. 특정 국가에서는 통관시 대인접촉이 아주 중요하다는 사실을 DHL 관리자들은 잘 알고 있다. 어떤 국가는 통관절차가 너무나 복잡하고 까다로운데, 이런 경우 세관에 누가 있느냐 하는 것이 통관 여부의 관건이다. 세관 직원에 따라 DHL이 회사 또는 선적국가로 보느냐에 대해 태도를 달리하는 경우도 있다.

DHL은 통관 서비스에 관련하여 일선 세관당국과 국가, 지역, 세계 차원에서 홍보를 실시한다. 일선세관 차원에서는 꾸준한 신뢰와 신용 관계를 구축한다. DHL 직원이 정직하고 통관절차에 밝다는 것은 매우 중요한 문제다. 통관절차에 불만을 표출하여 규정대로 집행하는 경우 교역은 문을 닫는 것이나 다름없다. 통관규정과 규제를 둘러싼 문제는 선진국의 모든 기업들이 동유럽이나 개발도상국에서 활동을 하는 데 겪는 가장 큰 어려움이다. DHL이 다국적 기업들에 대해 직접 조사한 결과(1997년)에 따르면, 10개 기업 중 9개는 통관상의 어려움을 경험했으며, 이것이 통상 부분에서 일어나는 가장 큰 문제라고 지적했다.

통관문제는 기업과 세관당국 사이의 본질적인 이해관계상의 차이에서 기인된다. 기업에게는 통관수수료와 수입 부담금 납부가 문제이고, 세관직원들에게는 기업의 이익과 언제나 일치하지 않는 국내법을 준수하고자 하는 데 그 이해가 있기 때문이다. 전통적으로 세관구역은 수입관세를 부과하고 수입량 할당과 면허, 검역, 안보 등의 통제를 하기 적합한 곳이다. 당해 국가나 사회차원에서 보면 관세수입을 증대시키고, 무역정책을 시행하며 밀수와 같은 비정상적인 수입을 억제하는 업무를 하는 것이다.

기업차원의 시각으로 보면 통관업무와 관련된 엄격한 통제와 복잡한 절차는 기업의 활동에 불편과 비능률, 관료주의와 부패를 낳는다는 것이다. 기업으로부터 제기되는 통관에 대한 비판은 이러하다.

첫째, 오늘날 세관의 업무처리 방식(modus operandi)은 세계 경제 여건에 적합하지 않으며 현대 무역방식과 양립하지 않는 것이다. 둘째,

소득수준이 높은 국가이든 낮은 국가이든, 관세행정은 비능율과 부패로 어려움을 겪어 국제 비즈니스에 거래비용을 증가시키고 있다는 것이다.

각 나라들은 배달 서비스에 선적되는 포장상품의 규격과 무게에 각종 제한을 두고 있다. 국제적으로 표준화되지 않은 포장화물, 통관절차, 통관서류 등은 국제교역에 큰 영향을 준다.

예를 들면 어느 포도주 수출회사는 포도주 통관이 거부되었는데, 포도주의 코르크 마개에 대한 규격이 EU에서 사용하는 것과 다르다는 이유에서였다. 한 영국회사가 동유럽 어느 국가에 사이다를 수출하려는데, 수출상품 분류번호가 없다고 하여 거절되었다고도 한다. 국가마다 통관서류 작성에도 차이가 있다. 대부분 국제영업을 하는 기업들은 이를 알고 있다. DHL에게는 문제가 되지 않는 것들이 기업들에게는 문제인 것이다.

관료주의(Red Tape)와 부패

전환기 국가의 경우 특급 서비스를 위한 간단한 통관절차와 일반 선적용 서식이 별도로 마련되어 있지 않다. 특급배달 서비스도 일반 선적서류와 동일한 양식을 사용하게 된다. 더군다나 선진국 세관의 표준절차에 따라 마련된 사본서류도 종종 거부당한다. 특히 정치와 경제 환경이 부패한 국가의 경우에는 더욱 심각하다.

세계관세기구(WCO)의 교토협정이 분명히 밝히고 있음에도 불구하고 자의적인 별도의 절차와 서식을 요구한다. 때로는 서류에 파란 잉크가 아니고 검정 잉크로 서명되었다고 통관되지 않는 경우가 있다.

동유럽 국가에서 자주 벌어지는 일은 통관규정이 명료하지 않아 세관담당자에 의해 자의적으로 해석되다 보니, 규정이 하루 아침에 달라진 경우가 발생하기도 한다. 통관절차에 관련된 사례는 비관세 장벽으로 보고된다. 세관공무원이 상품분류나 가격평가를 하면서 높은 관세율을 부과하는 경우도 있다. 통관절차의 비능률과 자의적인 관행은 세관공무원들의 보수가 낮고 통관행정 잡비나 예산지원이 부족한 데서 발생한다.

동유럽국가 세관들의 한 달 월급은 아파트 임대료와 전기 및 연료비 충당도 어려운 수준이다. 생활비 조달을 위해 급행료를 징수하는데, 이것은 더 심각한 부패를 발생시키는 또 다른 시작이다.

제 2 장

서비스 경제시대의 경쟁전략

모든 기업은 높은 가치창조를 위해

혁신적인 비즈니스 모델을 채택하고 있다.

디지털 정보화 시대에 시간의 절약과 정보처리의 효율화에 바탕한

부가가치 확대를 위해 서비스 산업과 IT 산업의 접목이 시작되고 있다.

브랜드 기업들은 자신들의 서비스 산업 분야에서

변화를 거듭하며 경쟁우위를 지켜나가고 있다.

1
브랜드 기업의 경쟁우위 진수를 찾아라

　우리는 지금까지 9개 서비스 업종, 14개 브랜드 기업의 혁신사례를 살펴보았다. 이들 기업은 모두 경쟁우위를 누리는 가운데 세계적인 명성을 얻고 있다. 어떤 것들이 그들의 경쟁력을 지켜주는가? 브랜드기업들의 사례에서 보듯, 혁신은 기업의 생명이다. 지속되는 변화에 대응하기 위하여 잠시도 쉴 시간이 없다. 혁신을 위한 긴장과 실험은 지속되어야 한다.

　혁신은 기술 분야와 조직력, 그리고 리더십의 분야에도 적용되어야 한다. 경영은 가끔씩 커다란 위험부담을 안고 있으며 비즈니스에 승부를 걸어야 하는 고난의 길을 선택하기도 한다. 혁신은 변화를 갖게 한다. 변화의 본질은 문화적 기반에 바탕을 둔다. 혁신을 통한 변화는 조직에서 공식 의사결정이 내려지는 속도, 권한부여, 그리고 이를 실현하는 방식에도 달려있다. 사명을 정확하게 전달하고, 모든 계층에 변화를 인식하게 하며, 계속 학습할 수 있도록 조직의 인센티브와 보상체계를 갖추어, 이런 지식을 전수해나가는 과정이 매우 중요하다는 것을 인식 해야 한다. 모든 기업들은 높은 가치창조를 위해 정보통신 기술의 활용 과 같은 혁신적인 비즈니스 모델을 채택하고 있다. 디지털 정보화시대 에 시간의 절약과 정보처리의 효율화로 부가가치를 높이기 위한, 서비 스 산업과 IT의 접목이 시작되고 있다. 기업 최고경영자의 비전과 지도 력의 영향도 크다고 할 수 있다. 브랜드 기업들은 자기들의 서비스 산 업 분야에서 변화를 거듭하여 경쟁우위를 지켜나가고 있다. 이들 기업 이 경쟁우위를 누릴 수 있는 진정한 진수는 어디에서 비롯되는지 그 보 물을 찾아 알아보도록 하자.

2
브랜드 기업의 핵심가치

    인류의 경제생활을 문명사적으로 볼 때 사람은 농업사회에서는 자연(토지)을 중시했고, 18세기 이후 산업화시대에는 천연자원과 노동력, 자본과 같은 물적인 요소를 잘 결합하여 경제적 진보를 추구해왔다. 오늘날 지식정보화 시대에는 서비스 산업의 비중이 주류를 이루면서 사람과 지식이 경쟁력의 원천으로 자리잡고 있다.

    서비스 산업은 농업이나 제조업과는 다른 특성을 지닌다. 농업은 자연(토지)을 기반으로 하여 생산활동을 이루는 산업이고, 제조업은 산업기계를 이용하여 상품을 생산하는 것이라고 생각해볼 때, 서비스 산업은 사람(고객)에게 서비스(무형의 재화)를 공급하는 것이다. 따라서 서비스 산업의 경쟁력에 대해 논의할 때는 다른 산업과 다른 자원과 경영원칙이 요구된다.

    어느 서비스 기업이 고객에게 다른 경쟁기업보다 좋은 서비스(better

service)를 제공하여 경쟁력의 우위를 누리려면 다음과 같은 3가지 기반을 확고하게 할 필요가 있다.

첫째, 고객(사람)이 서비스 기업의 토대다. 고객은 서비스 기업을 이용하면서 좋은 서비스를 받기 기대하며, 제공된 서비스의 질에 대하여 평가점수를 매기는 점수기록원과 같다. 오늘날 많은 기업들이 고객관리를 중요시하여 경영전략을 수립하는 이유도, 고객이 기업의 운명을 좌우하고 있기 때문이다.

둘째, 좋은 서비스는 서비스 기업의 부가가치 창출(지식)에서 나온다. 지난 수 세기 동안 진행된 산업화 과정에서 새로운 지식과 기술의 발전이 생산방법에 변화를 가져온 것은 사실이다. 그러나 오늘날의 세계화 시대에는 지식이 기업경쟁력의 강화와 부가가치 창출의 핵심으로 자리 잡고 있다. 서비스 기업의 경우도 예외는 아니다. 서비스 기업은 상업화 할 수 있는 새로운 부가가치의 창출로 서비스의 질을 높여야 한다.

셋째, 서비스 기업은 그 기업만이 갖는 이미지(문화)를 창조해야 한다. 최근 들어 많은 기업들이 기업문화라는 말을 자주 쓴다. 기업이 경영혁신을 통하여 회사 분위기를 새롭게 일신시키려는 노력을 하고 있다. 기업의 임원들과 모든 사원들이 함께 추구할 가치와 목표를 세우고 대외적으로 기업의 브랜드와 이미지를 심으려는 노력을 하고 있다.

드러커는 "기업문화는 기업의 마음이요 얼(soul)"이라고 말한 바 있다. 제조업의 경우도 그렇겠지만 특히 서비스 기업은 사람을 대상으로 서비스를 공급하기 때문에 자기 기업만이 가지고 있는 핵심가치를 구축하여 선보일 필요가 있다. 기업의 마음과 얼을 담아 서비스를 공급할 때 고객은 더 좋은 서비스를 제공받음으로써 기업에게 높은 평가를 해 줄 것이 분명하다.

　서비스 산업의 경쟁력을 강화시키는 문제를 다루는 데 있어 앞에서 설명한 사람, 지식, 문화를 서비스 기업 경쟁력의 3대 지주로 삼고자 한다. 필자가 살펴본 9개 서비스 업종의 14개 브랜드 기업들은 그 나름대로 특정 서비스 분야에서 세계적 명성을 얻고 있다.

　그들은 경쟁력의 우위를 누리기 위하여 기업발전의 중심이 되는 핵심가치(core value)를 발굴하고, 부가가치를 증대시키면서 이를 잘 보존하고 있다. 이들 14개 기업의 핵심가치는 각 업종별 보유자원과 능력에 따라 다소의 차이를 보이지만, 대부분 지식가치(knowledge value) 창조에 중심을 두고 있다. 서비스 부가가치를 높이기기 위하여 정보통신 기술을 서비스 산업에 접목하거나 전문적인 지식과 기술의 창조를 중시한다는 것이다.

　브랜드 기업들은 지식정보화 시대에 경쟁력의 원천이자 서비스 공급 대상인 사람을 중요하게 생각한다. 그렇기 때문에 그들의 기대에 부응하고 그들의 부가가치를 증대시키기 위한 우수한 인재의 확보와 사내 직무훈련을 통한 능력강화를 도모한다. 또한 그들의 고객을 위하여 노보텔은 환대, DHL은 속도, 월마트는 저가(low price)에 핵심가치를 두고 있다. 최근에는 고객들의 기대심리와 욕구까지 고려된 고객관리에 세심한 주의를 기울이고 있다.

　지식정보화 시대를 맞아 브랜드 기업들은 산업지식과 현장경험을 바탕으로 새로운 지식과 기술을 개발하고, 노하우를 공유하여 경쟁 잠재력을 키우고 있다. 스탠퍼드의 지식창조나 M. D. 앤더슨의 임상연구, 찰스 슈왑의 인터넷 증권거래, 아마존닷컴의 전자상거래 네트워킹, 앤더슨 월드와이드나 KPMG의 글로벌 네트워킹 등 모두가 그와 같은 예이다.

▮ 브랜드기업의 경쟁력

(단위 : %)

회 사 명	핵심가치	사 람	지 식	문 화
스탠퍼드	실용교육 지식창조	인재를 중시	지식의 보고	공동체문화
찰스 슈왑	혁신	high-touch (고객중심)	high-tech (인터넷 거래)	혁신문화
메릴 린치	정보, 혁신	전문컨설팅	정보화	무한우위
월마트	고객제일 저가	10보 이내 몸가짐	매장과 인터넷 거래통합	고객중심 Amazon.com
아마존닷컴	혁신의 지속	고객중심	네트워킹	혁신의 지속
노보텔	환대, 혁신	팀제 운영	서비스 삼각형	환 대
K T	혁신	고객중심	value 네트워킹	사이버 문화
M. D. 앤더슨	간호, 성실, 발견	생명중시	학제적 연구	암의 역사
C N F	사람, 공급체인	직원능력 강화	정보화	사람중심
앤더슨 월드와이드	전문화	직원 능력강화 고객관리	전문지식의 네트워킹	세계전략조정 (One-Firm)
KPMG	전문화	직원 능력강화 고객관리	전문지식의 네트워킹	글로벌 네트워크
D H L	속도 신뢰성	고객중시	네트워킹	적시배달

　또한 정보통신 기술을 이용한 네트워킹으로 서비스 경쟁력을 확보하거나 독자적인 기술혁신 시스템의 구축으로 경쟁력의 우위를 누리고 있음을 알 수 있다. 오늘날 세계화와 지식정보화의 빠른 물결 속에서 인간의 창의성을 존중하고 각 나라의 문화적 정체성을 이해하는 가운데 문화상품의 경쟁력을 확보하기 위한 바람이 일고 있다. 고객확보, 품질경쟁, 가격경쟁을 통해 경쟁력을 갖추려고 혁신을 거듭하고 있다.

브랜드 기업들이 경쟁력을 갖는 이유로 기업자체의 독특한 문화가 큰
몫을 차지한다.

　이들 기업은 차별화된 서비스를 공급한다는 기업 이미지를 부각시
켜 전체 종사원들의 경영목표를 달성하기 위한 저마다의 기업문화를
만들고 있다. 스텐퍼드의 대학 공동체문화, 찰스 슈왑의 혁신문화, 월
마트의 고객중심 문화, 앤더슨 월드와이드의 '하나의 회사(One Firm
Policy)' 등이 대표적 예이다. 최근 기업들은 지역사회와도 깊은 유대
관계를 맺기 위하여 특색 있는 프로그램을 전개하고 있음도 눈여겨 볼
일이다. 지역사회의 주민들과 함께 하는 가운데 기업의 이미지를 심고
공동체 문화를 가꾸는 데도 기여하고 있다. 고객에게 다가가 그들에게
기업과 제품을 알리고 우수한 인재들의 관심도 끌 수 있는 기회로 삼
는다.

3
고객과 한 마음

앞에서 고객은 서비스 기업의 토대라고 설명했다. 서비스 기업이 좋은 서비스를 하기 위해서는 먼저 고객을 알아야 한다. 오늘날 경영대학원이나 기업 현장에서 소비자의 기대심리에 대해 많이 가르치고 또 배우고 있다. 나아가 고객의 능력에 대해서도 관심을 기울일 필요가 있다. 고객이 기업으로부터 제공받을 서비스에 대한 기대와 욕구를 제대로 파악할 때 이를 충족시키는 서비스를 제공할 수 있기 때문이다.

또한 고객이 질 좋은 서비스를 위해 그들의 능력을 발휘할 수 있다는 점도 간과해서는 안 된다. 서비스 수준을 높이기 위해 고객의 아이디어와 능력을 활용한다는 뜻이다. 기업이 경쟁에서 살아남기 위해서는 고객의 기대에 부합하는 서비스를 제공해야 한다. 이 점은 서비스의 질을 전략적으로 구사함에 있어 필수적인 사항이다.

기업은 고객이 기대하는 다음의 3가지 기본욕구를 충족시켜줄 필요

"

가 있다.

첫째, 안전의 욕구다. 서비스 기업은 고객이 물리적으로나 심리적 또는 경제적인 측면에서 위협을 느끼지 않도록 안전하게 대응할 필요가 있다.

둘째, 존경의 욕구다. 사람은 누구나 자긍심을 갖고 있으며 남으로부터 존경받고자 하는 욕구가 있다. 서비스의 어원이 종이 주인을 위해 봉사하는 데서 유래한 것은, 존경이란 심리적 욕구를 감안할 때 큰 의미가 있다.

셋째, 정의의 욕구다. 서비스 기업은 고객을 공정하게 대하고 정당한 대우를 할 필요가 있다.

고객에 대한 서비스 제공에 실패한 기업의 경우, 위의 세 가지 욕구에 초점을 맞추어 점검해보면 쉽게 깨달을 수 있다. 고객이 왜 불만을 갖고 있는지 알 수 있다. 고객이 종업원의 실수 또는 바가지 요금으로 신체적·심리적 또는 경제적 위협을 느끼거나, 고객에 대한 서비스가 불친절하거나 무성의할 때, 같은 비용을 부담하고도 공정한 대우나 합당한 서비스를 제공받지 못했을 때, 고객은 기업에게 후한 점수를 줄 수는 없는 것이다.

경쟁전략_1 고객기대의 충족

기업이 서비스를 공급하고 고객으로부터 좋은 평가를 받기 위해서는 고객의 기대(expectations)를 충족하는 것이 중요하다. 서비스가 무형의 재화일 뿐만 아니라 서비스 산업의 종류가 다양하고 동종의 서비스라 해도 서비스 질적 수준과 복잡한 공급과정, 고객의 다양한 욕구와 기대를 고려한다면 고객이 정말로 원하는 것이 어떤 것인지 설명하기 힘들다.

예컨대 호텔에 투숙할 때 별 다섯의 최고급 호텔의 경우와 별 둘 또는 별 셋의 호텔에 투숙할 때의 경우, 고객의 기대는 다르게 반영되기 마련이다. 우리가 병원에 가서 진료를 받을 때와 은행에 갔을 때 비교하면 고객의 기대는 서비스에 대한 업종별로 다르게 나타난다. 그러나 기업이 경쟁력의 우위를 누리기 위해서는 다양한 고객의 기대를 충족할 필요가 있다. 따라서 고객의 기대가 무엇인지를 파악하고, 서비스의 질을 관리하여 고객의 기대를 충족시켜줄 수 있도록 전략을 만들어야 한다.

서비스가 무형의 재화이고 고객의 기대 또한 서비스 질에 대한 내면적 판단이기 때문에 고객의 기대를 특정한 형태로 드러낼 필요가 있다. 서비스 질에 대한 고객의 판단은 어디까지나 상대적이기 때문에 경쟁기업보다 더 좋은 서비스를 공급하는 것이 중요하다.

특정 서비스 기업에 대한 고객의 기대는 사회의 규범이나 관습, 일상생활의 습관이나 경험, 환경에 대한 적응, 서비스 공급자에 대한 신뢰, 광고효과 등에 의해 만들어진다. 고객의 기대는 심리적인 면이 작용하기 때문에 외부로 완전히 나타나는 것은 아니지만, 동일한 서비스를 공급받는 중에 서비스에 적응되어 습관화되기도 한다.

일정한 수준을 갖춘 서비스가 제공되는 경우 그것에 익숙해지기 일쑤다. 고객이 무엇을 원하는지는 서비스의 종류별로 다양하기 때문에 언급하기 어렵지만, 각 기업들은 자신이 제공하는 서비스에 대해 고객이 기대하는 내용과 형태를 파악해야 한다. 미국 마케팅협회(American Marketing Association)가 은행, 신용카드, 증권회사, 제품 수리 등 4개 서비스 기업의 질에 대하여 고객의 기대를 조사한 것을 소개하면 다음의 표와 같다(Benjamin Schneider and David E. Bowen, 1995년).

사항	개념 정의	서비스의 내용
신뢰	서비스 공급의 일관성을 유지함 처음에 서비스를 올바르게 제공 하며 약속을 지킴	• 계산이 정확함 • 정확한 기록을 남김 • 정해진 시간에 서비스 제공
응대	직원의 복무의지와 대비태세 서비스의 적시성(just-in-time)	• 거래전표를 즉시 발송 • 고객에게 신속한 전화연락 • 신속한 서비스 제공 (예, 약속을 신속히 처리)
능력	서비스 수행에 요구되는 기능과 지식	• 계약담당자와 운영지원인력의 기술 과 지식
접근	접근가능성, 신속한 접근	• 전화로도 접근이 쉬움, 오래 기다리 지 않음
예절	대 고객 서비스에 겸손, 존경, 배려, 친 절함(접객, 교환업무를 포함)	• 편리한 운영시간 및 편리한 입지 • 소비자 특권을 배려함 • 대인 접촉직원의 깨끗하고 단정한 모습
의사소통	고객에게 통용되는 언어의 사용 외국어 초보자에게 간단하고 평범한 언어 구사	• 서비스 가격설명 • 서비스 수준과 비용을 설명 • 문제점과 애로사항 해결책을 설명
신용	정직함과 신뢰 고객의 마음에 흡족함	• 회사명과 명성, 접촉인물 개인적 특성 • 고객과의 관계에서 실망의 정도
안전	위험과 의문이 없는 상황	• 물리적 안전, 재정적 보호 • 비밀유지
이해	고객의 욕구를 이해	• 고객의 특별한 주문을 알고 있음 • 개인적인 주의를 기울임 • 일반고객을 인식
실체	서비스의 물적 증거	• 물리적 설비, 직원의 출현 • 서비스공급에 이용되는 도구와 장비 • 플라스틱 카드, 은행거래명세와 같 은 물적 증빙

표에서 보는 것처럼, 서비스 공급에 대한 고객의 기대는 미소를 짓고 악수를 나누는 것 이상일 수도 있다. 서비스의 질은 서비스가 어떻게 제공되는가에 달려 있다. 또한 고객의 기대는 직접적으로 대인접촉을 필요로 하는 경우 외에도 서비스 공급의 신뢰성이나 서비스 공급에 소요되는 도구, 장비 및 설비의 제공에도 관련된다. 경쟁우위의 비결은 고객의 기대심리를 구체적으로 파악하는 데 있으며, 이를 위해 서비스 품질은 물론이거니와 고객의 실수나 무질서한 행동 등 특수한 사정에 대한 신속한 대응이 필요하다는 것을 명심해야 한다.

고객이 원하는 서비스를 공급하기 위해서는 서비스의 실패요인과 문제점을 보완하고 개선해야 한다. 서비스의 질을 개선하기 위해서는 제공된 서비스에 대한 고객의 평가서를 받아보아야 할 필요가 있다. 특히 서비스의 질과 직결된 핵심 부가가치(core value added)에 관련된 서비스의 평가는 필수적이다.

고객의 기대가 고객 서비스의 궁극적인 목표이기 때문에, 고객과의 인터뷰나 자료조사 등의 방법으로 고객에 대한 자료를 수집해야 한다. 고객의 불평이나 고발내용, 가상고객을 동원한 서비스 점검내용도 귀중한 자료다. 또한 휴무, 시스템 고장시간, 종사원 근무교대 시간, 고객 서비스의 빈도, 신규고객의 비율 등에 대한 조사도 유용한 자료로 활용된다.

좋지 못한 서비스로 인하여 고객이 잦은 불만을 나타내는 경우를 살펴보자. 서비스에 대한 불평이 많아도 대응할 여력이 없는 경우, 반복되는 실수임에도 시정되지 않는 경우, 서비스의 질이 나쁘다고 지적해도 개선할 수 없는 경우, 불평을 토로했는데도 대응이 없는 경우, 좋은 서비스를 제공할 자세가 갖추어져 있지 않은 경우, 서비스 종사원이 훈련되지 않은 경우, 다시 방문하고 싶지 않을 정도로 서비스의 질이 나쁜 경우, 종업원은 물론 관리자의 서비스 태도 역시 불량한 경우, 고충처리나 고객 서비스를 담당하는 직원이 없는 경우 등이 대표적인 실패 사례다.

많은 서비스 기업이 고객에게 제공된 서비스 질에 대한 인식과 평가를 조사하고 있다. 고객에 대한 자료조사는 서비스 질을 개선하기 위한 자료로 활용될 때에 유용한 정보가 될 수 있음을 명심해야 한다. 고객이 기대치를 충족시키기 위해 좋은 서비스를 제공한다는 것은 모든 기업의 공통된 목표일 것이다. 경쟁력 우위를 지속하기 위해 많은 기업들이 차별화 전략을 구사하고 있다. 고객에 대한 예우, 속도, 서비스 요금, 다양한 서비스, 특수기술 가운데 핵심가치를 어디에 두느냐에 따라 차별화를 기할 수 있다. 서비스 공급에 있어서 고객의 기대에 초점을 두는 경우, 적어도 서비스의 신속한 공급(speed), 정중한 예우(loving care), 고객의 기호에 맞춤(customization) 등 가장 중요한 3가지 사항은 유의해야 할 것이다.

경쟁전략_2 고객욕구를 존중

고객의 욕구는 서비스가 공급될 때 고객이 갖는 기대보다 더 중요한 사항이다. 본론에 들어가기 전에 고객의 욕구와 고객의 기대의 차이점이 무엇인지 이해할 필요가 있다. 고객의 기대는 특정 서비스에 접하면서 바라는 단기적인 의식 작용이며, 고객의 욕구는 인간 내면의 장기적 무의식의 심리상태로서 정체성과 관련되어 있다.

이 두 가지는 어떤 사건이나 상황이 발생할 때 그 반응의 면에서 확연히 구분된다. 고객의 기대에 부합하지 않은 경우에는 태도를 달리하거나 새로운 서비스를 제공하면 회복이 가능하지만, 고객의 기본욕구를 충족시켜 주지 못한 경우에는 분노하거나 폭언 또는 적대행위를 유발하기도 한다. 따라서 기대에 어긋난 서비스를 공급한 경우보다 고객욕구를 충족시키지 못했을 때에는 고객관리에 더욱 심각한 영향을 끼친다.

우리가 서비스 문제를 다루면서 인간의 욕구를 생각하는 이유는 첫째, 고객은 소비자이기 이전에 사람이기 때문이다. 사람은 기본적으로 욕구를 충족하기를 원한다. 둘째, 서비스가 기대에 부응하지 못할 때 사람들이 반응하는 모습을 보면 서비스가 무엇인지를 이해할 수 있게 된다. 우리들은 서비스를 받아본 적이 있으므로 무엇인가 부족하거나 형편없다고 평가할 때 기본적인 욕구충족이 불가능했기 때문일 것이다. 셋째, 좋은 서비스가 기대에 합당하다고 해도 그것은 무미건조하거나 정이 없는 합리적인 모형에 불과할 수도 있다. 기대는 고객의 마음, 얼, 욕구와 거리감이 있기 때문이다.

인간의 식욕과 성욕과 같은 기본적인 심리적인 욕구를 제외하고, 인간은 욕구충족과 욕구불만의 상황에서 욕구충족을 선호하여 행동하는 경향이 있다. 서비스 기업의 경영자가 무엇이 고객의 욕구를 충족시켜 줄 수 있을지 구체적으로 이해하기란 쉬운 일이 아니다. 소비자는 기업이 인간의 욕구를 존중하고 있다는 기본적인 생각과 더 나아가 가격, 위치, 환경, 종업원 태도 등의 여러 가지 사항을 고려하여 기업을 선택하게 된다. 기업이 고객의 욕구를 존중하지 않는 경우에는 욕구충족을 위해 다른 기업을 찾게 될 것이다.

서비스 기업이 고객의 욕구를 존중해야 한다는 것은 중요한 규칙이다. 고객의 욕구를 소홀히 함은 곧 고객을 잃어버리는 것이다. 서비스가 고객의 기대에 맞지 않는다면 그것은 다시 회복할 수 있는 일이지만 기본욕구를 충족시켜주지 못했을 때는 고객을 잃게 된다.

인간의 여러 가지 욕구 중에서 서비스 기업의 경영과 관련하여 안전의 욕구 ② 존경의 욕구 ③ 정의(正義)의 욕구가 가장 중요하다. 정의의 욕구는 매슬로(Maslow)의 욕구이론에는 포함되지 않지만, 아리스토텔레스는 인간의 기본욕구로 취급했고, 오늘날 공정한 경쟁규칙이 경제 사회규범으로 강조되고 있음을 감안할 때 대단히 중요한 가치가 있다.

| 안전의 욕구 |

고객은 신체적 및 경제적 위험에서 안전하려는 욕구를 지니고 있다. 서비스 기업들은 고객의 안전 욕구를 충족시켜주기 위하여 고객이 안전하다는 확신을 갖도록 해야 하고 ② 서비스 제공에 안정성과 예측 가능성을 확보하고 ③ 비상시에 대비해야 하고 ④ 고객자신의 안전을 지키기 위하여 옳지 않은 방법에 대해서는 주지시키는 방안을 강구해야 한다.

예를 들면 사람의 생사문제와 관련된 의료보험, 생명보험, 응급전화, 비상탈출구, 구급차, 안전요원, 응급처치 등에 대한 대비책과 안내가 필수적이다. 안전의 욕구는 신체상의 위해뿐만 아니라 경제적 위험도 방지하는 것을 내포하고 있다. 금융, 증권, 카드회사 등은 도난, 사기방지, 저축이나 투자의 위험요소, 거래의 안전, 현금이나 증권의 보관, 안전 시스템의 구축 등에 관심을 기울일 필요가 있다. 좋은 서비스란 단순히 고객의 요구에 단순히 순응하는 자세로 일하는 것이라고 단정해서는 안 되며, 고객의 안전도 지켜야 한다.

많은 서비스 기업들이 고객 존중, 고객 제일주의 등의 슬로건을 걸고 있다. 서비스 기업은 고객이 갖고 있는 존경의 욕구를 중시해야 한다. 서비스 기업은 고객들 스스로 적응과 경쟁할 수 있다는 느낌을 갖게 하고, 필요한 정보(특히 예기치 않은 상황이나 변화에 대한 정보)를 제공해주며, 선택의 기회를 부여하고, 문제발생시 해결책을 찾거나 책임 있는 행동을 하도록 고객의 자긍심을 높여주어야 한다.

필자가 말하는 존경(esteem)의 욕구란 매슬로의 욕구이론 중 애정의 욕구, 존경의 욕구, 자아실현의 욕구를 포함하는 폭넓은 의미로 해석된다. 서비스업은 주로 대인접촉과 상호작용에 관련된 무형의 재화공급이기 때문에 서비스 공급과정에서 실수나 부주의로 고객의 자아상과 이미지, 자긍심을 손상시킬 여지가 있다.

기업이 고객의 존경의 욕구를 손상시켰을 때는 어떻게 해야 할까? 고객의 불만에 대하여 솔직히 시인하는 방법과 고객의 감정이나 판단에 대해 논쟁을 벌이는 두 가지 경우를 가정할 수 있는데, '고객은 항상 옳다'는 말을 연상하며 스스로의 잘못을 인정하는 것이 유리하다고 생각한다.

서비스 기업이 고객의 욕구를 어떻게 존중해줄 것인가? 고객에게 공급되는 서비스에 대해 고객이 어떻게 자긍심을 느끼고 있는지를 정확히 이해함으로써, 기업이 고객의 중요성을 인정함으로써, 그리고 고객이 스스로 적응하고 경쟁할 수 있게 함으로써 서비스 공급의 질을 높일 수 있다.

현실적으로 고객은 서비스 기업의 단골손님임을 인정할 필요성이 있다. 오늘날 많은 기업들이 생일축하 카드를 보내거나 감사장, 크리스

마스 카드를 보내는 것은 이런 경우이다. 새로운 고객을 맞거나 설계, 의료, 컨설팅, 법률 등과 같은 전문분야의 서비스 제공시 고객의 이해를 돕고 그들의 욕구를 충족시켜주기 위하여 필요한 정보를 제공하며 의사소통을 원활히 하는 것이 서비스 공급에 효과적이다.

| 정의의 욕구 |

서비스 기업은 그들의 핵심가치의 서비스, 확립된 절차, 고객을 대하는 방법에 대해 고객들이 정의롭다고 느끼는지 알아야 한다. 공정한 대우는 우선 고객의 신뢰를 얻는 데 필요하며 장기간의 고객이 자기회사에 대한 성실함에 대하여 특별한 관심을 기울여줄 가치가 있다.

인간의 감정은 서비스를 공급받는 경우 공정하고 정의롭게, 그리고 평등하게 대우되기를 원한다. 기업에서 정의란 절차적 정의(procedural justice)를 지칭하는데, 이것은 절차상의 공정성을 의미한다. 서비스 공급시 고객의 욕구불만이 일어나는 경우를 살펴보자.

- 줄서기: 은행이나 항공 카운터에서 접객창구가 여럿인 경우, 어떤 줄은 빠르게 진행되나 어떤 줄이 오래 걸리면 후자의 경우 고객은 불만을 터뜨린다. 이 때 고객에게 한 줄로 세우면(S자 선이라고 부름) 불만은 사라진다.
- 차별대우: 응급시, 장애자, 노약자와 같은 우대의 사회통념이 인정되는 경우를 제외한 서비스의 공급시 차별대우를 하면 불만을 토로한다. 우대에 대한 정당성이 이해될 수 있을 때, 차별에 대한 이해가 따른다.
- 묵시적 합의: 두 당사자 사이의 계약에서 분명히 밝혔거나 구두로 표명되지 않은 묵시적 합의(심리적 계약이라고도 함)가 문제를 발생시킬 수 있

다. 금융, 보험, 신용카드, 차량정비회사에서 서비스를 공급받는 경우 이런 사건이 일어날 소지가 크다.

- 약속위반: 약속은 명확한 계약인데 이를 위반하는 것은 서비스 기업의 신뢰성에 큰 상처를 준다. 약속위반은 보상행위가 따를 때 공정하게 처리된 것으로 받아들여지게 된다.

고객들은 핵심 서비스의 질(식품의 질, 금융자문 등), 과정(대기시간, 설비이용), 대우문제(예우, 친절, 온정) 등 세 가지 차원에서 공정성을 제기한다. 그리고 전반적인 고객만족은 서비스가 위의 세 가지 측면이 효과적으로 처리되는 사정을 고려하여 결정된다.

서비스 산업의 종류가 다양하고 고객의 욕구나 기대에 많은 차이가 있어 획일적으로 언급하기란 어려운 일이지만, 서비스의 질을 향상시키기 위하여 이러한 세 가지 욕구에 대한 깊은 이해는 경쟁력의 우위를 향한 자세라고 볼 수 있다.

 경쟁전략 3 **고객의 재능을 활용**

고객을 단순히 서비스의 최종소비자로만 여기는 기업은 고객과 기업 사이의 관계를 심화시키려는 기업에 비해 기회를 상실하게 될 것이다. 기업의 성공체험과 최근의 연구결과에 따르면, 소비자로서의 고객은 서비스의 질을 향상시킬 수 있는 생산적인 인적자원(productive human resources)의 역할을 수행한다는 것이다.

고객은 3가지 방법으로 서비스 기업에 기여할 수 있는 잠재력을 지니고 있다. 고객은 ① 서비스 생산과정에 인적자원으로 활약할 수 있고

② 지도력을 대신할 수도 있으며 ③ 조직의 자문기능을 수행할 수 있는 잠재력이 있다.

고객은 자기가 소비하는 서비스를 설계하고 생산하는 데 도움을 줄 수 있는 역량을 지닌다. 따라서 고객의 업적도 종사원의 업적을 관리하듯 관심을 갖고 기록해둘 필요가 있다. 지속적인 경쟁우위를 누리는 데 기여한 고객에게 인센티브를 제공하는 방법을 마련할 필요가 있다. 기업의 종업원들은 과거 경영자로부터 서비스의 공급에 대한 지도를 받았으나 오늘날에는 고객으로부터 좋은 서비스와 좋은 분위기에 대한 지도와 안내를 받는다. 또한 우수한 고객은 조직의 컨설턴트 기능까지도 수행한다.

고객의 재능을 활용하기 위해서 경영진은 고객이 서비스 기업의 생산자적 역할을 수행하는 직무범위를 명확히 할 필요가 있고, 고객의 능력과 역할수행을 평가할 필요가 있다. 고객이 서비스 생산활동에 기여할 수 있는 네 가지는 다음과 같다.

첫째, 서비스 공급개시 전에 사전준비를 시키는 일이다. 의료 서비스의 경우 수술이나 진료에 앞서 식이요법이나 과거의 병력이나 신체적 특징 기록 등과 같은 준비사항에 대한 협조가 대표적인 예다.

둘째, 서비스가 제공될 때 고객이 할 일이다. 이 단계는 핵심 서비스가 제공되는 동안 행동지침에 따르는 것으로 인터넷 서비스, 자동차등록사업소, 전자상거래에서 지켜야 할 운영지침 등이 그것이다.

셋째, 서비스 공급 후에 고객이 준수해야 할 사항이다. 환자는 진료 후에 약을 규칙적으로 복용해야 한다. 자동차 보유자는 정기적인 검진을 받아야 한다는 것이 대표적인 예다.

많은 고객들은 서비스 생산과 공급과정에서 자신의 역할을 이해하지 못하고 있다. 기업은 고객이 해야 할 일을 명확히 정하고 어떻게 그 역할을 수행해야 하는지 지도해야 한다. 서비스 시사회(service preview)를 통해 고객에게 서비스 제공에 협조할 사항과 협조방법에 대해 안내하는 것은 기업의 효율적인 경영에 많은 도움이 된다.

서비스 생산과정에서 일정한 역할을 수행할 수 있는 고객을 선발하여 훈련시킴으로써 그들의 능력을 증진시킬 수 있다. 이러한 훈련은 서비스의 질을 향상시키는 데 일종의 투자와도 같은 것이다. 고객의 협조활동이 가치를 지닐 때 고객의 참여에 동기를 부여하고 일정한 보상이나 인센티브를 제공하는 시스템을 마련해야 할 것이다.

고객을 인적자원으로 활용하는 방안에 대한 연구는 최근에 와서야 이루어졌다. 기업경영에서 이러한 소지는 많이 있다. 고객이 서비스 공급을 기다리는 동안 시간적 여유로 인해 서비스 공급의 속도를 단축시킬 수 있는 경우, 고객과 서비스 종업원이 대면하고 있어 도울 자세가 되어 있을 때, 서비스 수요가 갑자기 급증한 경우, 고객에게 셀프서비스의 방법으로 제공될 때, 고객이 스스로 서비스 매뉴얼을 찾고 있을 때, 고객이 특정서비스에 대한 지식이나 노하우를 갖고 있거나 반대로 이를 배우고 싶어할 때, 정보, 예약, 요금계산 등의 업무를 다른 사람에게 위임가능할 때 등과 같은 여건에서 고객을 인적자원으로 활용할 수 있을 것이다.

이제 고객이 지도자 역할을 대신하는 경우를 살펴보자. 서비스 기업에서 상급자가 종사원에게 일일이 지도해주거나 격려를 해주기란 쉽지 않다. 종업원이 서비스를 공급할 때 고객으로부터 칭찬을 받거나, 업무에 대한 노하우를 배울 때는 사실상 고객은 지도자적 역할을 수행하는 것이다.

비단 대인 접촉뿐만 아니라 인터넷을 통한 서비스 공급에서도 고객으로부터 조언 및 충고를 받아들이거나 서비스 상품에 대한 평가, 실패 사례에 대한 의견을 접수하고 있다. 또한 고객의 이러한 실적을 기록하여 우수고객으로 선정하는 사례는 외국에서 많은 서비스 기업들이 채택하고 있는 제도다.

또한 고객은 기업의 정책이나 절차를 수립하거나 서비스 생산자로서의 역할을 수행할 수 있다. 오늘날 선진기업에서는 고객을 직원으로 채용하거나, 마케팅이나 서비스 공급과정에 참여시킴으로써 서비스를 더욱 효과적으로 관리한다.

유명한 사회학자인 탤콧 파슨(Talcott Parsons)은, 서비스 기업은 조직으로서 '유기적 연대(organic solidarity)'를 이루어야 한다고 했다. 경영자와 종사원 간에 내부적 연대를 이루고 기업과 고객 사이의 대외적 연대를 만드는 것은 기업의 생명력을 가꾸는 것이나 다름없다.

4
지식의 창조와 전수

　새로운 지식정보화 시대로 발전하는 과정에서 인간의 창조적 사고력이 새로운 사회의 기초가 되고 있다. 따라서 오늘날 지식경제에서 인적자본의 중요성이 부상되고 있다.

　서비스 기업은 세계적인 경쟁우위를 누리려면 오늘의 정보, 지식, 경험에 안주해서는 안 된다. 고객만족, 구조조정, 품질관리, 경비절감, 인력강화, 경영합리화 등과 같은 재설계(re-engineering) 또는 재구축(restructuring)을 넘어서 미래를 대비하는 새로운 전략개발이 필요하다.

　미래사회에 대비하는 기업의 통찰력은 처음부터 출발해야 한다. 천진난만하면서도 무한한 호기심을 지녀야 한다. 왜 고객에 대한 서비스가 재미없는가? 왜 다르게 할 수 없는가? 왜 우리는 일류기업을 따라갈 수 없는가? 브랜드 기업은 무엇이 다른가? 고객에게 이런 서비스를 하면 어떨까? 왜 고객에게 더 좋은 서비스를 제공할 수 없을까?

다음으로 경쟁우위에 대한 사고를 달리해야 한다. 오늘날의 경쟁력은 미국, 영국, 독일, 프랑스 등 선진국 기업과 어깨를 겨루는 것만은 아니다. 경제의 세계화도 세계 전역으로 무역과 투자진출을 하고 있기 때문이다. 브랜드 기업의 서비스 질을 능가하도록 서비스의 가치를 증대시키고 인력교육과 훈련을 통해 능력을 강화할 필요가 있다.

또한 경쟁력의 뿌리를 찾아야 한다. 서비스 가치의 고리(value chain) 구조를 분석하고 어떻게 재설계할 것인지를 생각해야 한다. 가치를 증식시키기 위해서는 외부와의 제휴나 네트워킹을 구축할 필요가 있다. 기업의 조직에 대해서도 생각을 바꿔야 한다. 구성원들 사이의 구김이 없는 상호연계, 관료제의 탈피, 종업원의 권한강화, 고객의 기대충족을 넘어선 새로운 기대창출, 통합된 네트워크 체제로의 변화가 필요하다.

21세기 기업의 경쟁력과 생존능력은 고객에게 서비스를 공급할 때 사용하는 지식을 창조, 전수, 보호하는 능력에 달려 있다. 은행창구에서 고객에게 제공하는 가장 단순한 금융 서비스에서부터 서비스 공급기업과 그들의 고객기업 사이의 긴밀한 접촉이 필요한 전문 경영컨설팅 업무 등 관련 분야의 서비스에 대한 전문지식과 응용기술을 갖출 필요가 있다. 기업들은 경쟁기업과 다른 서비스를 제공하기 위한 관련 지식을 생산하고 활용하며 그것을 보호해야 한다는 말이다.

최근에 지식기반 경제 또는 지식경영이란 말이 유행어가 되었듯이, 이제 서비스 산업 분야에도 지식이 경쟁우위의 기본이다. 제조업의 경우, 서비스 산업과 달리 특허 같은 지식 외에도 천연자원의 공급가능성과 규모의 경제가 경쟁우위를 나타내는 데 매우 주요 역할을 한다. 서비스의 경우, 지식이 결정적인 요소이지만 서비스가 무형재화이며 특허나 상표 또는 저작권과 같이 보호받지 못하기 때문이다. 컨설팅, 광고, 금융, 여행, 회계, 법률자문 등 많은 서비스 업종들의 자문, 자료처리와 분석, 아이디어의 제공 등 무형의 서비스를 공급하고 있다.

21세기 서비스 경쟁시대에 서비스 기업이 자사의 서비스에 관한 지식을 어떻게 창조하고 보호할 수 있으며 경쟁력을 갖출 것인가 하는 문제는 실로 기업의 운명이라고 말할 수 있다. 여기에서는 부가가치의 기회가 큰 생산자 서비스 가운데 경영 컨설팅, 상업금융, 광고 등의 3개 서비스 업종을 예를 들어 세계화 시대에 경쟁력 우위를 차지하기 위한 지식의 창조와 전수에 관해 구체적으로 살펴보고자 한다. 이 세 가지 분야에 대한 논의로 모든 서비스 업종에 대해 일반화에는 한계가 있으나 방법론적인 면에서는 많은 시사점을 줄 것이라고 믿는다.

지식기반 경쟁력

경영 컨설팅 회사가 어떻게 하면 고객들이 찾아오게 할 수 있을까? 광고회사가 어떻게 하면 고객을 만족시켜줄 수 있을까? 어떻게 하면 은행이 고객에게 차별화된 서비스를 제공하고 그들이 찾아오게 할 수 있을까? 누구나 서비스가 더 좋으면 고객이 만족하고 찾아올 것으로 쉽게 생각한다. 그러면 무엇이 더 좋은 서비스를 만드는가?

이 문제에 대한 해답은 두 가지다. 하나는 고객이 성공할 수 있는 서비스를 제공하는 것이다. 또 하나는 고객에게 제공하는 서비스의 부가가치 체인(chain)을 자세히 살펴보는 것이다.

서비스 기업이 고객의 성공에 기여할 수 있다면 이는 남보다 일보 전진한 단계에 있다고 해도 과언이 아니다. 서비스 공급 기업이 고객의 성공을 위해 기여를 하면서도 경쟁 서비스 기업보다 저렴한 비용을 요구한다면 좋은 서비스임에 틀림없다. 만약 서비스 공급자가 고객의 판매고를 더욱 높이고 비용은 크게 줄여줄 수 있는 기여를 한다면 이 또한 더 좋은 서비스가 될 것이다. 서비스 공급기업에 접근이나 접촉이 더욱 쉽다면 더 좋은 서비스가 될 것이다. 요약하면 고객기업의 성장에 기여해줄 수 있는 질 좋은 서비스를 좀더 싸게 제공하며 고객과 긴밀한 유대관계를 갖는 것이 중요하다.

다음으로 서비스 공급에서 부가가치를 증대하기 위하여 가치 체인(value chain)을 자세히 살펴보는 일이다. 이것은 고객에게 서비스를 공급할 때 고객과의 접촉과정에서 상호작용의 각 단계를 펼쳐보는 것이다. 광고회사의 예를 살펴보자. 광고회사는 광고 제작판매를 위해 ① 투입물의 구매 ② 광고 콘텐츠의 제작 ③ 차별화된 광고 콘텐츠의 선택 ④ 고객에게 광고판매 ⑤ 판매 후 사후관리 등 5단계의 과정을 거친다.

투입물(inputs)을 구매하는 단계 외에 고객과 전형적으로 빈번한 상호접촉을 갖고 이를 통해 차별화된 광고제작으로 품질을 높일 수 있다. 사후 서비스를 위해서도 고객과 많은 상호작용을 한다. 부가가치 체인을 살펴보는 것은 광고 세일과 사후 서비스 단계와 마찬가지로 광고제작 단계에서 고객과 광고제작진과의 많은 상호작용이 있음을 드러낸다. 부가가치 체인을 보면 제조기업의 경우보다 더 많은 기업과의 상호작용이 필요함을 나타낸다.

미국 국제경영대학원 연구센터의 로버트 그로세(Robert Grosse)와 그 연구팀은 남미의 다국적 서비스 기업의 72개 계열회사를 대상으로 한 인터뷰 조사(1991년)와 선진 5개국(영국, 프랑스, 독일, 일본, 스페인)의 38개 계열회사를 대상으로 인터뷰 조사(1996~98년)를 실시했다.

이 조사는 기업의 경쟁우위, 지식전수 과정, 기타 구조와 전략에 관한
내용이다.

조사대상 기업들이 밝힌 각 기업의 주요 경쟁력은 고객의 지식과 그
들과의 유대관계, 서비스 계열기업의 세계적 네트워크의 범위, 서비스
공급방법론, 서비스 시장에 대한지식, 경영기술 및 전문기술 정보 등으
로 나타났다. 이것들은 제조업의 경쟁우위와 비교할 때 큰 차이가 있음
을 알 수 있다. 서비스 기업의 지식은 고객과의 상호작용에 크게 의존
하고 종업원들의 창조능력에 달려 있음은 물론이다.

지식의 종류

누구나 지식을 통한 경쟁우위가 중요하다고 강조한다. 전통적으로
경쟁력의 원천은 기술이었고 제품, 공정, 경영의 3개 분야에서는 혁신
을 바탕으로 하는 경쟁력을 확보하는 것이다. 그러나 서비스 기업에서
더욱 중요한 것은 고객의 요구를 이해하고 그것을 만족시켜줄 수 있는
능력이라는 점을 간과해서는 안 된다.

첫번째 경쟁우위에서 가장 중요한 유형은 고객과의 상호작용을 통
해 지식을 창조하는 것이다. 전통적인 방법론에서 이 같은 측면은 고
려의 대상이 되지 않았다. 기업의 지식은 고객을 알고 그들의 요구를
알아내고, 고객이 필요로 하는 서비스를 제공해야 함에 있다. 고객관
리는 서비스 공급자로 하여금 지식에 대한 투자기회를 제공해주는 것
과 같다.

광고기업의 경우 자기들의 팀이 고객과의 접촉을 통해 광고 캠페인

의 대상과 범위, 메시지와 콘텐츠, 광고시간 등을 명확하게 할 수 있다. 광고기업의 간부, 광고의 창작자, 마케팅 직원 등 많은 사람들이 고객과 접촉할 필요가 있다. 고객과 폭넓고 열린 관계를 맺어야 한다. 장기적인 고객관계를 유지하는 것이 중요하다는 것을 앞에서 지적했었다. 고객회사와 장기적인 거래관계를 가진 경우, 그 관계의 배경을 알고 있으면 두터운 신뢰형성이 가능하고 갈등문제가 발생하더라도 쉽게 풀 수 있다는 장점이 있다.

두번째 경쟁우위의 유형은 비즈니스 지식이다. 고객이 사업을 벌이고 있는 시장에 대한 지식, 고객을 다루는 방법, 서비스를 생산하는 방법에 관한 지식 등이 여기에 해당된다. 비즈니스의 지식은 특히 금융부문에서 중요하다.

세번째 지식기반의 경쟁우위는 고유한 서비스 공급론이다. 고객관련 정보와 경영정보 시스템, 마케팅의 설계와 실시, 고객을 위한 사업분석과 전략기획 등이 이 범주에 속한다. 세계화 시대의 가장 두드러진 경쟁우위는 계열회사의 세계적인 네트워크 형성이다. 금융, 경영 컨설팅, 광고, 회계, 법률 등 전문직 서비스의 경우에 세계적인 서비스 네트워크 형성은 실질적인 경쟁우위를 누리는 데 큰 몫을 차지한다.

서비스 기업은 보통 팀의 구축과 사업추진을 위한 컴퓨터 소프트웨어의 개발을 하는 것이 조직의 특성이다. 경영 컨설팅은 전략기획팀을 두고 지역 또는 기업 파트너와 함께 일을 한다. 팀 운영이 경쟁우위를 누리는 데 핵심경쟁력의 원천으로 작용할 수 있다. 앤더슨(Anderson) 컨설팅사의 멀티미디어 전문센터나 멕킨지(McKinsey)의 기업마케팅 전문센터가 대표적인 예다. 전문적인 기술지식과 현장경험을 갖춘 인력으로 구축된 팀이 고객과의 마케팅 개발에 노력을 기울이고 있다.

지식의 보호와 전수

핵심지식을 어떻게 보호할 것인가의 문제는 전문인력의 이탈을 방지하는 것이 관건이다. 금융업의 경우에는 어렵지만 광고나 컨설팅의 경우에서는 팀의 구축과 활용이 큰 작용을 한다. 지식가치의 형성을 위한 팀의 창설은 지식을 함께 공유하는 가운데 성장하고 그것을 기록, 비디오, 또는 유형물로 보존하여 조직 전체로 확산시킬 수 있다. 기업은 지식의 가치를 조사할 필요가 있고 부가가치에 기여하는지를 판단하여 축적시켜야 한다.

계열사에 지식을 전수시키는 방법은 비용이 저렴한 e-메일에서부터 전문인력의 이동이라는 비교적 경비가 소요되는 방법도 있다. 고객과의 관계에서 창조된 지식과 특정 전문산업에 대한 지식의 전수는 고객이 다국적 기업이 아니기 때문에 더욱 어렵다.

대부분의 서비스 기업은 서비스 공급과 관련해서 저마다의 고유한 방법론을 갖고 있는데 이러한 지식을 전통적인 시스템, 즉 편람이나 훈련 프로그램 또는 다양한 통신수단을 이용하여 전수될 수 있다. 앞서 소개한 조사에서 나타난 결과를 보면, 빈도의 순서로 볼 때 e-메일, 전화 및 회의소집, 직무훈련, 팀제운영, FAX, 우편, 사내회보, 직무상 경험 등을 통하여 전수된다.

결론적으로 생산자 서비스 부문에서 지식이 경쟁우위의 핵심이기 때문에 서비스 기업은 지식자원을 축적하여 계열기업과 공유하고, 경쟁기업으로부터 보호를 해야 할 필요가 있다. 지식은 사람이 보유하고 있기 때문에 문서나 컴퓨터 프로그램과 같은 형태로 체계를 갖추어, 우수인력을 확보하여 그들을 훈련시켜야 오래 보존할 수 있다.

핵심 경쟁우위를 갖출 수 있는 지식의 형태는 고객과의 관계다. 이는 고객기업에 있는 주요 인사의 개인적인 지식과 고객기업 소속 팀의 지식, 서비스 공급자와 고객 사이에 만들어진 역사적인 지식을 포함한다. 고객기업 팀의 지식과 고객과의 관계에서 나온 지식은 외부로의 유출이 어려울 뿐만 아니라 지속적인 경쟁우위를 지키는 열쇠가 된다. 따라서 장기적인 신뢰와 협조적인 분위기에서 고객과의 관계를 유지하는 것은 매우 중요하다.

기업이 개인에 너무 의존하지 않게 팀을 구축하고 창조된 지식을 정형화하여 사내에 전수시켜 공유하는 것이 필요하다. 팀의 운영이나 내부 IT 네트워크를 통해 공유하는 것이 효율적이다. 기업이 이러한 전략을 세계 차원으로 확장할 때, 제조업의 경우보다 해외사업 운영에 자본비용이 적게 들고 진입이 용이할 수도 있다.

세계화를 모색하기 위해서는 본부의 지식기반이 잘 갖추어져 있어야 하며 여기에는 많은 비용이 소요된다. 서비스 다국적 기업들은 이 문제의 해결을 위해 국제 전문가팀을 구축하여 운영한다. 팀은 일시적 또는 영구적일 수 있으나, 그것은 개인의 지식을 한데 모아 실제로 응용함으로써 지식기반을 형성하며 이것이 조직 전체로 확산된다.

가치창조

오늘날 기업세계에서 지식기업으로 탈바꿈하기 위한 혁명적 변화가 보이고 있다. 기업에 돈이 걸려 있는 사람은 기업의 가치를 키우기 위해 모두가 협력해야 할 시대다. 그러면 가치는 어디에서 창조되고 어디에 보유되고 있는가? 전통적인 사고방식은 우수한 사람을 확보하여 교육과 훈련으로 인력을 충원하는 데 한정되었다. 그러나 가치란 서비스 공급자와 고객, 재무부서와 은행, 부서 내 직원들의 협력관계, 동업자와 하청업자 사이의 상호작용 관계 속에 축적되어 있다. 이와 같이 어떠한 상호관계이든 회사와 고객이 함께 협력할 때 가치를 창조할 수 있으며 이러한 과정을 '가치의 스타(value star)' 라고 한다.

오늘날에는 어느 기업이나 가치의 스타를 발굴할 수 있으므로 회사를 지식체제(knowledge system)로 보고 있다. 지식은 사실, 진실, 원리를 아는 것이며 알려진 것이기도 하지만 이에 대한 인식도 포함하는 개념이다. 지식의 유형은 여러 가지로 구분할 수 있으며 정보, 기술, 설명, 이해, 노하우를 포함한다. 새로운 지식은 문제를 해결할 목적, 그리고 학습과정을 거치면서 생긴다. 따라서 서비스 기업이 회사를 경영하면서 각종 새로운 지식이 끊임없이 만들어지고 발전될 수 있다는 것이다. 외부세계(대학, 연구소, 타 회사 등)와의 협력을 통해서, 회사 자체내의 R&D 활동과 훈련을 통해서, 사내 부서 사이의 협력관계에서, 외부자원(컨설턴트, 사업인가 획득) 획득 등에 의해서 새로운 지식의 도입과 개발을 촉진할 수 있다.

그러나 핵심적인 경쟁력을 보유하기 위해서는 조직의 구조와 문화를 지식창조와 학습조직으로 변화시키는 과정을 통해 부가가치를 높이는 데 있다. 토론문화, 자유로운 접촉, 투명한 목표의 제시, 목표에 의한 관리, 동기부여를 할 수 있는 인사정책, 일을 통한 학습, 지식의 축적과 관리, 네트워킹을 통한 통합관리 등을 갖추어 기업조직이 지식체제로서 변화될 필요가 있다.

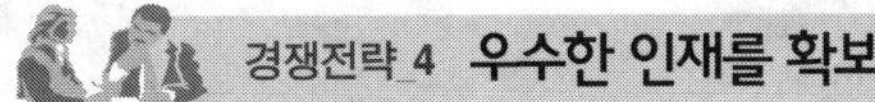

　서비스 기업이 경쟁우위를 누리자면 우수한 인적자원을 확보해야 한다. 서비스 기업의 종사원들은 고객이 그들을 필요로 할 때 고객이 기대하는 바를 만족시킬 수 있는 공급자세가 준비되어 있다면, 고객과의 관계강화는 물론 기업이윤도 확보할 수 있을 것이다. 고객과 대면접촉하는 사원은 서비스 공급시에 고객의 욕구와 기대를 스스로 파악할 수 있어야 하며 서비스 공급단계에서도 우수한 서비스를 제공할 수 있어야 한다. 따라서 종사원은 단순한 서비스 공급자이기보다는 서비스 시장 개척자이다.

　이와 같이 서비스 접객종사원은 제조업의 생산직 근로자와 비교할 때 업무상에 특성이 있다. 조립 라인상의 생산직 근로자는 자기가 할 일이 무엇인지 분명히 정해져 있지만 서비스업의 경우는 서비스의 종류와 고객의 욕구와 기대, 시간과 장소 사정에 따라서 다양성을 갖기 때문에 적격자를 확보하는 것이 중요하다.

　서비스 기업과 고객 사이의 최전방에서 일하는 종사원은 기업의 요구와 고객의 수요를 동시에 충족시켜주어야 하므로 스트레스를 많이 받는다. 그러나 종사원이 질 좋은 서비스를 제공할 것을 바라는 경영층의 의도를 알고 있다면, 스트레스는 줄어들게 되고 고객으로부터도 좋은 평가를 받을 수 있다. 서비스 종사원들은 사람을 대면하고 접촉하는 업무여건상의 육체적·심리적 자질을 갖출 필요가 있다.

　그러면 어떠한 자질을 갖춘 사람이 적격자일까? 종사원이라면 다음과 같은 일을 해낼 수 있는 능력과 동기부여가 있어야 할 것이다. 먼저 질 좋은 서비스와 관련 고객이 기대하는 10가지 수준을 충족시켜줄 수 있어야 한다.

만약 서비스 공급에 실패한 경우, 고객이 기대하는 수준을 능가하고 특별한 주문을 만족시켜주는 신속한 행동으로 실패를 회복할 수 있어야 한다. 고객의 안전을 확보하고 자긍심을 갖도록 하며 정의롭게 서비스를 제공해야 한다. 끝으로 고객이 서비스 과정에 참여할 때 앞에서 말한 고객의 역할, 즉 지도자 또는 협조자로서 기능을 긍정적으로 받아들이며 행동하는 사람이어야 한다. 서비스업에 종사하는 사람들은 고객의 기대와 욕구를 충족시켜줄 수 있어야 한다. 특정 서비스 시장에서 요구되는 기대가 무엇인지를 알고 기업은 인적자원을 전략적으로 관리해야만 한다. 우수한 인적자원이란 주어진 서비스 업종에 요구되는 고객지향 서비스를 가장 잘 할 수 있는 사람을 말한다. 즉 대인접촉에 동기가 부여되어 있고 서비스 기능 면에서 능력 있는 사람이어야 한다.

이러한 자질을 갖춘 인력을 어디에서 구할 수 있을까? 대다수 기업은 모집을 통해 필요한 인력을 선발한다. 우수한 인재가 기업에 지원하기 위해서는 지역사회에서 기업이 좋은 이미지를 지니고 있어야 한다. 기업 서비스의 질, 근무환경, 대외적인 평가 등이 사람들로 하여금 한번 근무해볼 만한 곳이다' 라는 생각을 갖게 만든다. 임직원이 좋은 인재로 추천한 사람은 신문광고를 보고 모인 사람보다 우수하다. 지원자 중 적임자를 선발할 때는 기본적인 언어능력과 직무기능도 조사해볼 필요가 있으며 면접시에는 지원자의 말보다는 태도를 보고 결정하는 것이 좋다. 특정 서비스 업종의 일에 대한 표준 시뮬레이션(simulation)을 만들어 그 장면에 맞는 역할(role-playing)을 수행하도록 하고, 시험관이 실적을 평가하는 방법을 택할 수도 있다. 또한 서비스 종사자를 선발하는 과정에서 서비스 지향(service orientation)의 성격 테스트를 할 필요가 있다. 동료 종사원이나 고객을 예우하거나 배려하려는 의지, 고객욕구에 대한 인식, 정확하고 유쾌하게 의사소통 할 수 있는 능력 등이 그것이다. 서비스를 즐거운 마음과 적극적으로 처리하는 사람이 고객만족에 더 적합하다.

최근에는 인터뷰 기술도 크게 개선되었다. 업종에 따라 조직화된 인터뷰(structured interview) 방식을 채택하여 수 명의 면접시험관을 사전에 훈련시켜 실시하고 있다. 서비스업의 동기부여와 능력을 평가하기 위한 체계적 인터뷰의 문항을 예시해본다면 다음과 같다.

① 고객 서비스: 고객의 요구나 주문에 대응하도록 한다. 고도의 긴장상태에 있는 고객을 누그러뜨리게 한다. 고객의 기질에 인내하게 한다. 팀원으로서 고객의 문제를 해결하도록 주문한다.
② 구두로 의사소통: 타인의 말을 듣고 이해하는지 알아본다. 이해한 것을 업무와 관련하여 표현하게 한다. 알고 있는 기술정보를 표현하게 한다.
③ 압박감과 적응성: 긴박한 일을 처리(동시에 여러 가지 요구)하게 한다. 긴장감을 억제하게 한다. 업무여건의 변화와 위기에 적응하도록 한다.
④ 대인관계의 민감성: 불만을 토로하는 사람을 안정시키도록 한다. 자신의 일과 동료의 책임을 동일하게 생각하는지 알아본다. 자신의 단정적인 견해를 유연하게 밝히는 태도를 살핀다.

서비스업에 종사하는 직원뿐 아니라 관리자와 감독자들을 채용하는 경우에도 고객 서비스와 고객만족 지향은 아주 중요한 문제다. 실제로 직원의 자질과 수준은 서비스 질을 향상시키는 데 중요한 역할을 한다. 경영층도 좀더 좋은 서비스의 질을 확보하는 것은 종사원의 수준에 달렸음을 깊이 인식해야 한다.

 **직원능력의 강화**

우수한 인력을 채용한 후에 그들이 특정업무에 적응할 수 있도록 하는 훈련이 필요하다. 질 좋은 인력을 확보하지 못한 경우의 차선책은 사내직원을 훈련시켜 기업에 필요한 수준으로 만드는 것이다. 브리티시 항공사(British Airways)의 경우 신임관리자에 대해서는 5일 간의 고객 서비스 훈련을 실시하고 신규채용 인력은 2일 동안 훈련일정에 참여하도록 하고 있다.

직무훈련에 있어서도 개인훈련과 팀 훈련 방식으로 구분이 가능하지만, 여기에서는 공식훈련과 비공식훈련으로 나누어 다루어보고자 한다.

먼저 비공식 훈련이란 신규직원이 회사의 문화를 익히기 위한 훈련과정을 말한다. 서비스 기업 경영자는 서비스의 질에 대한 중요성을 인식하고 있는 신규직원을 훈련하여 기존의 종사원들에게 새로운 바람을 일으키기를 원한다. 왜냐하면 신규직원이 서비스 질에 대한 느낌이 강하기 때문이다. 공식훈련은 직원들에게 서비스 공급의 능력을 키우고 동기부여를 하는 데 있다. 훈련효과가 효과적이었는지는 업무를 추진할 때 그의 태도와 능률측정을 통해 알아볼 수 있다.

훈련과정에서 무엇을 주제로 훈련시킬 것인가 하는 점이 문제가 된다. 물론 서비스 공급과 관련된 고객의 3대 욕구, 즉 안전, 존경, 정의를 주된 내용으로 해야 할 것이다. 서비스 공급에서 실수가 없게 하고, 고객과 논쟁을 벌이지 않고 듣는 자세를 취할 것이며, 고객의 견해를 인정하고, 그들의 가치를 관대하게 취급한다는 규칙을 실제 훈련을 통해 익히는 것이다. 서비스 기업의 종사원을 훈련함에 있어서 실제로 정식 훈련과 비공식 훈련을 통합하는 것이 바람직한 것으로 생각된다. 참고로 디즈니랜드(Disneyland)의 사례를 살펴보자.

종업원의 서비스 오리엔테이션 과정에서 최초로 장기간의 문화적 훈련과정을 실시한 기업은 디즈니랜드다. 그 과정은 예비사원이 회사를 처음 방문하는 것으로 시작된다. 첫 시간에 후보자들은 디즈니랜드의 출연진이 되었을 때 무슨 일을 할 것인지에 대한 시사회가 주어진다. 이 과정에서 훈련 참가자들은 자신의 역할을 스스로 찾을 수 있고 디즈니랜드 경영방식의 일부 경영정보를 공유하게 된다. 후보자에게 일자리가 주어졌을 때 이른바 ‘디즈니 대학 오리엔테이션’ 강좌로 불리는 과정에 참가하게 되는데, 여기에는 디즈니의 역사와 철학, 출연진에 요구되는 기준, 디즈니랜드 시찰 프로그램이 포함되어 있다. 이 과정에서 새로운 출연진 간에 비공식적 접촉이 이루어진다. 두번째 단계에서는 부서별 훈련에 집중하도록 한다. 예를 들면 식품 서비스, 음악, 디즈니 캐릭터와 같은 역할도 담당하는데, 부서별 철학, 방침과 절차를 배우게 된다. 부서가 소개된 후에는 실제 직무훈련(job training)에 들어간다. 훈련시설은 최상급이다. 최신식 오디오와 비디오는 물론 전문 강사도 동원된다. 이 과정이 끝나면 30일 간의 사후 훈련 코스가 있다. 훈련과정에서 추호의 문제점도 허용되지 않는 직무강화 훈련과정이다. 이상과 같은 훈련과정에서 후보자들에게 수많은 의사소통 채널을 두고 정보를 얻고, 뉴스와 특수 인쇄물, 스포츠 행사 등을 갖는다. 우수훈련생에 대한 시상, 직원과 사교모임도 마련된다.

일류기업의 명성을 유지하려면 시장의 변화는 물론 새로운 지식과 기술의 변화에 신속히 적응할 수 있게끔 기존직원의 능력을 강화시키는 것이 필요하다. 새로운 훈련과정으로 각광을 받고 있는 것은 팀 체제운영, 권한강화, 직무의 다양성 훈련 등이 있다. 이 중에 권한강화는 기업의 권한과 책임을 하부로 이양하여 자율성을 부여하는 데 중점을 둔다. 최근에 다양성 훈련이 관심을 끄는 것은 서비스 공급시 고객의 인종, 언어, 성별, 연령, 문화 등을 고려해야 할 필요성이 있기 때문이다.

경쟁전략 6 기업자원의 관리

| 보상제도의 활용 |

적격자를 채용하여 훈련을 잘 시킨 후 업무에 투입했을 때, 그들이 질 좋은 서비스를 공급하게 하는 데는 보상제도가 큰 몫을 차지한다. 종사원의 실적이란 동기부여와 능력의 결합에 의해 달성되며, 보상제도가 동기부여의 주요 인센티브로 작용하기 때문이다. 현실적으로 기업은 보상제도를 효과적으로 활용하지 못하고 있다. 그 배경을 살펴보면 충분한 범위의 보상이 이루어지지 않으며 목적달성에 적합한 특유의 보상제도를 이용하지 않고 있다.

양질의 서비스는 우수한 인재를 선발하여 훈련을 잘 시키며 내부적으로 조정된 서비스 체제를 갖춘 환경에서 고객과 마찬가지로 종사원의 안전, 존경, 정의의 욕구가 충족될 때 의욕적이고 지속적인 목표를 지향할 수 있다. 종사원은 급료, 직무만족, 인정, 목표성취와 같은 인센티브제도를 누릴 수 있어야 한다. 그러나 현실적으로 보상제도를 마련할 때 기업인들은 금전으로만 보상하려는 경향이 있다. 눈에 보이지 않는 공적(고객과의 관계증진)보다는 눈에 드러난 행위(고객불평 건수)와 같은 면을 주로 고려하므로 합리성을 상실하고 있다. 좋은 보상제도는 적어도 실행가능성, 신축성, 실패시 회복가능성, 적시성, 지속성 등 효과적인 면을 확실히 할 필요가 있다.

보상의 바탕은 직무(work)다. 직원의 직무가 기능의 다양성, 업무의 정체성, 업무의 중요성, 자율성, 실적의 환류(feedback) 측면에서 만족스럽게 처리되었을 때 보상이 주어진다.

그러나 현실적으로 직무여건이 복잡하고, 중첩된 일을 하거나 새로운 지식, 기술, 능력을 개발할 수 있는 기회가 주어지지 않고 있으며, 회사 내 직무단위가 목적이나 목표에 배치되는 인사 관행이 직무와 유리되어 있는 경우, 승진이 실력보다는 정실에 의해 이루어질 때 직원의 사기에 중요한 문제를 발생시킨다.

서비스 기업 경영층의 태도와 경영문화가 관료적(bureaucratic)인지 또는 의욕적(enthusiastic)인지에 따라 따라 종사원들의 직무태도는 큰 차이를 나타낸다. 전자의 경우는 규칙과 절차를 엄격히 준수하고, 고객은 고려사항에 따라 특별대우를 하며, 단순반복 형태로 일을 하며, 잘 아는 고객도 신분증을 조사하며, 고객의 고충을 정해진 방식에 따라 처리하고, 부서별 판매할당을 지켜야 한다. 그러나 의욕적인 기업의 부서의 분위기는 가족적이다. 고객의 이름도 기억하고 불러주며, 부서 간 협조가 원활하고, 지역사회를 돕는 일에 나서며, 고객 개인문제에도 관심을 기울이고, 서비스의 양보다는 질을 강조한다.

직원에 대한 보상제도는 서비스 질을 향상시키는 방향으로 환류시키는 역할을 한다. 경쟁우위인 서비스 기업일수록 업무성과가 좋은 경우, 직무에 대한 격려와 인정이 따르고, 고객이 평가 성과를 게시판에 공개하며, 경영자는 기여한 사람에게 감사인사를 전한다. 그러나 서비스 지향적이지 못한 기업은 감사하다는 말조차 없으며, 인정하기보다는 선물이나 나누고, 회사의 이미지가 좋아져도 격려나 칭찬이 없고, 실수가 있어도 환류를 통해 개선되지 않는 모습을 나타내게 된다.

종사원에 대한 보상제도는 서비스의 질을 향상시키는 기업의 목표를 달성할 수 있는 매우 중요한 인센티브 제도인데, 그 운영에 있어서 실적에 토대를 두고 정의와 공평성을 유지하는 것이 무엇보다도 중요하다. 공평성을 높이기 위해서는 다양한 보상제도를 두는 것이 유리하다. 즉 보상제도가 업무(job), 기능(skill), 실적(performance), 투자(investment), 시장(market) 등을 기반으로 마련되는 경우 좀더 균등한 기회가 주어질 수 있다.

| 기업 서비스 이미지 관리 |

고객이 서비스 기업의 광고를 접했을 때, 회사에 들어섰을 때, 회사 주차장이나 로비에서, 요금청구서를 접수했을 때, 전화를 걸고 나서, 음성녹음을 들었을 때, 회사가 보낸 소포나 편지를 받았을 때, 고객이 느낀 인상은 서비스 기업의 이미지에 영향을 준다. 많은 기업들이 고객을 중요하게 생각하다 보니 고객 대면접촉 서비스에는 관심을 기울이고 있으나 대인접촉이 아닌 경우는 소홀하기 쉽다.

서비스가 주로 대인접촉 게임이지만 서비스 게임에서 승리를 하기 위해서는 관리해야 할 사항이 많다. 따라서 서비스의 질은 좋은 사람과 좋은 시설, 장비와 기술이 필요하다. 서비스가 우수한 회사들은 특히 인적자원을 잘 관리하고 있다. 정보통신 기술이 발전된 오늘날 정보통신기술에 의해 제공되는 서비스가 중요해지고 있다. 이처럼 고객과 기업 사이의 접촉이 일어날 수 있는 어느 곳이나 장소가, 기업 이미지를 구축할 수 있는 기회라는 점을 명심해야 한다. 항공 서비스의 경우 고객이 예약 센터에 전화를 걸 때, 항공 카운터에 도착했을 때, 출국장의 대기실, 기내 서비스 등에서도 고객과의 접촉이 이루어진다. 이 밖에도 오디오나 비디오, 광고, 서비스 공급시설과 장비를 접한 경우도 마찬가지다. 이와 같이 장비, 기계, 표지판, 고객의 복장 등 서비스 설비와 같은 유형물의 접촉은 고객의 서비스 질, 특히 핵심 서비스가 무형인 경우 이에 대한 고객의 인식에 크게 영향을 미친다. 서비스 기업의 유형물들은 고객의 서비스 질에 대한 심리적 이해에 직결된다. 따라서 각종 유형의 자원을 관리하여 서비스 질에 대한 메시지를 제대로 전할 필요가 있다.

서비스의 질에 대하여 광고를 해서는 안 된다. 서비스의 질이란 사람에 따라 다르게 받아들여지며, 동일한 사람에게도 다르게 받아들여질 수 있다. 서비스 기업의 경우에는 광고를 통해서 고객과 긴밀한 관계를 형성할 수 없기 때문이다. 모호한 서비스 질에 대한 광고는 서비스 공급으로 충족할 수 없는 고객의 기대를 유발하기 마련이다.

자동차 수리, 하수도, 시계수리 등과 같은 수선 서비스(fix-it services), 의사, 증권거래, 건축, 회계, 금융, 교수 등 전문직 서비스, 영화, 비디오 게임, CDs 등 오락 서비스의 경우 서비스의 질은 총체적 서비스의 질에 의해 평가된다. 서비스가 육체적 활동을 요하거나, 경제생활과 인명에 관련된 것일수록 핵심 서비스의 질은 총체적 서비스 질에 대한 고객의 인식에 달려 있다.

결론적으로 고객과 기업 간에 서비스의 질에 대하여 회사가 전략적으로 초점을 두고 있는 것과 같은 동일한 메시지가 고객에게 주어져야 한다. 대인접촉이든 비(非)대인접촉이든, 동일한 모습으로 동일한 목소리가 전달되는 게 중요하다.

경쟁전략 7 핵심 서비스 가치의 증대

| 핵심 서비스의 가치 |

지금까지 우리는 서비스 기업의 경쟁력을 키우기 위하여 여러 가지를 다루었다. 가장 핵심적인 것은 서비스 그 자체다. 우리는 보통 서비스 공급에서 무형의 재화인 서비스를 분리해서 생각하지 않는다. 그러나 고객의 평가를 좋게 받을 수 있는 것은 핵심 서비스인 것이다. 수선 서비스(fix-it services), 전문직 서비스(professional services), 오락서비스(entertainment services) 등의 핵심가치에 대하여 논의해보자.

시계나 자동차에 고장이 났거나 전자제품이 작동되지 않았는데, 기술공의 서비스로 다시 정상기능을 회복했다면 이 때 핵심 서비스는 우수한 기술이다. 의사, 회계사, 건축사, 컨설턴트, 교수 등과 같은 전문분야 자격증이나 학위를 소지한 사람이 전문 서비스를 제공하는 경우도 그렇다. 의사가 건강을 회복시켜주고, 건축사가 건물을 설계하며, 컨설턴트가 기업경영의 효율성을 높여준다. 영화나 비디오 게임, CDs와 같은 오락 서비스는 드라마의 스토리가 고객의 관심을 불러일으킨다.

이상의 예에서 알 수 있듯이, 고도의 전문적인 기술이나 지식, 노하우를 지니고 있는 전문직 서비스는 핵심 서비스의 가치를 증대시키는 것이 경쟁우위에서 필수적인 요건이다. 핵심 서비스를 갖추고 있어야 신뢰가 생긴다. 단 한번의 서비스로 고객의 기대를 충족시켜줄 수 있는 완전 무결함을 요구하는 것이다. 때로는 핵심 서비스가 전체적인 서비스의 질을 결정하는 요소가 될 수 있다. 현대적인 장비를 갖추고, 모양 좋은 유니폼과 아름다운 장식을 한 서비스 기업에 핵심 서비스가 없다면 경쟁력의 확보는 장담할 수 없다.

| 핵심 서비스의 보자기 |

오늘날과 같이 기술변화의 속도가 매우 빠른 시대에는 핵심 서비스도 오랜 시간 이익을 향유하기 어렵다.

따라서 여러 가지 핵심 서비스와 기타 특성 있는 서비스와 결합된 '핵심 서비스의 보자기'를 만드는 것이 핵심 서비스를 보호하는 데 유리하다. 보자기 속에 감추어진 핵심가치는 잘 보존되므로 경쟁우위를 지속할 수 있기 때문이다.

세계지적재산권기구(WIPO)의 최근 동향을 살펴보면, 일부 선진국들은 하드웨어(hardware) 기술 외에도 소프트웨어(software) 측면의 각종 시스템이나 모델, 서비스 기술과 같은 무형의 재화도 특허형태로 보호하는 국제규범을 제정하자는 주장을 펼치고 있다. 규범화하는 데 아직은 시기상조라고 해도 공업제품과 다르게 서비스는 쉽게 모방할 수 있음을 생각해보면 꽤 일리 있는 제안이다.

체인 운송 서비스를 하는 CNF나 패키지 관광 서비스의 예와 같이 핵심 서비스의 결합은 경쟁기업이 모방하기 어려운 것이다. 핵심 서비스의 창조와 핵심 서비스의 결합을 개발하기 위한 연구개발 체제를 갖추라고 권고하고 싶다. 의료, 정보통신과 같은 특수 전문분야를 제외한 기타 제조기업들과 달리 서비스 기업이 연구개발에 투자하는 비율이 매우 저조하다는 것은 근시안적이라 하겠다.

서비스 기업의 중요한 도전은 새로운 서비스의 개발과 과거의 서비스를 새로운 방식으로 공급하는 것이다. 대표적인 예로서 아메리칸 익스프레스(American Express : AMX)가 있다. AMX는 신용카드 사업에 뛰어든 이래, 여행자수표, 관광보험, 입장권 구입, 심지어는 법률 서비스에 이르기까지 각종 서비스를 개발하여 고객들에게 제공하고 있다.

5
서비스 기업문화를 창조

이미 살펴본 9개 서비스 업종의 브랜드 기업의 사례를 통해서 알 수 있듯, 경쟁우위를 누리는 기업들은 그들만의 노하우가 있다. 나름대로 비전과 기업전략을 갖고 기업문화를 이끌어나가고 있다. 여기에서는 서비스 기업의 문화적 측면을 다루고자 하는데, 기업문화란 실제로 경쟁력 우위를 건실하게 하고 생산성을 높여나가는 데 중요한 전략이라고 말할 수 있다.

경쟁전략_8 고객중심의 서비스 체제

서비스 기업은 서비스에 대한 고객의 기대와 욕구를 좀더 좋은 서비스를 통해 구김없이 충족시켜줄 수 있어야 한다. 이를 위해서 전체 종사원들은 부서별로 각자의 몫을 담당해 일을 한다. 각 부서별로 목표를 달성하기 위해 노력하지만 서비스를 공급하는 과정에서 발생하는 협조나 조정 등의 문제와 직면한다.

| 고객중심의 서비스 논리 |

서비스 공급시 고객의 기대에 맞추어 좋은 서비스를 제공할 수 있기 위해서는 기업 나름대로의 '서비스 논리(Service Logic)'가 있어야 한다. 서비스 논리는 모든 부서의 활동을 통합하는 원천이 된다.

서비스 논리를 개발하기에 앞서 서비스 기업의 경영실태를 살펴보자. 기업경영을 하면서 필수적으로 여러 가지 어려운 과제와 당면한다. 생산성의 향상, 서비스의 표준화, 업소의 위치, 자원의 조달(자체조달과 외부조달), 공급과정, 시설의 설계와 디자인, 직무설계, 훈련, 공급능력, 품질관리, 고객관리 등은 운영상의 문제다. 이 같은 운영상의 과제는 마케팅 면에서 여러 가지 문제를 발생시킨다. 반대로 마케팅 전략이 서비스의 품질을 저하시키기도 한다.

고객이 업소에 접근하기 어렵다거나 다양한 서비스를 원할 수도 있다. 시설이 협소하거나 신속한 서비스가 이루어지지 않아 고객이 많이 대기해야 하는 사태도 생긴다. 이런 문제를 해결하기 위해서는 서비스의 논리를 고객중심으로 바꾸는 것이 필요하다. 고객중심의 서비스 경쟁우위를 논의하기 위한 것으로서 ① 고객 ② 서비스 질 ③ 인력 ④ 경영 등 4가지를 제시하고 기업경쟁력의 수준을 ① 경쟁단계 ② 차별단계 ③ 선도단계 등 3단계로 구분할 수 있다.

다음 표에서 보듯이, 경쟁단계에 있는 기업은 일부 핵심 서비스가 고객의 기대를 충족하는 수준이므로 고객의 선호를 유인하지는 못하나 고객 지향적인 경영을 하고 있다. 반면, 차별단계의 기업의 경우엔 공급되는 서비스가 고객의 기대를 충족하고 있어 고객이 선호하는 단계이다. 그들은 서비스 수준의 향상과 경영능률을 제고하기 위해서 신기술의 도입은 물론 고객의 소리에 귀를 기울여 혁신을 통한 기업 이미지를 구축하려고 한다.

일류기업의 경우 서비스의 가치를 지속적으로 증대시켜 고객의 기대수준을 높일 수 있는 잠재력을 지니고 있고, 고객을 위해서라면 새로운 지식과 기술의 도입과 지속적인 혁신을 모색하여 기업의 브랜드가 서비스를 대표할 정도로 기업문화를 형성한 단계다.

지금까지 서비스 기업의 운영측면에 대한 이야기를 했다. 이제부터 마케팅에 대해 살펴보자. 마케팅은 기업이 가능한 폭넓은 선택권을 갖고 고객에게 매력적인 유인책을 제시하는 활동이다. 기업의 운영, 마케팅, 자원의 관리가 당해 서비스 시장의 분할에 적합하지 않는 경우는 비용만 초래할 수도 있다. 마케팅은 주어진 시장에서 최선의 이익을 누

▌서비스 기업의 경쟁우위 단계

사항	경쟁단계	차별단계	선도단계
고객	• 고객이 찾지는 않으나 피하지도 않음	• 서비스 수준을 알고 다시 찾음	• 기업의 브랜드가 탁월한 서비스를 대변함
서비스 질	• 기대를 일부 핵심서비스에서 충족시킴 • 비용효과를 감안하여 신기술 활용	• 고객의 기대를 다방면에서 충족시켜줌 • 서비스 수준을 높이기 위해 신기술 활용	• 가치증대로 고객의 서비스 기대 수준을 높임 • 신지식의 선두주자로 경쟁우위를 누림
인력	• 직무훈련을 통해 절차 규정을 준수	• 효율적이라면 대안도 채택	• 경영진이 새로운 아이디어에 관심
경영	• 서비스 절차를 통제함 • 기업 이미지는 광고에 의존	• 고객의 소리를 듣고 직원을 독려 • 기업 이미지 구축과 마케팅에 관심	• 혁신적인 자세로 업무 추진 • 기업문화를 창조

린다는 차원에서 이루어져야 한다. 마케팅을 필요로 하더라도 마케팅 부서를 갖추어야 하는지 생각해보아야 한다. 당해 서비스 시장의 경쟁환경, 경영목표의 변화, 활용하는 기술 등을 고려하여 선택할 문제다. 그러나 마케팅 기능은 기업 전체가 담당할 수 있다는 것도 간과해서는 안 된다.

| 고객중심의 서비스 체제 |

서비스 시스템을 구축하기 전에 우선 고객과 기업 사이의 접촉관계에 대해 알아둘 필요가 있다. 현실세계에서 서비스 공급을 위한 대 고객 접촉은 다양하게 이루어지지만 그 중에서 가장 대표적인 방법은 ① 경영층의 이해 ② 인적자원 평가 ③ 직원교육 ④ 대 고객관계 설정 ⑤ 비즈니스에 대한 이해의 순서로 준비가 필요하다.

첫째, 경영층의 고객에 대한 이해가 필수적이다. 경영층의 인식변화는 기업경영에서 큰 영향력을 발휘할 수 있기 때문이다. 인적자원의 관리가 고객중심으로 이루어져야 한다는 중요성을 경영층이 이해한다는 것은 사업의 성공과도 직결된다.

둘째, 인적자원이 서비스 중심으로 활용되고 있는지와 그 효과성에 대해 감사를 통해 평가할 필요가 있다. 감사단에는 경영자, 종사원 대표가 참여하고, 고객들이 참가하는 것은 더욱 좋다.

세번째 단계에서는 종사원과 개선조직의 관리자에 대해 서비스 중심으로의 역할변화에 대한 교육이 실시되어야 한다. 대 고객관계 설정에는 고객과 종사원 사이의 메뉴(menu)는 물론 서비스 공급기준을 개발하는 것이 포함되어 있다.

마지막으로 비즈니스에 대해 이해할 필요가 있다.

　지금까지 고객중심으로 서비스 제품, 인력 마케팅, 기술 등을 동원하여 고객중심의 서비스 체제를 구축하기 위한 논의를 했다. 서비스는 고객의 기대와 욕구를 충족시켜줄 수 있어야 하고, 고객사업의 성공을 위해 부가가치를 창출할 수 있는 서비스가 제공되어야 한다. 고객의 성공이 곧 서비스 기업의 성공을 가져온다.

| 서비스 혁신을 위한 연구개발 |

　서비스 기업은 물론, 서비스 경영을 다루는 전문서적들도 서비스 산업의 연구개발(R&D)에 대해서는 논의하지 않고 있다. 서비스 기업의 경영혁신으로 경쟁력을 강화시키기 위한 연구개발 과제는 수없이 많다. 여기에 대표적인 과제 몇 가지를 보기로 하자.

- 서비스 기업의 경영혁신 과정에 효과적인 고객의 참여방안

- 소매 판매실적의 분석과 판매상품의 재고관리 기술

- 금융, 보험 서비스 분야에서 틈새시장 수요조사와 공급 시스템

- 서비스의 질을 증대시킬 수 있는 인적자원 관리기술

- 핵심 서비스의 가치창조를 위한 가치고리의 체계분석

- 핵심 서비스 개발을 위한 외부자원 활용방안

- 서비스 기업의 잠재고객 조사방법론

- 서비스 공급 실패 사례가 고객욕구에 미친 영향

- 새로운 수요를 창출한 서비스 제품의 경쟁조건

- 특정 서비스 기업 운영의 IT화 방안

- 첨단기술의 서비스 산업에의 접목

서비스 기업이 당면하고 있는 도전은 고객의 기대에 부응할 수 있는 양질의 서비스를 공급하기 위한 고객중심 서비스 통합체제를 구축하는 일이다. 고객에게 빈틈없는 서비스를 제공하기 위하여, 서비스 공급체제를 구축하기 위하여 '서비스 지도(Service Map)'를 창작하는 것을 적극 권장한다.

'서비스 지도'는 서비스 공급의 체계적인 내용을 그림으로 나타낸 것이다. 그것은 서비스 업무의 흐름이라고 볼 수 있으며 서비스를 공급하는 팀 사이의 관계를 보여준다. 서비스 지도는 각종 서비스업의 종류와 기업조직에 따라 다르게 그려질 수 있다. 그러나 이 지도에는 고객, 서비스팀(종사원), 경영층, 기업 내부조직을 중심으로 상호관계와 활동을 선형으로 나타내야 한다. 이 지도를 만드는 과정에서 서비스 공급의 조정문제를 비롯한 운영상의 과제를 발견할 수 있다. 이는 부가가치 증대 과정에서 얻을 수 있는 부산물이라 할 수 있다.

경쟁전략_9 서비스 문화를 창조

메리엇 2세(J. W. Marriott)는 메리엇 호텔체인 사업을 창업한 아버지의 유언인 "종사원과 고객을 돌보아라"를 기억하고 있다.

최근에 와서 서비스 기업 경영방식은 관료제적 명령하달형에서 팀제 하의 자율경영으로 변화되고 있다. 근로자가 양질의 서비스를 공급하는 데 필요한 중요한 지식을 많이 보유하고 있고, 서비스를 공급하는 그들이 조직을 대표하며, 불필요한 중간관리 계층을 줄이면서 그들이 서비스에 집중할 수 있기 때문이다. 바로 이러한 조직의 변화가 서비스 문화의 변화를 가져온다.

| 서비스 문화란? |

서비스업의 경우에서 직원을 직접 감독하는 일은 특히 어렵다. 모든 부서별로 고객접촉을 위해 개별적으로 움직이고 있기 때문이다. 관리자도 직접 부하를 관찰하거나 서비스 활동을 시정하기란 어렵다. 그들의 기능은 조정자 역할이다. 각종 서비스 조직형태에서 직원을 통솔하는 대안은 서비스 문화를 창조하는 일이다.

서비스 문화란 무엇인가? 먼저 조직문화에 대해 살펴보자. 조직 안에서 직장의 분위기에 따라 일이나 행동하는 가운데 체험하는 가치나 메시지 또는 주제를 발견하게 된다. 이러한 핵심가치가 조직의 운영규정과 행동지침에 반영되어 일상화되면 어떤 분위기, 즉 문화를 형성하게 된다.

종사원이 고객에게 서비스를 공급할 때 고객을 중시하면서 겪는 문화는 곧 고객에게 전해져 서비스 문화를 만든다. 따라서 서비스 문화란 서비스 기업이 고객에게 서비스를 제공함에 있어서 중요하게 여기고 따르는 공유된 가치, 신념 및 주제다.

고객 서비스에 열정을 지닌 기업은 서비스를 소중히 여기는 인력을 채용하려고 애쓰고, 그런 인력은 조직에서 일어나는 모든 일을 능률적으로 정확하게 해낸다. 고객의 기대를 충족하고 문제를 해결하기 위해 노력하고 고객을 통해 서비스의 만족도를 평가받기를 원한다.

고객 서비스를 등한시하는 기업은 서비스에 대한 인식이 되어 있지 않고 아무도 서비스를 돌보지 않는다. 좋은 서비스를 제공하려 해도 규정이나 지침이 오히려 장애가 된다. 기업이 서비스 중심으로 움직이는

것이 아니라 회사중심으로 경영된다. 고객에게 이루어지는 서비스 제
공에 어려움이 있어도 경영층의 지원은 없다. 경영층은 서비스에 대한
관심보다는 이윤에 더 관심이 많다. 직원은 서비스보다는 다른 일에 흥
미를 갖는다.

| 조직문화의 변화 |

많은 전문가들의 연구결과에 의하면, 조직문화를 변화시키는 것은
조직의 하부계층에서 태동할 때 더욱 효과적이다. 서비스 문화를 주도
하는 두 그룹, 즉 서비스 전문팀과 직원의 참여가 필요하다. 서비스 전
문팀은 팀원의 인선에 신중을 기하고, 서비스 공급과 그 기준을 정하
며, 대내외적 고객목표를 정해야 한다. 실적의 평가와 보상제도는 물론
추진일정을 작성한다. 기획단계에서 새로운 운영절차와 기술방식을 채
택하고 전문인력 충원을 준비한다. 마케팅을 통해 새로운 설계와 광고
에도 신경을 쓴다.

종사원도 서비스 문화를 변화시키는 데 큰 몫을 한다. 어쩌면 그들
이 변화의 주역이 될 수도 있다. 그들은 고객의 기대를 이해하고 고객
에 대한 지식을 보유하고 있다. 양질의 서비스를 제공하기 위해서 무엇
을 어떻게 변화시켜야 하는지 알고 있다. 고객과 자주 접촉하는 가운데
고객들의 감정을 이해하고 있는 장점을 지니고 있다. 고객 서비스 중심
의 조직 문화로 변화하기 위하여 고위경영층이 주로 소지하고 있는 조
직의 네 가지 중요한 요소, 즉 권한, 인력배치, 보상, 지식을 하부로 이
양하여 종사원에게 권한과 책임을 강화시키는 것이 좋다.

권한은 조직의 목표와 실적에 영향을 준다. 품질혁신, 직무능력강화
프로그램, 직원제안, 일정관리, 고객관리 등과 관련된 업무는 하부조직

이 효율적이다. 회사 운영실적, 부서의 실적, 경쟁기업의 실적, 당해 업종 서비스 시장동향, 노동시장 여건, 신기술 등에 대한 정보는 공유하는 것이 효과적이다. 보상은 조직의 경영실적에 따를 것이며 실적보수, 이윤배분 계획, 우리사주제도 등이 여기에 포함된다.

지식은 조직의 성과를 이해하고 효율 향상에 기여할 수 있는 무기다. 집단지도기술, 사업자료 분석, 갈등의 해결, 신기술 적응 등의 훈련을 포함한다. 기업 서비스 문화를 창조하여 가꾸어나가자면 고객, 인력, 경영 측면에 초점을 두고 어떠한 비전과 기업이미지를 심을 것인지 살펴볼 필요가 있다. 이러한 기업 서비스 문화를 창조하는 과정에서 모든 종사원들이 참여하는 것이 효과적이다.

대 고객 측면에서 가능하다면 특정 서비스 시장분할 목표로 할 필요가 있고, 서비스 사업도 ① 신축성, 속도, 신뢰성을 갖추어 운영하고 ② 고객을 친근하게 대하면서 욕구를 충족시키며 ③ 서비스의 질도 다른 기업에서 누릴 수 없는 가치를 갖도록 하는 데 초점을 두어야 한다.

인력 측면을 살펴보자. 기업의 요구와 고객의 기대 사이에는 언제나 긴장이 형성되는 것이 보통이다. 경영층이 좋은 실적에 대해 보상을 해주는 경우 긴장은 감소할 수 있다. 장비, 기계, 제도와 절차 등 각종 자원의 효율적인 공급도 서비스의 질을 높일 수 있으며, 고객에게 좋은 반응을 얻는다. 유의할 것은 일선 종사원의 서비스 공급은 정확해야 한다. 따라서 인적자원 관리도 중시해야 한다.

서비스 기업의 경영차원에서 서비스 문화를 지속적으로 가꿀 필요가 있다. 기업혁신이란 한두 가지 일을 변화시키는 것이 아니라 수백 가지의 작은 것도 개선해야 할 필요가 있다. 또한 조직의 운영 시스템은 상호 연결되어 있음을 간과해서는 안 된다. 고객을 중시한다는 것은 말보다는 행동이 더 중요하다. 행동이 곧 의사소통이다. 고객을 위한 일이라면 미루지 말고 즉시 시작해야 한다. 이 모든 것들에 관해서 행동규칙으로 정하기란 어려운 일이다. 기업 서비스 문화가 이룩되면 자율적으로 해결될 수 있다.

경영층과 종사원 사이에도 과거와 같이 계층제적 사고를 떠나 역할 분담이 필요하다. 경영층은 비전, 가치, 신념과 조직 전반에 대하여, 종사원은 마케팅, 운영, 인적자원 관리에 전념할 필요가 있다. 기업문화의 변화에는 저항도 있게 마련이다. 모든 이가 경영층이 하는 것을 이해하도록 투명하게 하고 직원의 참여는 필수적이다. 이러한 변화의 물결은 지속되어야 한다. 문화는 서서히 형성되며 바뀌기 때문이다.

6
지구촌을 향하여

　세계경제는 세계화와 정보화에 따른 급격한 경제구조 개편을 맞고 있다. 선진국의 제조업에서 화학, 기계, 자동차, 전자, 전기 등 글로벌 산업은 경쟁력의 우위를 누리기 위한 기업 활동을 통합 조정하고 있다. 서비스업의 경우에도 경제의 서비스화가 가속화되고, 정보통신 기술의 발달에 따른 연구개발, 마케팅, 소프트웨어, 금융, 법률, 교육, 의료 서비스 등 정보집약 부문의 서비스 교역과 투자도 빠르게 늘고 있다. 이에 서비스 산업의 무역과 자유화를 뒷받침하기 위한 시장개방과 규범 정립이 WTO 서비스 협상의 중심과제다.

　정보통신 기술의 발전과 더불어 경제의 세계화가 가속화되고 있는 가운데 서비스 기업의 세계적 진출도 크게 늘어나고 있다. 서비스 기업의 세계화가 제조업에 비해 아직은 낮은 단계에 있지만 세계화의 동인에는 공통점이 있다. 제품과 서비스의 부가가치를 높이고 생산비용을 절감하기 위하여, 또는 세계의 고객을 대상으로 시장을 확보하기 위하여 세계화를 서두르고 있다.

세계화 관점에서 세계에 진출한 기업의 유형을 구분한다면 다음과 같은 네 가지 모델이 있다. 세계수출 기업(global exporter), 다국적 기업((multi-national), 다지역기업(multi-local or multi-domestic), 세계적 기업(global company)이 그것이다.

세계수출 기업은 국내에서 생산하는 제품과 서비스를 세계시장에 수출하여 경제의 이점을 누리는 기업형태다. 이는 고객확보보다 비용절감의 동기가 크다. 다국적 기업은 동질적인 서비스를 세계시장에 공급하는 측면에서, 수출기업과 비슷하지만 국적회사를 통해 서비스 품질관리와 조직을 엄격히 통제한다. 다지역기업이란 각 나라의 고객을 대상으로 제품과 서비스를 공급하며 본부는 주로 재무와 관련된 기능만 관장한다. 마지막으로 세계적 기업은 세계의 대중고객을 위해 제품과 서비스 공급에 신축성을 유지하면서 네트워크를 통한 유통관리를 하며 관할지역 본부에서 의사결정을 하는 형태다.

서비스 기업의 세계화 과정

21세기의 서비스 기업이 세계적인 승자가 되기 위하여 세계화를 모색하는 과정에서 어떠한 모델을 택하든지 기본적으로 세계화에 대한 비전을 가질 필요가 있다. 기업의 변화는 비전으로 시작된다. 세계화를 꿈꾸는 기업은 막강한 세계적 비전이 필요하다. 좋은 비전은 조직목표와 종사원의 행동양식을 세계화로 유도하고, 가치를 창조하며, 노력의 대가를 얻을 수 있는 동력을 제공하게 된다.

또한 서비스 기업이 세계화를 이루려면 경쟁력의 우위를 확보해야 한다. 세계화란 세계 여러 나라에 진출하여 기업활동을 하는 것만을 의미하는 것은 아니다. 서비스 기업의 세계화란 서비스의 질을 세계적인 수준으로 유지하면서, 새로운 지식과 기술에서 뒤처지지 않으면서, 모든 고객의 요구를 만족시키는 기업활동을 추진해야 한다.

지금까지 논의한 사람, 지식, 문화 차원에서의 경쟁력 우위를 바탕으로 사업기회를 창조하고 발전시키는 데 앞장서 나가야 한다. 또한 서비스 기업이 세계기업으로 부상하려면 세계화 전략의 필수적인 요소를 갖추어야 한다. 세계시장에 특정 서비스의 수요(고객)가 있는가? 서비스 공급을 위한 인재의 확보와 훈련은 가능한가? 기업이 공급하는 특정 서비스가 세계적 가치의 서비스(global value service)인가? 세계적인 지식과 자원을 활용할 수 있는가? 서비스 공급과 경영을 위하여 최신 정보기술을 이용할 수 있는가? 수익과 비용의 분석을 포함하여 장기적 안목의 경영전략을 갖고 있는가? 이러한 문제에 대한 해답이 긍정적이라면 세계화 전략을 추진할 여건이 갖추어졌다고 볼 수 있다.

서비스 기업의 세계화 과정에서 몇 가지 유의할 점을 살펴보자. 서비스 기업은 서비스 공급 면에서 사람이 주요 자원임을 인식하고 종사원들의 좋은 의사소통과 협조 분위기 조성이 무엇보다도 중요하다. 수요 측면에서 서비스 기업은 고객의 확보가 필수적이다. 특정 서비스 공급을 통해 세계적인 지역적 수요를 유발하고 고객을 확보할 수 있어야 한다. 서비스 기업은 세계 또는 지역수요의 스펙트럼을 이해하고 그들의 욕구를 충족시켜줄 수 있는, 그리고 문화적 특성을 극복할 수 있는 대비책이 필요하다.

정보통신 기술의 발전이 세계화를 뒷받침하고 있을 뿐만 아니라 경쟁우위의 주요 수단이므로 세계를 연결할 수 있는 정보통신 기술을 적극 활용할 수 있어야 한다. 거리와 시간의 부정적인 영향을 극복하고 한 건물 내에서 일하는 것처럼 능률적인 일이 이루어지기 위해서는 네트워킹이 갖추어져 있어야 한다. 정보기술이 눈부신 발전을 보이고 있지만 이것이 꼭 기업의 성공을 보장하지는 않는다. 기술의 변화와 활용에 맞추어 조직과 경영방식도 변화되어야 하기 때문이다.

지구촌을 향한 서비스 기업의 세계화는 다음과 같은 과정을 통해서 이룩될 수 있겠다.

첫째, 세계적인 사고방식(mind set)으로 비전 개발을 착수한다. 세계와 지역의 고객을 중시하고 고객위주의 기업을 경영하겠다는 결심이 필요하다. 세계적으로 일관성 있는 동질의 서비스를 제공하는 것과 지역적인 다양성을 추구하는 것에 대한 균형감각을 가져야 한다. 둘째, 자신의 고객을 알고 확보하는 과정이다. 특정 서비스에 대한 고객의 선호와 반응, 지역과 집단의 문화적 다양성과 선호 등 고객에 대한 시장조사도 필요하다. 서비스 기업으로서는 가장 값비싼 자산인 고객 데이터베이스를 마련하여 고객의 수와 그들의 선호를 분석할 필요가 있다.

셋째, 세계적으로 이용이 가능한 자원을 확보하는 단계다. 서비스 기업은 종사원을 통한 양질의 서비스를 제공하는 회사이므로, 종사원의 확보와 지식근로자로서의 역할을 수행할 수 있도록 전문적인 훈련이 뒤따라야 한다. 세계화 전략을 수립하는 단계에서는 핵심인력으로 구성된 전문팀의 설치도 필요하다. 자원확보에는 핵심적인 서비스 능력을 발전시키면서 비핵심 분야는 제휴의 방법을 모색한다.

넷째, 세계적 서비스 공급체계와 지식경영 체제를 갖추도록 한다.

세계고객들에게 적시에 그들의 기대에 맞는 서비스를 공급함과 동시에 경영관리를 위하여 필요한 시스템을 갖추어야 한다. 최신 정보기술을 활용하여 세계적 경쟁능력을 갖추고 고객과 기업 사이의 서비스 공급 패턴, 지식전수, 내적통합, 경영정보 관리 등을 고려하여 네트워킹 관리가 가능토록 하부구조를 구축해야 한다.

끝으로 기업공동체 문화를 형성해나가도록 한다. 기업문화가 있는 기업은 종사원의 공동의 신념, 가치와 기대를 갖추고 있기 때문에 기업의 능률은 물론, 경쟁력 우위를 선점할 수 있다.

외국의 문화를 이해

서비스 기업이 세계화 전략에 따라 외국으로 진출할 때 그 나라의 문화를 이해하는 일은 대단히 중요하다. 문화는 한 국가나 사회의 구성원들이 갖고 있는 생각, 행동의 모든 것이다. 즉 그들이 공통적으로 소유하고 학습을 통해 공유하고 있는 이념, 가치, 태도 등은 규범이나 기대에 따라 행동기준의 틀로 삼는 생활양식이다. 오늘날 세계적 비즈니스를 하는 기업가들은 기업 성공을 위해 외국의 문화를 이해하고자 노력하고 있다. 서비스 기업이 고객의 문화에 익숙하지 않으면 그들의 가치와 행동양식에 대한 오해로 인해 기업활동이 어려움을 맞을 수 있다. 또한 문화를 이해하지 못한 경우 의사소통의 오류를 범하기 쉽고 과다한 비용발생과 고객을 잃기도 한다.

문화의 매개 수단인 언어를 예로 들면, 언어는 사람들 사이의 의사소통 수단이다. 세계에서 사용하는 언어의 수는 약 3,000여 종에 달한다고 한다. 각 나라의 방언을 고려한다면 언어의 수는 무수하다. 국가의 공식 언어를 2~3개 가진 국가도 23개국이나 되며 스위스와 싱가포르는 4개 국어를 사용하고 있다. 종업원과 고객 사이의 원활한 의사소통은 세계기업에게 필수적인 것이다. 언어가 불필요한 의사표현이나 정서에도 주의를 기울여야 한다. 몸가짐, 손짓, 얼굴표정, 대면 거리와 응시하는 태도, 신체접촉(악수나 포옹) 등 모두가 그렇다.

예를 들면 긍정적인 표현을 할 때 미국이나 유럽 등지에서는 고개를 끄덕이지만 인도 사람들은 머리를 좌우로 흔든다. 서구사회에서는 '시간은 돈'이라는 관념이 강하지만, 대부분의 개발도상국가에서는 그렇지 않다. 미국에서는 국화가 여러 용도의 꽃으로 사용되지만, 이탈리아나 전통적인 유럽 국가에서는 장례식용 꽃으로 쓰인다.

국제적으로 성공한 사업가들은 대부분 외국 문화에 익숙하고 외국어에도 능통하다. 세계화 시대에 외국어의 중요성은 아무리 강조해도 지나치지 않다. 현지문화에의 적응, 언어소통의 원활화 등을 고려하여 오늘날 세계적 기업들은 현지인을 직원으로 채용하는 경향이 높아지고 있다. 세계화 시대에 기업들은 필요한 인력을 현지에서 최대한 확보하여 능력을 최대한 발휘토록 전문훈련을 강화하는 방향으로 나아가고 있다.

전문직 기업 서비스의 세계화

지식집약 기업 서비스는 최근 급속도로 성장하는 분야다. 여러 가지 요인이 작용하지만 지식기반 경쟁우위를 누리려는 수요자나 공급자의 교육수준이 높고, 정보통신 기술의 발달로 세계화가 진전되면서 아웃소싱 경향이 증대되고 있기 때문이다. 모든 기업들이 경쟁력의 우위를 차지하려고 다수의 지식근로자를 필요로 하고 있는데, 자체조달이 어려운 전문지식기반 서비스는 외부조달에 의존하고 있다. 경쟁우위에 직결된 핵심분야가 아니면 외부 조달하는 것이 효율적이기 때문이다.

오늘날 대부분의 기업들은 지식집약회사를 자처하며, 지식과 인적자원이 중요하다고 강조한다. 지식이란 어디까지나 상대적이다. 전문직 기업서비스란 금융업무처럼 고도로 지식집약적인 서비스를 공급하는 기업이다.

전문직 기업 서비스는 다음과 같은 특수성을 지니고 있다. 전문직 서비스 기업은 ①고등교육을 받은 전문가에 의해 제공되는 고도의 지식집약 서비스에 부가가치가 집중되어 있고, 해당분야의 연구개발과 밀접한 관련이 있다. ② 이들 전문가에 의해 신중하고 전문적 진단이나 평가에 기초하는 서비스가 제공되고 있다. ③ 공급되는 서비스는 높은 수준으로 고객의 요구에 맞추어져 있다. ④ 전문가의 자유재량이 크게 작용하고 개인적 판단에 의해 서비스가 공급되므로 서비스에 대하여 법적 책임이 있는 경우에는 개인이 부담하게 된다. ⑤ 공급은 특히 진단과 공급단계에서 고객과 긴밀한 접촉을 많이 갖는다. ⑥ 서비스 공급은 이윤보다는 고객의 요구에 따르는 전문적인 행동규범에 제약을 받는다.

마이클 포터(Michael Porter)는 가치창조의 논리와 기업활동의 분산을 토대로 기업의 세계화와 세계화 전략을 논의했다. 기업활동의 세계화는 우선 회사의 가치창조 활동의 체인을 해체하여 비용이 적으면서 부가가치가 큰 분야를 대상으로 할 필요가 있다는 것이다.

기업활동을 반입화물, 제조활동, 반출화물, 지원활동과 같은 상방식 활동(upstream activities)과 마케팅, 판매 서비스와 같은 하방식 활동(downstream activities)으로 나눈다. 국제적으로 경쟁하는 기업은 가치 체인(value chain)의 활동을 국가 사이에 어떻게 분산시킬 것인지 결정해야 한다. 상방식 활동의 경쟁우위는 여러 국가 전체를 보고 결정해야 한다. 기술개발과 경영과 같은 상방식 활동이 경쟁우위에 결정적인 기업들은 세계적 경쟁을 하는 것이 일반적이다. 그러나 하방식 활동은 대체로 진출할 국가를 지정하는 경우에 경쟁력의 우위를 이끌어낸다.

전문직 서비스 기업이 세계화를 모색함에 있어서 가치 체인은 가치 창조나 비용분석에 이상적인 도구가 되지 못한다. 이들 기업은 제조업처럼 가치고리로 결합되어 자원이 투입·산출되기 어렵기 때문이다. 따라서 다음과 같은 3개 과정에서 가치창조와 연관되어 있다고 하겠다. 즉 ① 신용약속(a credible promise)을 판매 ② 약속한 것을 공급 ③ 판매 및 공급과정에서 지식습득에 가치창조의 기회가 있다.

서비스 기업의 세계화 수준은 제조업보다 낮은 수준이다. 전문직 서비스 기업에 대한 수요 또한 다양하다. 전문적 서비스 기업이 세계 각국에 주재하는 것은 ① 신용약속을 판매하기가 더욱 쉬워지고 질에 대한 객관적 수준의 고려 없이 수익을 누리는 명성효과를 가질 수 있기 때문이다. 물론 여기에는 세계화로 명성을 키우는가, 명성이 있기에 세계화가 용이한가의 문제가 따른다. ② 세계화되는 경우 각국의 경험과 지식을 공유할 수 있는 개입의 여지는 넓고 많다. 이는 포터가 지적한 지식의 전수라는 것과는 상반된 입장이다.

세계의 고객(global clients)은 크게 둘로 나뉜다. 하나는 중앙집권적 의사결정과 기업활동을 통해 서비스를 공급받는 고객이며, 다른 하나는 여러 지역에서 일관된 서비스를 공급받는 고객이다. 후자에 있어서도 ① 중앙집권적 전문적 차원에서 일관된 서비스를 제공하는 경우 ② 단일 중심지역(hub)과 공급 네트워크를 갖추어 일관된 서비스를 제공하는 경우 ③ 다수의 중심지역(hubs)에 세계적 네트워크(금융이 대표적)를 형성하여 일관된 서비스를 제공하는 경우로 나눌 수 있다.

세계화의 시사점

전문직 서비스 기업의 경우, 규모의 경제는 실현시키기 매우 어려울 뿐만 아니라 분명하지도 않다. 사실 전문직 서비스 경우에는 규모의 불경제(diseconomies)에 직면하기 쉽다. 여러 지역 간의 네트워킹과 조정문제, 언어, 문화, 법제도 차이와 관련한 많은 비용이 들기 때문이다 전문직 서비스 기업의 세계화 문제는 고객회사의 조직특성에 달려있다. 즉 세계화된 기업의 상방식 활동에 서비스를 제공하는 경우에는 서비스 지원 범위와 장소가 고객회사에 달렸다고 봐야 할 것이다.

포터 모델(1986년)은 세계수요와 규모의 경제가 충분치 않은 경우 기업의 세계화를 제한하는 주요 요소로 조정과 수송비용을 강조했다. 그러나 전문직 서비스의 경우는 다르다. 유형의 투입 원재료나 고객에게 배달될 유형의 제품이 없다. 가치창조에 연관된 활동은 대부분 하방식 활동에 포함되어 있다. 주요 문제는 각국에 주재하는 설비의 비용보다는 고객의 수요가 얼마나 있느냐 하는 것이다. 교량, 터널, 오페라하우스의 경우 고정 사무소가 없지만, 감사, 광고, 회계, 법률자문의 경우는 본부의 빈번한 출장보다 현지 주재가 유리할 것이다.

조정의 문제 역시 다르다. 유형의 자원이 없기 때문에 정보, 아이디어, 문제와 해결방법, 대안에 관한 지식 등에 관한 공유가 조정업무의 대부분을 이룬다. 가장 근본적인 문제는 잠재적 효과를 나타낼 수 있을 정도의 실질적인 정보가 교류되고 있는가 하는 것이다. 전문성의 자치가 필요한 문제를 안고 있다. 한편 서비스는 반복적으로 활용할 수 있고 모듈을 정립할 수 있기 때문에 공통된 표준을 마련하는 게 중요하다. 이 경우 최선의 방안, 정보의 교환, 전문가들이 표준에 따르도록 하는 것이 가능하며, 또한 세계화도 가능하다.

다른 한편 여러 분야에 걸친 특수 전문가의 투입이 필요하고 개인의 창조활동에 의존하는 서비스의 경우, 새로운 해결책을 모색하기 위하여 한 장소에 모아야 할 필요성이 있다. 세계적인 전문가인 경우 여행에 시간낭비를 원치 않을 것이다.

전문직 서비스의 경우 경쟁우위를 누리기 위해서는 경영혁신이 필요하다. 두 가지 측면에서 경쟁이 동시에 일어나고 있기 때문이다. 높은 비용을 부담하겠다는 고객을 확보함은 물론, 새로운 해결책과 새로운 서비스를 제공해줄 수 있는 전문가도 확보해야 한다. 전문직 서비스의 경우 어떻게 세계화하느냐 하는 것은 용이하지 않다. 엔지니어링 디자인의 경우는 세계화가 용이하다.

결론적으로 세계의 고객이 세계화된 전문직 서비스를 필요로 한다. 따라서 전문직 기업의 경우 세계화는 세계화 경영의 비용과 편익의 여러 측면을 신중하게 검토해야 한다. 전문직 서비스의 세계화가 객관적인 질과 비용 측면에서 뿐만 아니라 장래 서비스의 질적 보장을 위한 명성을 높이고 학습 향상에 유익하다.

서비스 기업의 세계화는 해외시장의 확보동기와 투입자원 확보동기의 2가지 형태를 생각할 수 있다. 자원확보의 경우는 컴퓨터 소프트웨어와 같이 생산비용 절감에 뜻을 둔다. 이는 아주 드문 경우다. 서비스 기업은 새로운 시장의 개척과 기존고객을 따라 해외로 나가는 경향이 있다. 서비스 기업의 확장 형태는 제조업의 방식과 병행하는 경향을 보인다. 서비스 기업은 해외시장에서 서비스 생산소유에 뛰어들기보다는 계열회사를 두어 서비스 수출을 통한 해외사업 기회의 개척을 우선한다. 제조업보다 규모가 작고 자본비용이 적게 들기 때문이다.

경쟁전략_10 고객중심의 지식경영

오늘날 지구촌 시대에 서비스 기업이 세계무대에서 경쟁력의 우위를 확보하고자 한다면, 사람, 지식, 문화라는 삼차원에서 끊임없는 혁신과 변화를 모색해야 한다. 한 마디로 고객중심의 지식경영 문화를 만들어야 한다. 본 장을 통해 경쟁우위의 진수로 10대 전략을 제시하고 이를 자세하게 설명했다. 그 내용을 정리하면 다음과 같다.

고객과 한 마음

전략_1   고객기대의 충족

전략_2   고객의 욕구를 존중

전략_3   고객의 재능을 활용

지식의 창조와 전수

전략_4   우수한 인재를 확보

전략_5   직원능력을 강화

전략_6   기업의 자원을 관리

전략_7   핵심 서비스 가치의 증대

서비스 문화를 창조

전략_8   고객중심의 서비스 체제

전략_9   서비스 기업문화를 창조

전략_10 고객중심의 지식경영

서비스 기업이 경쟁우위를 누리기 위한 방법으로는 위의 10대 전략을 추구하면서 고객중심의 지식경영 문화를 정착하는 것이 지름길이다. 이제 지식경영 문화에 대하여 설명하고자 한다.

기업의 경영환경은 끊임없이 변화한다. 기업의 외부환경(대내외 경제동향, 경기, 기술)은 물론, 내부환경(인사, 조직, 판매, 재원조달 등)도 계속해서 변하고 있다. 환경이 변화하면 기업경영에 문제가 발생하고 이 문제를 극복해야 한다. 서비스 기업이 새로운 지식을 획득하여 종사원과 공유, 활용하고 문제를 해결하는 능력의 강화와 생명력을 증대시켜나가는 과정을 지식경영(knowledge management)이라고 한다.

우리나라 속담에 "구슬이 서 말이라도 꿰어야 보배"라는 것이 있다. 지식은 구슬에 해당된다. 구슬도 구슬 나름이다. 깨진 구슬을 꿴다고 보배가 될 수는 없다. 좋은 품질의 서비스를 꿰어야 값진 보배가 된다는 것은 자명하다. 꿰는 작업은 시스템 구축에 해당된다.

이와 같이 서비스 기업이 인재들이 보유하고 있는 값진 지식을 시스템으로 구축할 때 보배에 해당하는 핵심가치(core value)의 보유가 가능하다. 지식경영은 조직의 역량을 극대화시키는 데 그 목적이 있다.

이를 위한 첫 단계는 서비스 기업이 보유해야 할 지식에 대한 인식과, 현재 보유하고 있는 지식의 반성으로부터 출발해야 할 것이다. 보유해야 할 지식이란 서비스의 생산과 공급활동 과정에서 문제해결에 필요한 지식이며, 동시에 서비스가치를 높일 수 있는 지식이라 하겠다.

기업 내에서 창조된 지식은 더욱 값진 구슬이다. 보유해야 할 지식을 사내에 보유하지 못하면 다른 기업에서 벤치마킹(benchmarking)할 수 있다. 앞서 소개한 브랜드 기업의 노하우도 벤치마킹의 대상이 될 수 있다. 우리가 보유하고 있는 지식 가운데 쓸모없는 것들은 버릴 필요가 있다. 대부분의 기업들이 웹 사이트를 운영하면서 공유할 지식을 저장해두고 있는 것이 오늘의 현실이다. 보유해야 할 지식을 얻기 위하여 사내에 특정임무를 수행하기 위한 전문팀을 갖추거나 노보텔의 총지배인 클럽(Reflective Clubs)처럼 전문분야별로 자발적인 학습조직(learning organizations)을 두어서 주요한 문제점을 공동으로 해결해야 한다. 그리고 상호조언이나 의견교환은 물론, 지식의 전수와 같은 학습활동도 필요하다.

새로운 지식을 창조하고 서비스의 부가가치를 증대시키기 위해서는 조직 내에 기생하고 있는 여러 문제들을 들추어내는 작업이 필수적이다. 조직의 문제는 구성원들이 잘 알고 있으므로 그들이 스스로 문제를 제기하는 것이 중요하다. 일하는 방식의 문제, 의사소통의 문제, 상하조직 사이의 불편한 관계, 고질적이고 구태의연한 관행 같은 문제점들을 밝혀내는 일은 경영자 측의 특별한 관심과 태도변화를 요구한다. 문제가 드러나면 이를 해결하기 위해 제안제도를 활용하거나 서비스 혁신 팀의 운영, 연구회 조직, 싱크탱크, 토론방 운영 등의 방법을 사용하도록 하여 문제해결을 한다.

사내에 보유한 지식을 네트워크로 형성할 때 시너지 효과가 크다. 지식의 네트워크를 형성함은 '핵심 서비스의 보자기'와 같이 조직의 능력을 강화시켜줄 수 있다. 맥킨지의 지식 네트워크를 보면 컨설팅 업무에 필요한 기능전문가, 산업관련 정보나 지식을 창조하는 산업전문가, 세계적 이슈를 다루는 글로벌 자료제공 전문가, 지역자료 전문가 또는 학습공동체와 유사한 특정사업 전문가(special initiative)들의 지식을 상호 연계시키고 있다. 사내에 보유하지 못한 지식은 네트워크의 각 전문가들을 통해 외부로부터 끊임없이 유입되고 있다.

마지막으로 서비스 기업이 지식경영으로 성공하기 위해서는 기업의 지식경영 문화를 창조하는 것이 가장 중요한 과제다. 조직구성원 사이에 수직적·수평적 자유 의사소통이 힘든 관료적 문화에 젖어 있는 회사의 경우, 조직 안의 문제를 밖으로 들추어낸다는 일이 불가능하다. 새로운 사고와 혁신을 저해하고 있는 조직의 문화는 변화되어야 한다. 기업문화가 서비스 기업의 경쟁우위의 기반이자 핵심가치라는 것을 다시 한번 강조하는 바이다.

제3장

지구촌 시대의 서비스 경제

21세기의 미래는

불확실한 미지의 세계라고 말하기보다는

인간의 의지와 집단적인 노력, 그리고 체계적인 협력에 의해

우리가 당면한 문제들을 해결하고자 하는 노력에 달려 있다고 하겠다.

즉 우리의 미래는 우리의 옳은 선택에 달려 있다.

1
20세기 우리의 두 가지 국치(國恥)

　한 세기의 인류역사를 마감하고 새로운 천년을 맞이하면서 세계의 모든 나라들은 저마다 밝은 미래를 염원했다. 또한 그것을 기념하는 많은 공연들과 축하 메시지가 매스컴을 타고 전세계에 보도되어 화제가 만발하던 때가 바로 엊그제 같은데, 이미 우리는 21세기라는 시간 속에서 살고 있다. 인류의 미래는 밝은 장밋빛일까? 과거는 '미래를 비추는 거울'이라고 말한다. 우리가 지나온 과거의 발자취에는 앞으로 걸어가야 할 바른 길을 위한 역사적 교훈이 담겨 있기 때문이다.

　영국 옥스퍼드 대학 앨런 나이트 교수, 미국 하버드 대학 로저 루이스(Roger Louis) 교수, 노벨 물리학상 수상자 스티븐 와인버그(Steven Weinberg) 박사 등 세계적인 석학 26명이 공동 집필한《20세기의 역사(The Oxford History of The Twentieth Centry)》는 우리들의 과거와 미래를 한꺼번에 조망할 수 있는 책이다. 이 책은 지구촌 변화의 원인과 과정, 제2차 세계대전 종결까지의 사건, 미국과 소련에 의한 냉전구도, 개발도상국의 근대화 등을 다루면서 20세기의 유산을 조명한다. 지난 세기 중에 비극적인 사건들이 여러 가지 모습으로 전개되었지만 인류는 그 속에서도 스스로 문제해결 능력을 발휘해왔다.

한국에 대한 인식은 동아시아 역사 연구의 권위자인 하버드 대학 아키라 이리에(入江昭) 교수의 글에 잘 나타나 있다. 그는 우리나라를 "일제의 침략과 분단의 고통을 딛고 민주주의와 경제발전을 이룩한 모범적인 동아시아 국가"로 평가했다. 저자들은 민족국가, 근대화, 세계화를 주제로 20세기의 인류문화를 설명하면서 제국주의의 팽창과 식민지 지배, 두 차례에 걸친 세계대전과 혁명, 대공황과 냉전, 공산주의 붕괴, 홍콩의 중국 반환 등 주요 국제사건들과 양자역학, 상대성이론의 등장, DNA 복제, 우주탐사, 인터넷 등 과학기술의 진보과정을 알기 쉽게 소개한다. 마지막으로 20세기 과학기술의 발전이 진정한 진보를 의미하지만, 과연 그것이 인류의 문제를 해결해줄 수 있을지, 21세기에는 어떤 변화가 일어날 것인지 등 문제에 대한 해답을 독자들의 몫으로 남기고 있다.

인류는 오랜 갈등과 반목의 역사를 거듭한 끝에 가장 보편적인 민주주의와 시장경제 제도를 확립했고, 이 양대 축을 바탕으로 지구촌을 형성해왔다.

한국사회의 근대화는 19세기 말의 개항과 함께 시작되었지만 자주적인 성격의 것은 아니었다. 수백 년에 걸쳐 이루어진 서구의 근대화가 한국에서는 단 한 세기 동안 압축적으로 진행되었고, 그렇기 때문에 20세기는 그 어느 때보다도 우리의 역사상 가장 격변의 모습을 보이게 된다. 우리의 지난 세기를 되돌아보면, 조선은 일본의 강압에 의해 '한일

의정서(1904년)'를 체결함으로써 치욕스러운 내정간섭과 고문정치를 당했고 이듬해 을사조약을 체결한 후 외교권을 박탈당했다. '헤이그 밀사 사건(1907년)'을 구실로 고종 황제가 강제로 퇴위당하고 조선의 군대가 해산되었으며, 1910년 8월 22일 합병조약의 체결로 국권을 잃기도 했다. 그 후 일제 36년의 식민통치에서 벗어나 해방의 기쁨을 채 누리기도 전에 동족상잔의 비극인 한국전쟁을 경험했다. 또한 1962년부터 경제개발 계획에 착수하여 가난을 극복하고 한강의 기적을 이루었다. 그리고 마침내 1988년 지구촌 최대축제인 올림픽을 개최하기에 이르렀다. 지난 한 세기 동안 이렇게 크고 작은 역사적 사건들이 꼬리를 물고 전개된 가운데, 우리는 씻을 수 없는 두 가지의 국치를 겪게 된다. 하나는 구한 말 일본 제국주의의 침략으로 국권을 상실한 '경술국치(1910년)'이며, 다른 하나는 일명 '국가부도 사태'로 불렸던 'IMF 외환위기(1997년)'다.

경술국치(庚戌國恥)

서구의 여러 나라들은 18세기 후반 이후 산업혁명을 통해 근대 자본주의국가로 성장하면서, 식민지를 개척하고자 동양으로 진출했다. 조선에서도 18세기에 이르러 실학사상을 가진 지식인들에 의해 간접적으로나마 중국에서 보고 배운 서양문물과 그들의 실학사상을 전개함으로써 산업사회로의 변화를 모색했다. 그러나 조선은 서학(西學)을 금하고 천주교(天主敎)를 박해하는 등 쇄국정책을 펼쳐 봉건지배 체제를 강화했기 때문에 산업사회로 이행한다는 것은 아주 어려운 상황이었다.

개항 이후에도 조선의 자주적 개혁은 일본의 내정간섭과 식민지정
책에 따라 좌절되고 말았다. 19세기 중반에 이르러 미국, 프랑스, 독
일, 이탈리아, 영국 등 선진 열강들은 조선에 대해 문호를 개방할 것과
통상을 요구해왔다. 당시 조선은 강대국의 요청을 거부하고 오랫동안
쇄국정책을 고집했다. 조선은 청나라와 해마다 사신 교환을 통해 서구
의 문물을 접하고 있었다. 조선은 서구세력의 침략, 그 중에서도 아편
전쟁(1840년)을 통해 봉건왕국의 붕괴 위협을 지켜봄으로써 서구에 문
호를 개방하는 것은 결국 조선왕조의 붕괴로 이어질 것이라는 위기의
식을 갖고 있었다. 특히 흥선대원군의 뿌리 깊은 척양사상(斥洋思想)을
바탕으로 쇄국정책은 오랫동안 지속되었다.

한편 일본은 막쿠후(幕府) 시대에 미국과 일·미 수호조약(1854년)을
체결하고, 메이지(明治) 유신을 통해 서구 자본주의를 적극적으로 받아
들여, 근대화와 내정개혁을 실시하면서부터 계획적인 조선침략을 추진
했다. 강화도에서 '운양호 사건'을 일으킨 일본은 근대식으로 무장한
다수의 군인과 군함을 몰고와 조선을 위협해 강화도 조약(1876년)의
체결을 이끌어냄으로써 조선의 강제개방을 유도하게 된다. 강화도 조
약 체결 이후 조선은 쇄국정책을 포기하고 미국과 한·미 통상조약
(1882년)을 체결했으며, 영국과 독일(1883년), 이탈리아와 러시아(1884
년), 프랑스(1886년), 오스트리아(1892년), 벨기에(1901년), 덴마크
(1902년) 등 서구 여러 나라들과 연속적인 통상조약을 맺기에 이른다.

청·일 전쟁과 러·일 전쟁에 승리한 일본은 미국과 '가쓰라 테프트
밀약(1905년 7월)'을 맺었다. 이 밀약은 "조선에서 일본의 우월성을 미
국이 인정하고 필리핀에서 미국의 우월성을 일본이 인정한다"는 요지
였다. 일본은 영국과도 동맹(1905년 8월)을 맺는데, 이는 일본의 조선

침략이 서구의 열강에게 외교적 공인을 받게 되는 결과로 이어졌다. '을사 5조약'의 체결로 조선은 외교권을 박탈당했으며 영국, 청나라, 미국, 독일 등 주한 외국공관들은 철수를 하게 된다. 조선왕조 말기의 위정자들은 세계의 시대적 큰 흐름을 깨닫지 못한 체 내부적인 정쟁에 휩싸여 조선의 자주적인 근대화를 외면했던 것이다. 그들의 쇄국정책은 한국사회의 근대적 발전을 반 세기 이상 지연시키고, 치욕스러운 식민지 국가로 전락시키는 결과를 가져왔다.

IMF 외환위기 사태

20세기 말 우리가 겪은 또 다른 하나의 부끄러운 역사는 외환자금의 유동성 부족으로 맞이한 금융위기다. IMF 사태가 초읽기에 들어가고 있던 당시의 한 장면을 회상해보자.

1997년 11월 하순 캐나다 밴쿠버에서 '아시아·태평양 경제협력체(APEC)' 각료회의가 열렸다. 당시 태국, 인도네시아 등 동남아 국가들이 외환위기에 직면해 있었고, 그것이 홍콩, 싱가포르에까지 파급되던 시기였다. 급기야 일본에서도 잇따른 은행 파탄이 일어나자 과연 한국이 그런 위기에서 예외가 될 수 있는지의 문제가 초미의 관심사였으며 한국 경제에 대한 의심을 갖기 시작했다. 외신기자들은 한국 정부의 당국자를 찾고 있었다. 무엇인가 심상치 않은 예감이 들었다.

11월 19일 오후 3시, 프레스센터에서 열린 외신기자 회견장에는 〈AP 통신〉, 〈로이터 통신〉, 〈뉴욕 타임스(New York Times)〉, 〈워싱턴 포스트(Washington Post)〉, 〈이코노미스트(Economist)〉 등 세계 주요

통신사와 국내 일간지, 경제전문지 기자 등 200여 명이 취재장비와 카메라를 갖추고 진을 치고 있었다. 기자회견 석상에는 대외경제와 국제금융에 밝은 원로경제학자인 K박사와 대외경제정책을 연구하고 있는 Y연구원장, 그리고 정부를 대표하여 L국장이 자리했다. 먼저 K박사가 한국경제의 현황에 대해 브리핑을 했다. 기자들의 손놀림은 취재를 위해 바쁘게 움직였고, 곧이어 기자들의 질문공세가 이어졌다.

"한국이 현재 보유하고 있는 외환보유액은 얼마이며 외환위기시 즉시 사용할 수 있는 금액은 얼마인가?"

"한국이 지금부터 향후 3개월 내에 상환기한이 도래하여 갚아야 할 해외 단기차입금의 규모는 얼마이며 상환능력은 있다고 보는가?"

"한국의 무역수지가 지난 몇 년 동안은 만성적인 적자였는데 정말로 대외지급에 문제는 없는가? "

" 한보, 기아 등 기업집단들이 연쇄도산하고 있는데 금융기관들이 보유하고 있는 부실채권의 규모는 도대체 얼마나 되는가?"

"한국 정부가 일본과 대만에게 긴급 외화자금 차입을 요청했다는 루머가 나돌고 있는데 그 소문의 사실 여부는 어떠한가?"

"한국 정부는 현재의 상황을 위기로 인식하고 있는가? 또한 외환자금 부족사태가 발생하면 이를 관리하고 대처해나갈 능력이 있다고 보는가?"

"동남아시아 경제위기에 이어 한국에서도 외환위기가 발생할 경우 IMF가 한국에게 자금지원을 해줄 여력이 있다고 생각하는가?"

"멕시코 금융사태에서는 수백만 명의 실업자가 발생했던 것처럼 IMF를 통해 자금지원을 받게 되면, 정부 차원의 강력한 구조조정이 예상되는데, 한국의 노조가 이를 수용할 것이라고 전망하는가?”

　약 한 시간에 걸쳐 진행된 회견시간 동안 기자들의 질문은 꼬리에 꼬리를 물고 지속되었다. 이보다 앞서 미셸 캉드쉬 IMF 총재가 한국을 방문하고 있었기 때문에 외신기자들은 한국도 IMF의 긴급자금 지원을 받기 위한 협상이 진행되고 있다는 확신을 갖고 있는 것 같았다.

　우리 측 대표들은 한보와 기아 등 대기업의 부도사태와 같은 현안들을 솔직히 시인했다. 그러나 동남아시아 국가들의 경제와 비교해볼 때 한국의 경제규모는 훨씬 크고 펀더멘탈(fundamental, 경제력 기반)이 견고하므로 국가부도의 위기 가능성은 낮으며, 차입규모도 한국의 경제력에 비해 적은 규모이므로 충분히 감당할 수 있다는 요지로 경제지표와 실적을 제시하면서, 대외적인 신뢰감을 심어주기 위한 노력을 했다. 회견이 끝나고 몇몇 기자들끼리 나누는 대화를 들어 보니 그들은 한국대표단들의 솔직한 답변을 그대로 타전하고 있었으며, 한국의 외환위기 발생 가능성은 좀더 지켜볼 사안으로 평가하는 것 같았다.

　한편 정부에서는 11월 19일 강경식 부총리가 퇴임하고 임창렬 부총리가 취임했다. 그리고 11월 20일 밤 10시 20분에, 신임 임창렬 부총리가 IMF 자금 지원요청과 관련한 긴급 기자회견을 갖게 된다. 이 회견을 통해 IMF 위기사태가 공식적으로 선포되었던 것이다. 총 550억 달러에 이르는 IMF의 긴급 유동성조절자금 지원을 위한 합의는 1997년 12월 3일에 이루어진다. 당시 우리나라의 외환보유고는 1997년 11월 17일, 261억 달러였던 것이 점점 줄어들어 1997년 12월 3일, 147억 달러가 되었다. 147억 달러 전액이 긴급한 위기의 경우 사용될 수 있는 것은 아니었는데, 이 중에서 가용할 수 있는 외환은 불과 57억 달러였

다. 원화가치의 급락을 방지하기 위해 하루 10억 달러씩만 사용한다고
해도 겨우 6일 정도만 버틸 수 있는 적은 액수였다.

한강의 기적을 이루었다는 격찬을 듣고 OECD 회원국에 가입할 만
큼 국제사회에서의 위상이 높아진 한국이 경제위기를 맞게 된 이유는
무엇이었을까? 그 원인은 해외에서 과다하게 차입한 단기자본을 장기
시설투자와 증권투자에 투입한 결과, 일시적인 유동성 부족에 직면하
게 되었기 때문이다. 그러나 좀더 근본적인 문제를 찾는다면 우리 경제
의 구조적 결함이 내부적으로 잠재하고 있었다는 것이다. 6 · 29 선언
이후 정부와 국민 모두가 민주화의 진통 속에서 정보화 · 개방화하는
세계적인 추세에 미온적인 태도를 취했으며 또한 산업 및 금융의 구조
조정을 게을리하고 국제수지 악화를 서둘러 예방하지 못했다. 동남아
국가들의 외환위기를 계기로 인해 우리경제의 취약점이 표면화되고 국
제 금융사회에서 점점 국가적 신뢰를 잃어감에 따라 외환위기를 피할
수 없게 된 것이다.

두 가지 국치의 교훈

불과 지난 한 세기 동안 한국이 겪은 '한일합방' 과 'IMF 사태' 라는
두 가지 국치가 현재의 우리들에게 시사하는 것은 무엇인가? 이 질문
에 대해 한 마디로 정의를 내려 대답하기란 쉬운 일이 아니다. 필자는
위와 같은 두 가지 역사적 사건이 현재의 우리에게 알려주고자 하는 공
통적인 시사점이 다음과 같은 세 가지라고 생각한다.

첫째, 미래에 대한 준비를 성실하게 해야 함을 알려주고 있다. 서구

제국은 18세기 말부터 산업혁명을 통해 산업자본주의 국가로 발전하여 대량생산물의 소비를 위한 식민지 개척에 주력했다. 일본의 경우에도 1860년대에 메이지 유신을 통해 급속히 근대화의 길을 걷기 시작했는데, 구한 말 당시 우리의 위정자들은 근대화를 외면했고, 왕조의 붕괴를 우려하여 취한 쇄국정책은 일본과 비교해보더라도 한국사회의 근대적 발전을 반 세기 이상이나 지연시키게 되는 결과를 낳았다.

IMF 금융위기의 이면을 들여다보아도 정보화와 개방화의 세계적 물결 속에서 취약한 산업 및 금융구조의 개혁을 게을리한 것이 IMF 자금 지원사태를 불러왔다고 할 수 있다. 노사분규와 임금상승, 기업들의 경쟁력 약화로 만성적인 국제수지 적자를 기록(1996년 경상수지: −237억 달러)하고 있었음에도 은행, 종합금융사, 대기업들은 저리 단기자금 차입에 의존하기에 급급했으니, 외환위기는 다이너마이트에 불붙은 도화선이 타들어오듯 하루하루 다가오고 있었던 것이다.

둘째, 이 사건들은 시대적 큰 흐름을 통찰할 필요가 있음을 가르쳐 주고 있다. 서구제국은 산업혁명 이래로 정치적으로는 민주주의를, 경제적으로는 시장경제의 발전을 통해 국력을 키워왔다. 그들은 20세기에 식민지 개척으로 무역을 확대하고 제국 건설로 경제적 이익을 확보했으며, 교통·통신 혁명으로 시민사회를 변화시켜나갔다. 그러나 우리의 구한 말 위정자들은 사농공상(士農工商)의 신분제도를 토대로 하는 절대왕조의 붕괴만을 우려해, 쇄국정책으로 일관하여 시대적 변화의 대응에 민첩하지 못했던 것이다.

또한 1990년대 세계화(globalization)의 추세로 인해 각 지역 간, 국가 간 경제 통합이 급속도로 진전되고 금융거래가 전자정보로 이루어진 디지털 시대에 살면서도 한국금융의 투명성의 결여, 여러 가지 경제적 구조적 취약점 등에서 벗어나지 못함으로써 세계화라는 이름에 걸맞지 않는 모습을 드러냈던 것이다.

셋째, 이 두 가지 사건은 뿌리 깊은 전통에 새로운 문명을 도입하여 토착화시키는 일이 매우 소중한 것이라는 사실을 말해주고 있다. 구한말 쇄국정책의 목적은 외부로부터 위협을 막아 정치·경제적인 내부위기를 극복하고 봉건사회가 안고 있는 취약성을 드러내지 않기 위함이었으나, 이는 임시방편에 불과했다. 왜냐하면 쇄국정책은 경제적 자급자족과 자주 국방력을 갖추고 있어야 가능한 일이었지만 당시로서는 대외적이고 국제적인 상호관계를 유지할 수밖에 없었던 것이 현실이었다. 또한 서구의 새로운 문명을 받아들여 우리의 것으로 흡수하여 유지·발전시키기 위한 노력과 역량이 결여되어 있었다.

1990년대 이후 정보통신 과학기술의 발달로 경제 활동이 세계화되고 정보와 지식에 대한 접근이 용이해져 세계경제의 패러다임이 산업사회(industrial society)에서 사회적 다양성과 창의성을 존중하는 지식사회(knowledge society)로 이동하고 있었지만, 외환위기 당시 한국의 금융기관과 기업들은 산업자본주의 시대에 형성된 제도와 관행을 뿌리치지 못한 탓에 경제위기를 맞게 된 것이다. 결국 기존에 갖고 있는 것들을 토대로 새로운 것을 적절하게 받아들여 우리만의 또 다른 것으로 재창조하는 일이야말로 두 가지 국치를 통한 깨달음이며, 우리가 얻는 실질적인 교훈이다.

2
21세기 경제를 조망

석학들의 혜안

미국의 저명한 미래학자요, 경영학자인 피터 F. 드러커(Peter F. Drucker)는 《새로운 현실(The New Realities)》(1989년)에서 "새로운 세기는 이미 시작되었으며 수십 년 내 우리의 사회는 그 모습을 달리할 것"이라고 지적했다. 그는 1993년 출간한 저서 《자본주의 이후의 사회(Post-Capitalist Society)》를 통해 미래의 자본주의가 어떤 모습을 보일 것인지 예측하는 일은 어렵지만 현재의 가치, 신념, 사회·경제 구조, 정치체제, 세계관 등을 기반으로 하여 만들어질 새로운 사회는 사회주의가 아니고 "자본주의 이후의 사회"라고 했다. 미래는 지식이 근원적 생산요소가 되는 지식사회로 변화하게 될 것이며, 인간은 조직문화를 이루고 살 것이라는 견해를 밝히고 있다. 지금까지 인류사회는 지식에서 지식으로 계속 발전한 끝에 물질적인 산업혁명에서 진일보하여 생산성혁명을 일으키고 경영혁명에까지 이르렀다. 그는 "후기 자본주의 사회는 지식사회인 동시에 조직사회이며 상호 의존하는 조직의 구성원으로서 지식을 활용하는 시대"라는 결론을 맺는다.

지식(Knowledge)은 결코 값싼 유물이 아니다. 제2차 세계대전 당시만 해도 선진국이 새로운 지식의 개발을 위하여 조사연구에 국내 총생산의 2%를 사용했지만 오늘날에는 3~5% 정도의 돈을 투자한다. 오늘날에는 사람이 지식을 갖추고 있기 때문에 지식사회에서는 개인이 중심이며, 교육을 잘 받은 사람이 지식사회의 상징이다. 지식사회의 핵심 자원은 지식인이며, 이들이야말로 앞으로 다가올 미래사회의 새로운 요구들에 대해 도전하고, 책임을 수행하고, 더 나아가 사회적 통합을 이루어내야 함을 알 수 있다. 과거 인류의 문명과 지식은 서구의 토대에서 만들어졌으나 앞으로는 그러한 것들이 서구가 아닌 다른 곳에서도 만들어질 수 있다.

서구의 이상과 전통이 세계의 모든 사람을 이해시키거나 그들에게 받아들여지지 않는다면 서구문명은 가치를 상실하게 되며, 인류의 욕구는 장소에 구애받지 않고 새로운 그 무엇을 찾아 나설 것이 분명하기 때문이다. 역사학자이며 우리에게 《강대국의 흥망성쇠》란 저서로 널리 알려진 폴 케네디(Paul Kennedy)도 1993년 《21세기의 준비(Preparing for the Twenty-First Century)》를 통해 1990년대의 경제사회 변화를 역사적 시각에서 조명했다. 그는 이 책의 서두에서 영국의 경제학자였던 토머스 맬서스(Thomas Malthus, 1766~1834년)가 32세 되던 해에 《인구론》(1798년)을 저술, 인구증가율이 식량생산 증가율을 훨씬 상회하여 경제성장은 한계에 도달할 수밖에 없다는 비관론을 제기했지만 그 이후 영국에는 대륙이민, 산업혁명, 농업혁명이라는 3대 발전이 일어나 문제가 극복되었음을 소개한다.

세계은행(World Bank)이 추산하는 세계인구는 1990년 53억 명 정도였으나, 지금의 추세로 인구가 계속 증가한다면 21세기 후반에는 100억 명에 이를 것이라는 전망자료와 함께 역사적으로 의미 있는 사건이나 주제를 골라 이들의 세계적 발전추이에 대해 기술하고 있다. 즉 정보통신혁명과 금융혁신, 세계농업과 생명공학혁명, 로봇을 이용한 공장자동화와 새로운 산업혁명, 자연환경의 파괴 등의 문제를 집중적으로 다룬다.

오늘의 세계사회는 1960년대 이전보다 빠른 기술변화와 경제적 통합이 진행된다고 평가하고 있으며, 이 같은 변화는 기존의 정치구조, 국민의식, 사회욕구, 제도 마련, 일하는 습관 등과 조화시켜야 하는 당면과제를 안고 있다. 인간의 사회생활에서 새로운 충격과 갈등이 생기는데, 이에 잘 대응하는 국가와 개인은 승자가 될 수 있다. 특히 기술 및 교육자원, 풍부한 재원, 문화적 결속을 갖고 있는 사회가 미래를 맞이하는 데 더 좋은 위치에 있다. 21세기를 준비하면서 전환기를 극복하기 위한 대가를 치를 것은 분명하지만, 새로운 미래에 대비해, ① 상대적 경쟁력을 증대시키고 ② 지식과 기술의 창조로 인구와 환경변화에 대응하며 ③ 인구, 자원, 이민, 교육 등에 관한 세계질서를 재형성할 필요가 있다.

크리스토퍼 프리먼(Christopher Freeman) 교수는 《기술정책과 경제성과(Technology Policy and Economic Performance)》(1988년)이라는 저서에서 18세기 산업혁명으로부터 오늘날에 이르기까지 인류의 기술발전과 기술경제구조의 변화에 대해 설명했다. 그가 전개하고 있는 기술발전의 시대는 산업혁명 시대(1770~1830년), 기철도 시대(1830~80

년),전기중공업 시대(1880~1930년), 대량생산 시대(1930~80년), 정보통신 시대(1980년 이후)로 구분하는데, 각 시기의 성장을 이끌었던 성장주도 산업은 섬유산업으로부터, 증기기관, 전기, 수송, 정보통신으로 이어져왔고 오늘날 크게 성장한 산업으로는 생명공학, 고분자화학 공정 등을 제시한다.

프리먼 교수는 각 시대별 회사조직도 소규모 자본의 개인기업들의 경쟁단계에서 대기업으로 부상하고, 대량생산 시대에는 다국적 기업으로 발전해왔으나 오늘날에는 기업 내부와 기업 사이에 네트워킹 협력 체제로 변화되어 점차 현대화되고 있음을 밝힌다. 3차산업의 경우 산업혁명 시대에는 신도시 중심의 도 · 소매 거래가 활발하였고, 수송, 유통산업이 급속히 발전되었으며, 관광, 백화점 등 국내소비자 서비스업이 발전되다가 금융과 전문직 서비스업이 성장과 함께, 오늘날에 와서는 정보 서비스와 소프트웨어 산업이 급신장하고 생산과 유통 및 생산자 서비스와 네트워킹 결합으로 발전되고 있다고 소개한다.

인구의 변화는 미래의 경제 환경을 결정짓는 중요한 요소다. 세계은행이 1999년 추산한 바에 따르면, 연평균 인구증가율을 1.1%로 가정해도 2020년의 세계인구는 75억으로 늘어나며 21세기 말에는 100억 명에 이를 것이라는 예상이다. 선진국보다 개발도상국의 인구증가율이 더 높을 것으로 전망한다. 제2차 세계대전 후 베이비붐 세대를 고려하면 노령인구의 증가 역시 문제점으로 나타나고 있다. 현재 전체인구 중 65세 이상의 인구비중이 15%가 넘는 나라는 그리스, 이탈리아, 스웨덴, 스페인, 일본, 벨기에, 포르투갈, 독일, 영국 등이며 우리나라 노령인구의 비중은 현재 6.5%인데, 앞으로 실버 서비스업의 발전이 기대되고 있다.

희망의 미래

미국 스탠퍼드 대학에는 후버 연구소(Hoover Institution)가 있다. 이 연구소에는 200여 명의 연구진들이 세계의 정치 경제와 국제관계, 그리고 미국의 정책에 대해 연구하고 있다. 이 연구소의 토머스 헨릭슨(Thomas Henrikson) 부소장은 미래의 세계경제환경을 보는 시각에 대해 묻는 한 인터뷰에서 다음과 같이 자신의 생각을 밝힌다.

"많은 미래학자들이 나름대로 견해를 제시하고 있지만, 미래는 현실의 연장선상에 있지요. 한 마디로 시민의 선택입니다. 미국 시민이 대통령선거에서 정책노선이 다른 클린턴과 부시를 놓고 선택하듯 말입니다. 숲을 바라보듯 시대의 흐름을 크게 바라보는 것도 필요합니다. 선·후진국을 막론하고 지도자의 역할을 간과할 수는 없지요."

이 연구소 연구위원이며 스탠퍼드 대학 사회학 교수로 있는 래리 다이아먼드(Larry Diamond) 박사와 역사학자인 루이스 간(Lewis Gann) 박사도 아주 유명한 인사들이다. 개발도상국의 사회문제를 전공하고 있는 다이아몬드 교수는 남아메리카, 남아공화국 등 개발도상국의 문제가 현안으로 떠오를 때면, 그를 초빙하려는 강의나 세미나 수요가 늘어나 워싱턴이나 보스턴 등으로 늘 바쁘게 움직이는 사람이다. 그는 개발도상국의 정치와 경제발전을 위해서는 지도자가 갖추어야 할 국가장래에 대한 비전과 훌륭한 리더십이 무엇보다도 중요하다는 것을 말하고 "민주주의와 시장경제는 정치적 자유와 경제적 복지문제를 해결하기 위해 서구제국이 200년 이상 가꾸어온 소중한 문명의 유산"이라고 역설한다.

간 박사는 유럽 역사의 대가인데, 노익장을 과시라도 하듯 최근 《서

구의 부활: 아메리카식 민주세계(The Rebirth of the West : The Amer-
icanization of the Democratic World)》란 명저를 남기기도 했다. 간 박
사가 미래를 보는 눈에 대한 지론은 이렇다.

"인류의 문명은 역사적 시각으로 바라볼 필요가 있지요. 과거의 역
사를 되돌아보더라도 명암이 있었지만 미래도 마찬가지라고 생각합니
다. 인류는 빵의 문제를 해결하기 위해 오랜 기간 갈등과 분쟁을 겪어
왔으며, 장래에는 의식주 문제에서 나아가 인간이 추구하는 문화적 가
치가 더욱 큰 의미를 가질 것이라고 봅니다."

앞에서 소개한 석학들의 견해를 토대로 미래의 한국경제를 생각해
보자. 20세기에 우리나라가 겪었던 양대 국치와 같은 부끄러운 역사를
또다시 되풀이해서는 안 된다. 그리고 21세기에 선진국으로 발돋움하
기 위하여 세계 경제환경의 시대적 변화의 큰 흐름을 밝힌다면 다음의
세 가지로 집약할 수 있다.

첫째, 21세기는 세계화의 물결 속에 열린 시장경제의 시대다.
둘째, 21세기는 인간의 자기실현을 가능하게 하는 지식사회의 시대다.
셋째, 21세기는 경제의 서비스화가 급진전하는 서비스 문화의 시대다.

이러한 시대적 조류를 타고 맞게 된 21세기는 어떤 모습으로 전개될
것인가? 드러커의 말처럼 미래를 예측한다는 것은 쉬운 일이 아니다.
지난날 인류의 문명사를 되돌아봐도 알 수 있듯이 역사적 사건에는 밝
은 면과 어두운 면이 있음을 부인할 수 없다. 많은 미래학자들이나 과
학자들은 앞으로 다가올 장래문제에 대하여 희망과 불안이라는 상반된
견해를 표명하고 있다.

인류의 미래를 조망하면서 희망적인 견해를 갖는 것은 인류가 발전시켜온 과학기술의 힘을 지혜롭게 활용하여 의식주의 문제를 비롯한 인간의 당면과제를 해결할 수 있다는 데 토대를 둔다. 인류문명은 인간이 도구를 생산하여 자연을 지배하는 능력에 달려 있다고 한다.

처음 인간은 육체적인 힘에 의존하여 수렵이나 채취로 생명을 유지했으나 불(火)과 도구의 발명으로부터 시작되어 계속된 과학기술의 지식들을 축적하는 과정에서 자연의 이용과 생산체제의 변화를 가져왔다. 자연에 대한 지배능력도 향상시켜왔다. 앞으로 물질의 소유와 분배차원의 문제를 해결하고 더 나아가 인간이 추구하는 가치와 문화양식에 따라 삶의 질 향상, 자기실현의 보람 등 문화적 가치를 추구하게 될 것이다.

한편으로는 미래가 불확실하고 불안한 측면도 있다는 것도 기억해야 한다. 지난날의 역사와 오늘의 현실에서도 어두웠던 역사를 찾아볼 수 있다. 인간이 과학기술을 발달시켜 지혜롭게 사용하지 못하는 경우의 예는 2001년 9월 11일 뉴욕 맨해튼의 세계무역센터(World Trade Center) 테러를 지켜보았던 것처럼 대량살상무기를 개발하여 테러 등 옳지 못한 곳에 이를 악용한다거나, 20세기 말부터 우리 인류에게 심각하게 인식되고 있는 환경오염 등 생태계의 파괴라는 측면도 분명하게 공존하고 있다는 것을 분명하게 인식해야 한다.

21세기의 미래는 불확실한 미지의 세계라고 말하기보다는 인간의 의지와 집단적인 노력, 그리고 체계적인 협력에 의해 우리가 당면한 문제들을 해결하고자 하는 노력에 달려 있다고 하겠다. 즉 우리의 미래는 우리의 옳은 선택에 달려 있다.

미래사회는 좀더 열린 시장경제를 향해 나가게 되고, 지식사회라는 기본을 바탕으로 과학과 기술의 급속한 발전을 이룰 것으로 전망된다. 또한 고도의 정보화 사회 또는 서비스 문화의 시대가 될 것이라는 전망이 유력한 가운데 사회적인 변화도 끊임없이 나타날 것으로 예상된다. 인간의 삶이 좀더 풍요로워지는 이상적인 사회건설을 위해 인류는 꽤 오랜 역사 동안 이론적 연구와 제도적인 개혁을 위해 많은 노력을 경주해왔다. 정의롭고 자발적인 협동 속에서 이루어지는 풍요로운 미래건설은 이상적인 주장인지도 모르겠으나, 이론적인 전개보다는 현실적인 바탕과 민주적인 절차를 거쳐 새로운 모습으로 바꾸어나가는 데 노력을 경주해야 할 것이다.

3
열린 시장경제

우루과이라운드의 추억

"우르르 쾅!"

여름 한 때 검은 먹구름이 하늘을 뒤덮어 어둠이 깔리고 세찬 빗줄기와 함께 하늘이 무너지는 듯, 맑은 하늘에 날벼락과 같은 일이 벌어졌다. 어느 일간신문은 우루과이라운드(UR)의 협상결과를 알리는 헤드라인을 신문의 제목으로 잡았다. 1994년 4월15일 우루과이라운드 협상결과, 마라케쉬 협정이 각료회의에서 통과되면서 한국 농업시장의 개방을 선포한 것이다. '우루과이' 라는 말의 음운을 빗대어 '우르르 쾅' 이라는 표제로 '한국농업은 무너졌다' 는 메시지를 담은 이 기사는 우리 국민의 가슴에 큰 충격을 안겨주었다.

관세 및 무역에 관한 일반협정(GATT) 체제 하에서 일곱 차례의 다자간 무역협상을 통해 공산품의 무역자유화를 추진해오던 중 제8차 우루과이라운드 협상의 결과, 세계무역기구(WTO)가 생기고 농업은 물론 서비스 시장까지 개방해야 하는 시대가 도래한 것이다. 1992년의 대통령선거에서 "쌀 시장을 절대 개방하지 않겠다"는 정치적 선언이 있었기에 농업시장의 개방은 우리에게 정치적 금기였다. 협상에 참여했던 한 간부는 "개방의 불가피성을 국민에게 솔직히 알리고 미리 대비했다면 벼랑 끝 협상으로까지 몰리지 않았을 것이다"라는 아쉬움 섞인 회고담을 털어놓는다. 막상 쌀 시장이 개방되어 국내언론에 크게 보도되면서 국민들의 충격은 막심했고, 대통령의 사과문 발표에 이어 총리를 비롯한 관계 장관들이 한꺼번에 사퇴하는 사태가 이어졌다.

새로운 협상의 출범

2001년 11월 14일 카타르 도하에서 WTO 제4차 각료회의가 폐막되면서 '도하개발의제(Doha Development Agenda)'라는 뉴 라운드 협상이 출범되었다. 뉴 라운드 협상에서는 비농산물, 농산물, 서비스 분야의 무역자유화를 촉진하고 반덤핑, 보조금협정 등 기존협정의 개정 문제들도 본격적으로 논의하도록 되어 있는데, 다시 우리 국민의 모든 이목이 뉴 라운드 협상에 집중되고 있다. 지난 우루과이라운드 협상과정에서 농업 및 서비스 시장 개방과 관련한 협상이 중요한 안건으로 대두되면서, 그 분야에 경쟁력이 떨어지는 열악한 사정으로 인해 엄청난 홍역을 치렀다. '도하개발의제'에서는 또다시 농업과 서비스 시장 분야가 핫이슈로 등장하게 되어 협상의 큰 진통이 예상된다.

여기에서 잠시 세계적 시장개방, 즉 상품과 서비스의 무역자유화의 역사적 배경과 추이를 살펴보도록 하자. 타국에 대한 시장개방 논의는 국제무역이 처음 이루어진 16세기 근대국가 시기까지 거슬러올라간다. 그러나 국제무역에 관한 기본원칙을 규정하고 있는 GATT 협정이 발효된 해는 제2차 세계대전 후인 1947년이었다.

GATT는 1930년대에 미국 관세법이 제정된 후, 국가 간 관세분쟁이 일어나고, 그것이 세계적 공황의 원인을 제공했다는 반성에서 23개국이 관세인하 협상을 시작하여 체결한 협정이다. 시장개방을 위한 무역자유화 노력은 우루과이라운드까지 8차례에 걸쳐 진행되었다. 처음 5개 라운드는 관세인하에 초점이 맞추어졌다. 관세율이 대폭 인하되자, 1970년대에는 반덤핑, 보조금, 기술장벽 등 비관세장벽을 통해 무역을 규제하는 보호주의 경향이 나타나자 제7차 협상인 도쿄라운드에서는 관세인하 외에도 비관세 장벽을 개선하는 협상이 이루어지게 된다.

농업과 서비스가 WTO 체제에 새롭게 편입되어 한국사회에 큰 충격을 안겨주었던 우루과이라운드(8차 협상)는 1986년 9월 푼타 델 에스테에서 출범하여 1994년 4월 15일 마라케쉬에서 막을 내리기까지 125개국이 7년 7개월 동안 기나긴 협상을 했다. 역사상 가장 포괄적인 협상으로 WTO 체제를 출범시킨 '마라케쉬 협정'은 관세 및 비관세장벽을 대폭 완화하고, 농산물, 서비스, 지적재산권 등의 분야에 대한 다자간 규범을 정립하고 무역관련 분쟁해결규칙과 절차에 대한 합의로 분쟁해결기구(Dispute Settlement Body : DSB)를 둠으로써 실질적으로 다자무역 체제를 확립하는 토대가 되었다.

UR 협상의 타결로 WTO가 출범한 지 8년 만에 제3차 각료회의 개최지인 카타르의 도하에서 2002년부터 3년 동안 도하개발의제 협상을 진행함으로써 2005년 1월 1일까지 종료하기로 합의했다. 이 협상에서는 비농산물, 농산물, 서비스 분야의 무역자유화와 함께 반덤핑 협정, 보조금협정의 개정, 환경규범 수립 등의 문제를 다루게 된다. 경기가 침체되거나 국내 정치·경제 사정이 좋지 않아 일시적으로 보호주의가 생기는 경우가 있었지만 앞으로 시장개방이 가속화될 것은 분명하다. 왜 그렇게 되는지 그 배경을 살펴보자.

첫째, 세계경제의 글로벌화가 급속하게 진행되고 있기 때문이다. 구소련과 동구 사회주의 정권이 붕괴된 이후 세계 각국은 시장경제 제도로 경제체제의 전환을 서두르고 있다. 과학기술 특히 교통수단과 정보통신 기술의 발전이 거듭되면서 생산기지의 이전이나 전자상거래의 확산과 같은 생산방식의 변화와 정보의 디지털화가 이루어지고 있으며, 이제 소비자의 선호와 문화생활까지도 세계화라는 초점에 맞추어 변화하는 지구촌 시대를 맞고 있기 때문이다.

둘째, 코카콜라(Coca-Cola Company)나 맥도날드(McDonald's Corporation)와 같은 식품회사로부터 화학, 전자, 반도체, 기계, 금융 등의 분야에 이르는 다국적 기업들에 이르기까지, 모든 기업들은 해외투자를 통해 생산과 판매활동을 하기 위한 글로벌 네트워크를 구축함으로써 그들의 활동영역이 전세계로 확대되고 있는 데 기인한다. 다국적 기업은 생산비용의 절감과 시장지배력을 강화하기 위하여 신제품과 디자인의 개발, 원자재 조달과 생산, 판매, 금융 등의 분야에서도 글로벌화를 주도하고 있다. 1980년대 이후 국제투자가 빠르게 증가하는 모습을 보면서 이와 같은 일들을 짐작할 수 있다. 그들은 더 나아가 스스로의 경쟁력을 강화하기 위하여 생산, 기술제휴, 공동기술 개발추진, 네트워크 구축 등 기업 간 다양한 형태의 협력을 강화하고 있다.

셋째, 글로벌화와 정보화가 진전되면서 국제무역을 통한 상호의존도가 커지고 있다. 각 나라들은 자국민들의 삶의 질과 소비자의 후생을 증진시키기 위하여 경제의 해외부문을 중시하고 있어 시장개방을 촉진하는 작용을 한다.

서비스 시장의 개방

WTO 보고서(1998년)에 따르면, 1948년부터 1997년까지 반 세기 동안 세계생산은 연평균 3.7%씩 증가했는데 공산품의 수출은 연평균 6%씩 증가했다. 이는 같은 기간 중 국내총생산(GDP)이 6배 증가하는 것과 비교하여 무역규모는 17배나 증가했다는 것을 의미한다. 즉 시장개방으로 세계상품의 교역량이 생산량을 훨씬 능가하고 있음을 보여준다.

종전의 국제무역 자유화는 실물상품 위주로 진행되어왔으나, 우루과이라운드 이후 서비스 시장 개방이 급진전을 보이면서 노동, 자본, 기술 등 생산요소와 서비스의 국제이동이 더욱 커져 국가 간 경제통합을 심화시키고 있다. 또한 무역규모도 늘어나 각 나라마다 경제의 대외무역 의존도 역시 높아져왔다. 1970년 각국의 무역의존도는 평균 24%를 보이지만 1980년에는 30%, 1990년 36%, 1996년에는 39% 정도로 높아지게 되었다.

무역뿐만 아니라 해외투자 면에서도 서비스 기업의 해외직접투자(FDI)가 급속한 경제성장에서 핵심역할을 수행하고 있다. 지난 30년 간 세계 FDI의 구성비 추세를 살펴보면 주로 서비스 부문으로 투자가 이동되었음을 알 수 있다. 그런데 많은 서비스 기업들을 다른 산업부문에서 소유하고 있다. 아직도 서비스 부문의 세계화 수준은 제조업에 비해 매우 낮은 편이다. 서비스의 FDI는 대부분 무역 서비스와 금융 서비스(지주회사 중심)가 주류를 이룬다.

FDI를 통한 서비스 산업의 세계화 패턴을 살펴보면 서비스 활동의 국제화와 관련하여 서비스 FDI가 경제의 생산활동에서 부가가치를 높여주는 상방식 경향이 두드러지며, 또한 기업경영에 효과적으로 영향을 주는 여러 요소에 작용하고 있다. 대외경쟁을 위한 투자유치 국가의 특수한 지리적인 이점과 기업소유권 우위 면에서 변화가 일어나면서 서비스 FDI도 크게 증가하고 있다. 더욱 중요한 것은 경제성장과 구조변화, 외국기업에 대한 자유화정책으로 서비스 시장이 크게 확대되었다. 더구나 정보집약 서비스의 교역증가는 능률추구와 부가가치 확대의 능률과 자산증가로 나타난다. 이러한 요인들이 서비스 FDI의 지속적인 증가에 기여하고 있는 것이다.

국가마다 생산과 고용의 형태를 달리한다. 이는 발전단계, 지리적 위치, 또는 보유자원이 서로 다르기 때문이다. 그러나 국민소득이 증가할수록 수요탄력성이 높은 서비스 수요는 증가한다. 소득이 높아 부유할수록 교육, 건강 및 관광 등의 수요가 농산물이나 공산품에 대한 수요보다 더욱 빠르게 증가한다. 제조업체는 제품의 부가가치를 증가시키고 비용을 절감하기 위하여 설계, 디자인, 정보화, 소프트웨어 개발, 회계, 법률 등의 서비스를 아웃소싱하는 경향이 크다. 정부도 정보, 통신, 금융, 교통, 에너지 분야의 인프라와 서비스 부문의 경쟁력을 강화하고 있으며, 계속된 발전을 추구하기 위하여 환경, 교육, 보건 서비스 등에 관심을 높이고 있다.

이러한 요인으로 최근에는 서비스가 국가 사이의 무역과 투자활동

가운데 가장 빠르게 성장하는 요소로 자리잡고 있다. 서비스 자유화로 얻게 되는 이익은 상품에서 얻는 이익보다 더 클 수 있다. 그 이유는 현재 서비스 부문의 규제와 장벽이 상품의 경우보다 더 높고, 자유화로 인한 자본과 노동의 이동이 뒤따름으로써 생기게 되는 이익이 더 많기 때문이다.

우리나라의 무역이 GNP에서 차지하는 비중, 즉 무역의존도는 1966년에 20%에 불과했으나 1970년에는 35%, 1980년에는 65%, 1990년에는 54%로 잠시 낮아졌다가 2000년에는 72% 수준으로 증가했다. 수입시장 측면을 고려해보면, 우리나라는 GATT 가입(1967년) 후 수입승인제를 도입하여 수입을 통제하다가, 1970년대에 중화학산업 생산에 필요한 원자재와 부품도입 위주로 수입시장을 확대했다. 1980년대에는 수입자유화가 가속화되어 1988년 수입자유화율이 95.4%에 이르게 된다. 산업구조의 고도화로 중화학제품의 생산비중이 높아지면서 1980년대 중반 이후에 국제수지 흑자를 기록하고 미국을 위시한 주요 국가로부터 시장개방 압력을 받게 된다.

우리나라는 1960년대 초부터 수출주도형 성장전략과, 1970년대 중화학공업 육성을 통해 수출을 확대하여 경제발전사상 유례없는 고도성장을 이룩했다. 경제성장 과정에서 수출이 견인차 역할을 했고 다자무역체제(GATT/WTO)의 혜택을 가장 많이 누린 국가다. 대외 의존도가 높은 우리나라가 더욱 발전하기 위해서는 세계시장이 개방되어 우리 상품을 더 많이 팔아야 한다. 다른 나라의 시장을 개방하기 위해서는 우리의 시장도 개방해야 한다. 국제시장 환경의 추이를 보아 경제 개방의 문제는 더 이상 피할 수 없는 현실이 되었다.

4

경제의 서비스화

경제학자 중 산업의 분류를 사상 처음으로 체계화한 콜린 클라크 (Colin Clark)는 《경제발전의 제조건(The Conditions of Economic Progress)》이라는 명저를 통해 한 나라의 산업을 1차산업, 2차산업, 3차산업으로 분류하고, 경제가 발전할수록 1차산업에서 2차, 3차산업의 비중이 높게 변화한다는 것을 밝혔다. 즉 경제발전 초기에는 농림수산업, 광업 중심이지만, 공업화가 진전될수록 제조업 중심의 2차산업 비중이 증가되다가, 산업이 고도화되면 3차산업인 서비스업이 성장하게 된다는 예견을 밝힌 것이다.

'경제의 서비스화'를 논의하기에 앞서 서비스를 중심으로 하는 경제발전의 역사적 과정을 살펴보기로 하자.

서비스의 어원(servus)은 고대 로마제국의 노예제도에서 찾아볼 수 있다. 서비스는 노예와 봉건소유주 사이의 주·종 신분관계에 있는 농노(serf)라는 말에서 시작되었다. 그 당시의 서비스란 '신을 위한 인간의 봉사' 라는 의미를 지닌다. 당시의 노예들이 행했던 노동은 요리, 세탁, 청소, 의복 수선, 정원관리, 가축관리, 집수리, 마차수리, 육아, 교육, 이발, 의료, 예술, 예능 등이었고 이러한 노동은 절대권을 지닌 소유주를 위한 봉사에 불과했다. 중세 봉건제도 아래에서 노예제도는 지속되었다.

18세기 중반 영국에서 제임스 와트(James Watt, 1736~1819년)가 증기기관을 발명하여, 수공업생산을 하던 면방직 공업을 공장생산으로 변화하게 하는 산업혁명이 일어난다. 초기 산업혁명은 유럽제국, 미국, 러시아 등으로 확대되었고, 영국의 역사가인 아널드 토인비(Arnold Toynbee)가 「영국산업혁명 강의」라는 논문에서 "18세기 영국의 산업혁명을 급진적이고 격변한 현상이라고 평가하기보다 그 이전부터 지속되어온 점진적이고 연속적인 기술혁신 과정이었다"고 해석했던 것처럼 산업기술의 발전은 오랜 기간을 두고 이루어진 것이다.

또한 많은 학자들은 19세기 말과 20세기 초에 전기, 교통, 통신기술의 발명을 제2의 산업혁명이라 부르기도 한다. 산업혁명을 좀더 넓은 의미로 해석한다면 농업중심 사회에서 공업사회로 이행하는 것이라고 할 수 있는데, 20세기 후반에 와서야 동남아시아나 라틴 아메리카로 공업화가 확산되는 과정까지도 산업혁명으로 간주할 때, 산업혁명은 인류역사와 함께 하는 지속적인 과정이라고도 말할 수 있겠다.

로마의 노예제도에서 볼 수 있듯 서비스는 봉건적 잔재를 지니고 있지만 산업혁명과 더불어 상업자본의 축적으로 시민사회가 발전하면서 신분제도가 폐지되고, 주·종 관계에 있던 노예계층의 봉사는 노동의 관념으로 개념이 전환되었다. 그러나 서비스 산업이 획기적인 발전을 보이게 된 것은 자본주의의 경제력 발전과정에서 상품의 대량생산이 가능해진 시기부터다. 생산과정에서 노동의 분업이 일어나면서 서비스업의 종류가 늘어났을 뿐 아니라, 노동자들의 임금소득의 증가로 교육, 의료, 매스컴, 관광 등의 서비스업에 대한 수요가 증대되었기 때문에 서비스 산업이 발전을 하게 된 것이다.

현대 산업문명의 발전에 따라 과거 은행, 보험, 유통, 의료, 수송, 식당, 숙박 등 사람을 위한 서비스업은 물론 설계, 디자인, 정보처리, 회계, 컨설팅 등 생산을 위한 서비스에 이르기까지 다양한 서비스 업종이 나날이 증가하는 추세다. 세분화·전문화된 서비스업의 다양한 발전양상들을 나타내는 말로서 '경제의 서비스화', '3차산업의 발전', '산업구조의 고도화', '탈공업화', '경제의 소프트화' 등이 있다. 20세기 후반에 들어와 정보통신 기술의 혁신으로 정보화 사회가 급성장하면서 산업구조는 크나큰 변화를 보이고 있는데, 이를 가리켜 '제3의 산업혁명'이라 부르기도 한다.

경제 산업구조에서 서비스의 비중이 증가되고 있는 경제적 서비스화 현상은 OECD 회원국들의 서비스 산업 생산과 고용실태를 살펴보면 분명히 드러난다. OECD 회원국들의 최근 3개년(1989, 1994, 1999년)의 국민총생산(부가가치액)에서 차지하는 서비스 비중과 총고용에서 서비스 산업 부문이 차지하는 비중을 비교해보면, 서비스비중이 크게 증가하고 있음을 알 수 있다. 1990년을 기준으로 생산 또는 고용에서 서비스 비중이 70% 이상인 OECD 국가는 미국, 영국, 호주, 벨기에, 캐나다, 덴마크, 프랑스, 룩셈부르크, 네덜란드, 노르웨이, 스웨덴 등 11개 나라이며, 터키, 체코, 헝가리를 제외한 나머지 모든 국가들의 서비스 산업의 비중은 60%를 상회한다. OECD 서비스 산업통계 분류

▌OECD 회원국의 서비스 생산과 고용 비중

국가	생산			고용		
	1989	1994	1999	1989	1994	1999
호 주	66.0	69.3	70.7	69.2	72.0	73.9
오스트리아	62.2	65.0	64.9	52.7	56.0	59.2
벨 기 에	63.9	68.6	70.8	70.4	72.0	74.2
캐 나 다	62.9	65.7	64.7	70.6	74.0	74.1
체코슬로바키아	42.9	51.1	52.8	41.9	50.8	54.1
덴 마 크	68.2	71.2	71.9	69.2	71.4	73.0
핀 란 드	57.9	62.8	63.3	60.5	64.7	65.6
프 랑 스	65.9	69.5	72.0	64.8	68.7	70.6
독 일	60.7	64.4	67.7	59.2	63.6	67.5
그 리 스	–	66.8	68.5	–	55.9	57.6
헝 가 리	55.0	60.8	61.4	53.7	58.3	58.3
아이슬랜드	57.5	59.6	60.5	59.9	63.9	64.7
아일랜드	55.4	55.3	60.3	–	61.5	63.2
이탈리아	61.5	65.3	67.3	60.1	62.7	64.9
일 본	56.5	59.5	62.2	56.5	58.3	60.5
한 국	45.8	49.1	49.9	46.0	54.4	61.3
룩셈부르크	–	73.4	78.4	–	59.9	73.6
멕 시 코	62.9	67.4	66.3	52.4	54.3	53.9
네덜란드	63.8	67.2	70.4	67.7	70.5	72.9
뉴질랜드	62.5	63.7	64.5	64.2	64.6	67.5
노르웨이	60.7	63.0	59.6	67.7	71.2	71.2
폴 란 드	49.3	54.9	60.2	41.5	42.2	45.0
포르투갈	–	63.6	65.4	–	57.3	58.1
슬로바키아	–	53.9	60.2	–	49.6	51.7
스 페 인	–	64.4	65.7	–	63.0	62.6
스 웨 덴	–	67.5	68.8	–	73.2	73.1
스 위 스	–	–	68.1	–	–	64.6
터 키	47.7	49.6	54.8	30.4	32.3	34.4
영 국	61.8	66.8	70.3	68.7	73.3	75.3
미 국	71.1	73.5	75.4	73.1	75.2	76.3

1. 생산비중은 총부가가치액에서 서비스 활동 비중임
2. 고용비중은 총고용에서 서비스 부문 고용 비중임
자료 : OECD, Services : Statistics on Value Added and Employment, 2001

에 포함되지 않는 농수산, 제조업, 건설관련 서비스를 포함하는 경우에는 그 비중이 더욱 크게 높아지게 된다.

또 하나 주목할 것은 미국, 영국, 프랑스 등 주요 선진국들의 서비스산업의 생산증가율은 전산업의 성장률보다 높게 나타나고 있다. 국가마다 약간의 차이는 있지만 도·소매업, 통신, 금융, 기업 서비스업의 신장률이 획기적으로 증대되었음을 알 수 있다.

경제의 서비스화가 촉진되는 요인은 대략 다음과 같은 세 가지로 볼 수 있다. 첫째, 산업의 발전에 따라 분업이 일어나기 때문이며, 둘째, 국민소득의 증가에 따라 교육, 의료, 보건분야의 서비스 수요가 증대하는 데 따른 현상이다. 셋째, 신경제의 발전에 의해 정보기술이 생산기술과 접목되면서 서비스 분야의 수요를 급신장시키고 있다.

서비스 산업은 경제의 발전에 따라 경제의 실질성장, 고용 및 국제간 거래에서 그 중요성과 기여도가 간과될 수 없을 정도로 확대되었지만, 오랫동안 경제학 연구에서나 정부정책 결정자의 관심에서 등한시되어온 것도 사실이다. 서비스 경제를 중요하게 생각하지 않았던 이유는 오랜 역사적 배경과 함께 여러 가지 이유가 있다.

우선 서비스에 대한 개념정립, 생산실적과 부가가치 규모를 측정하는 것이 힘들고, 서비스에 대한 종합적인 이론이나 방법론이 갖추어져 있지 않으며, 경제발전 과정에서 서비스의 역할에 대한 인식이 결여된 데 기인한다. 즉 서비스는 오랫동안 '비생산적인 생산 활동' 으로 생각되어 왔던 것이다. 국제 서비스 무역에 있어서도 그 중요성은 과소평가되었다. 눈에 보이지 않는 서비스 교역의 통계부실, 서비스에 대한 규제심화, 디지털과 같은 신기술의 발전으로 다양한 방식의 서비스 거래 현황을 정확히 평가하는 데 애로가 있다. 심지어 경제학자나 통계전문

(단위 : 1995년 불변가격, 각국 화폐단위 십억)

업종	연도	미국	영국	프랑스	독일	이탈리아	일본	한국
전산업	1989	6,572.8	579.1	6,381.2	3,014.2	1,479,507	408,177	117,176
	1999	8,944.6	708.7	7,565.4	3,372.9	1,695,274	480,049	209,582
		(136)	(122)	(119)	(112)	(115)	(118)	(179)
서비스업	1989	4,855.8	373.0	4,299.2	1,881.4	954,737	231,882	236,359
	1999	6,683.7	488.0	5,405.0	2,272.8	1,108,681	285,541	426,502
		(138)	(131)	(126)	(121)	(116)	(123)	(180)
도·소매, 호텔·식당	1989	1,099.6	85.8	887.0	551.2	259,227	53,809	30,629
	1999	1,718.1	103.0	1,057.5	626.8	305,107	61,623	52,952
		(156)	(120)	(119)	(114)	(118)	(115)	(173)
운수·창고, 통신	1989	333.5	44.0	397.6	167.9	104,729	27,690	6,202
	1999	551.1	68.4	528.7	228.3	136,711	31,860	10,680
		(165)	(155)	(133)	(136)	(131)	(115)	(172)
금융 보험	1989	479.5	39.4	419.9	141.9	88,312	25,697	11,312
	1999	717.3	48.1	353.5	193.6	107,759	25,196	29,690
		(150)	(122)	(−16)	(136)	(122)	(−2)	(262)
부동산, 가입서비스	1989	1,271.9	101.6	1,512.6	637.7	267,649	63,007	25,986
	1999	1,791.7	146.2	1,820.8	882.2	313,284	96,417	50,385
		(135)	(144)	(120)	(138)	(117)	(153)	(194)
교육, 보건, 사회복지	1989	693.6	86.5	948.7	441.2	221,216	64,900	26,800
	1999	842.0	115.0	1,148.2	521.0	235,478	73,888	41,364
		(121)	(133)	(121)	(118)	(106)	(114)	(154)
행정 국방	1989	984.3	40.7	538.2	212.1	82,196	17,825	13,227
	1999	1,070.4	38.4	657.6	215.5	94,193	19,763	15,855
		(109)	(−6)	(122)	(102)	(115)	(111)	(120)

1. (   )내 숫자는 1989~1999년 기간 중 성장률(%)임
2. 가격기준 중 미국은 1996년, 일본은 1990년 불변가격임
3. 독일은 1989년 란에 1991년, 일본은 1999년 란에 1998년 통계를 반영함
자료 : OECD(2001), Ibid

가들도 관련통계의 수집과 체계화를 등한시했다.

이들은 경제의 생산량이나 국민소득 추계시 주로 1~2차산업 부문에

대한 통계를 주된 분석대상으로 다루었고, 서비스는 3차산업으로 종합 처리했던 것이다. 따라서 국가 간 서비스 산업에 관한 통계의 비교 또한 제한적이었다. 서비스의 본질, 서비스와 상품의 구별, 서비스 산업의 분류, 생산 활동에서 가치산정 방법 등에 대해 근대경제학의 초기부터 수 세기 동안 많은 논의가 있었으나 아직도 의견의 일치를 이루지 못하고 있다. 가장 전통적인 서비스의 개념은 농업, 광업, 제조업, 건설업이 아닌 기타 비물질적이고 무형적인 생산물을 통틀어 말하는 것이다. 문제는 수송이나, 제품의 수리, 외과의사의 수술 같은 것은 비물질적인 것으로 다룰 수는 없다는 데 있다. 흔히 서비스 생산이라고 하면 대부분 노동위주의 일이고 상품기술에 비해 기술진보의 여지가 없는 분야로 생각하여 등한시하고 있을 뿐만 아니라 때로는 수송이나 통신, 전기, 가스, 수도와 같은 공익사업을 서비스 범주에서 제외시키기도 한다.

서비스를 가장 넓은 개념으로 파악하는 사람은 D. I. 리들(D. I. Rid-dle)인데, 그는 전통적인 개념의 서비스에 공익사업과 건설의 분야를 포함시키고 있다. 건설을 서비스로 보는 견해는 건축가와 엔지니어가 제공하는 전문 서비스를 중시하기 때문이며, 오늘날 국제 서비스 교역에 많은 비중을 차지하고 있다. 그러나 전문성이 서비스와 상품을 구별하는 충분한 기준은 되지 못한다. 서비스 산업의 분류는 생산단계에 따라 다를 수 있기 때문이다.

그렇다면 서비스란 무엇인가? 오늘날 현대 경제생활에서 서비스란 말은 대체로 다음과 같이 네 가지 종류로 사용된다고 볼 수 있다.

첫째, 서비스 산업(service industry)을 가리킨다. 이는 물질적인 상품이 아닌 무형의 재화를 생산하는 활동에 종사하는 기업과 고용주를 지칭한다. 금융, 보험, 부동산, 회계, 컨설팅 등이 대표적인 예이다.

둘째, 서비스 제품(service products)을 말한다. 반드시 서비스 업체가 생산하지는 않아도 일반기업이 소비자에게 그들 자신이 생산하는 서비스 또는 제품을 판매하거나 물건이 만들어지는 생산과정에서 서비스를 제공하는 경우에 서비스 제품이라고 말한다. 설계와 디자인, 부품의 제공, 보수와 수리 등 생산 공정에 투입되는 서비스 제품을 일컫는다.

셋째, 서비스 직업(service occupations)인데, 이·미용업으로부터 정보처리에 이르기까지 일반인들이 제조업과는 달리 '비생산적(non-production)' 활동으로 취급하는 직업에 종사하는 근로자를 가리키는 말이다.

마지막으로 서비스 기능(service function)이다. 정식 경제활동 부문이나 자원봉사, 가사, 개인사업 등 서비스 업무에 종사하는 개인들을 지칭하는 말이다.

서비스 산업의 분류는 서비스의 대상이 무엇인지에 따라 인간을 대상으로 하는 소비자 서비스(consumer service)와 상품생산을 대상으로 하는 생산자 서비스(producer service)로 구별된다. 소비자 서비스에는 교육, 육아, 보육, 의료, 양호, 식당, 매스컴, 예술, 프로 스포츠, 관광, 예식장, 장의업, 금융, 증권, 인력은행 등 다양하다. 생산자 서비스의 대표적인 예는 설계, 디자인, 염색, 가공, 운송, 보관, 정보처리, 대리경영, 컨설팅, 기술용역, 광고, 감사 등이 있다.

W. 오켈(W. Ochael)과 베그너(M. Wegner)의 분석에 따르면 1980년대 이후, 유럽공동체국가(EC)들의 서비스 산업 성장은 소비자 서비스 부분보다는 생산자 서비스의 부문이 급격히 신장된 것으로 나타났다고 밝혔다. 이는 통신, 금융, 경영(회계, 컨설팅, 감사, 광고, 정보, 기술용역 등) 부문이 눈부신 발전한 데에 그 원인을 찾을 수 있다. 생산자 서

비스는 제조업의 생산성 증대에 크게 기여한다. 특히 디자인, 제품포장, 정보의 생산과 처리, 재고관리, 마케팅, 법률고문, 설계 등과 같은 생산자 서비스는 부가가치를 증대시키고 이는 생산성의 향상으로 직결되기 때문이다.

OECD 국가들의 경우 서비스업이 총고용의 60%를 차지하고 있는 중요한 산업으로 인식되어 서비스 거래의 자유화와 생산성 증대의 주요영역으로 일찍부터 정부와 기업이 관심을 갖게 되었으며, 세계적 추세로 전자정보 기술의 혁신과 서비스의 수요가 늘어나고 서비스 공급도 확대되면서 생산방식과 노동 분업의 구조적인 변화를 불러일으키고 있다.

현대 국가에서 서비스는 경제, 기술, 제도변화에 그 중심을 두고 있다. 서비스는 기술진보, 노동 분업, 새로운 기업과 고객의 수요를 창출하게 되어 경제구조 변화에 결정적 역할을 하고 있다. 경제의 구조적 전환은 시장, 생산, 업무의 조직, 기술, 국제 간 경쟁, 전문화 등 여러 차원에서 변화를 불러일으키게 되었고, 경제구조의 이러한 변화 양상

경제부문	전통적인 방식	신경제 방식
제품생산	표준생산과 조립 라인	고객위주의 다양한 상품과 서비스
서비스 생산	사내 서비스 생산	대내외 네트워킹과 결합생산
시장	국내생산	세계화와 경쟁
산업조직	생산의 수직적 통합	수직적 분산
	대기업	소기업 · 다국적기업
기술활용	신기술 활용의 경직성	신축적인 생산방식
투입자원	원재료의 투입과 산출	인적자원, 지식기반투입
고용인력	블루칼라 고용위주	화이트칼라 고용위주
규제방식	부문별 서비스 규제	새로운 규제형태

은 위의 표와 같이 나타난다.

이제 서비스는 정보산업을 기반으로 새롭게 발전하는 신경제의 핵심에 있다. 신경제의 중심이라고 할 수 있는 정보통신(IT) 산업의 발전과 함께, 교육, 금융, 회계, 컨설팅, 정보관리, 통신, 수송, 관광, 유통 등을 포괄하는 서비스 산업 분야에서 새로운 기술 및 시스템이 개발되고 생산, 판매, 재고관리, 마케팅, 물류유통, 통신 등과 IT 기술이 접목됨으로써 생산성을 향상시키고, 국내는 물론 글로벌 경제에 연계할 수 있는 새로운 패러다임을 구축, 경제 발전의 새로운 원동력으로 자리잡고 있다.

지금까지 논의한 것과 같이 서비스 산업이 급성장하고 경제의 서비스화가 가속되고 있다. 하지만 이에 대한 학문적인 체계나 연구가 미약했던 이유는 서비스가 지니고 있는 특성에서도 원인을 찾을 수 있다. 많은 학자들이 서비스는 상품과 근본적으로 다르고 논리적 범주도 다르다는 주장을 하고 있다. 상품은 경제주체 간의 교환이나 이전이 가능하다. 그러나 서비스는 한 경제주체가 타 주체를 위하여 공급과 동시에 소비된다. 그러므로 서비스는 경제주체 사이의 사전합의로 수요자 측의 사람이나 상품의 필요에 따라 공급, 변화되는 것으로 파악할 수 있다.

또한 서비스는 비축할 수 없다는 특성이 있다. 서비스는 상품의 생산과정의 투입요소로서 서비스 생산물을 공급하는 경우나 서비스 공급을 원하는 수요자(고객)에게 시간과 장소를 맞추어 유형 또는 무형의 생산물을 제공하는 경제활동이다. 서비스의 정의는 실제로 애매하고 자의적이기도 하다. 특별한 수요를 충족하는 서비스의 형태도 사람, 상품, 지리, 형식, 생산조건 및 수요 측면과 관련하여 다양하면서도 이질적으로 나타난다. 생산자 서비스의 가격과 질은 제조업에 있어 경쟁력의 결정적인 요소가 되기 때문에 생산성 증대 및 산업의 국제화에 대비하여 우리나라도 이에 대한 이론적 실증적 연구와 정책개발이 절실히 요구된다. 앞으로 서비스 부문에 대한 이론적 연구와 정책개발을 위해서는 산업구조의 변화추이, 생산자 및 소비자의 서비스 수요 패턴의 변화추세, 서비스 산업의 국제 간 거래, 여가 증가와 인구구조의 변화, 서비스 수요와 가격의 영향, 서비스 부문의 생산성측정 모델과 결정요소, 새로운 상품과 기술의 변화, 정보산업의 발전 등에 대한 광범위한 연구가 있어야 한다.

생산구조의 변화로 부가가치를 극대화할 수 있는 서비스 산업의 중요성은 이제 명백히 드러나고 있다. 산업구조가 고도화되어 경제의 서비스화가 급진전되고 있는 선진국은 부가가치가 높은 서비스 산업들, 즉 금융, 교육, 법률, 정보통신, 의료, 예술과 같은 분야의 시장개방과 지적재산권 보호에 관심을 집중할 것이다. 선진국 경제에서 서비스 생산이 국내총생산에서 차지하는 비중이 약 55~75%에 이르고 있고, 서비스 산업에 종사하는 고용인구의 비중도 점점 높아지고 있다. 전 근대적인 농업과 제조업을 위주로 하던 국가들은 정보화 시대를 맞아 무엇을 어떻게 생산할 것인지에 대한 깊은 관심을 갖게 되면서 서비스 부문에 눈을 돌리고 있다.

전통적인 생산방식과 서비스 경제구조를 지닌 국가들의 경우에는 경제구조의 변화에 큰 진통을 겪을 것이고 크게 늘어나는 비용부담도 불가피할 것이다. 또한 서비스 산업은 새로운 취업기회를 제공해줄 수 있는 잠재력이 크기 때문에, 새롭게 발생하는 취업인구를 서비스 산업으로 흡수해야 하고, 국민복지의 증진을 위해는 값싼 노동력을 필요로 하는 일자리의 확대보다는 생산성 증가속도가 빠른 제조업부문과 새로운 서비스 부문의 고용을 증대시켜 고용구조의 고도화를 이룩해야 한다. 자본집약산업, 첨단산업의 발전, 지식 및 정보산업의 발전에 따른 산업구조의 고도화로 새로운 기술인력의 수요가 증가하고 있는 것이 오늘의 현실이다.

오늘날 정보화의 발전과 전문기술 서비스의 증대로 전문 서비스 기관의 설립이 늘어나고 있다. 보건이나 교육과 같은 대인 서비스와 달리 통신처럼 '대인관계가 아닌 서비스(impersonal service)'도 늘어난다. e-메일이나 전자은행의 방법은 더 이상 직접적인 대인접촉을 통해 이루어지지 않는다. 기술혁신으로 비디오, 레코드, CD 플레이어, 디지털 라디오와 TV도 제공된다. 서비스 생산자와 소비자가 직접 접촉할 필요성이 점점 없어지고 있다.

전세계적으로 B2B(business to business), B2C(business to customer), e-Trade, e-Business, e-Government가 부상하고 있다. 국제회의에서도 전자상거래와 전자정부를 구현하기 위한 국제규범의 협의가 진행되고 있다. 세계경제가 이렇게 서비스화로 발전되고 있고 다국적 기업들의 진출은 더욱 활발하다. 이제 국내 서비스 산업의 경쟁력을 키우지 않고서는 더욱 넓어지게 될 시장경제 체제(WTO)의 시대를 사는 우리들의 경쟁력은 약화될 것이며, 경제의 발전이나 더불어 국민 삶의 질이 높아지기는 힘들 것이다.

5
서비스 시장의 세계화

　세계화의 물결 속에서 경제적 의미로서 국경은 이미 사라졌다. 세계
시장이 열리고 있다. 제2차 세계대전 후 설립된 GATT 체제 하에서는
공산품의 무역 자유화가 이루어졌지만 우루과이라운드 협상의 결과,
WTO 시대에 살고 있는 현재에는 공산품은 물론, 농업제품, 서비스 시
장, 지적재산권, 노동, 환경 분야에 이르기까지 모든 부문에서 무역자
유화가 확대되고 있다. 서비스 시장의 개방도 가속화되고 있다. 맥도날
드와 웬디가 서울에 진출했고 한국식품과 음식들이 세계 도시에서 그
맛을 선보이고 있다. 경쟁력이 있는 기업이라면 세계화의 물결을 타고
세계의 어느 곳이든지 진출하고 있다. 다국적기업들은 직접투자나 기
업들 사이의 제휴를 통해 세계 각국에서 기업활동을 전개함으로써 새
로운 지구촌경제를 형성하고 있다. 이들은 기업이 생산하고 있는 서비
스 제품의 생산, 판매, 유통은 물론 광고와 마케팅, 자금의 조달과 운용

에 이르기까지 세계화를 선도하고 있다. 서비스 산업도 세계화의 물결을 타고 세계시장으로 진출하는 추세다. 오늘날 각 나라마다 유행어로 부각된 '세계화'의 정체와 본질은 무엇인가? 그것은 우리에게 어떠한 시대적 의미를 주는지에 대해 살펴보도록 하자.

세계화(globalization)와 비슷한 뜻으로 사용되는 말로서 개방화(opening), 자유화(liberalization), 국제화(internationalization), 선진화(advancement)가 쓰인다. 개방화란 국가 사이의 자원, 사람, 정보의 자유로운 이동을 보장하기 위하여 국경의 장벽을 제거하는 것을 말한다. 자유화란 무역의 장벽이 되는 규제와 장벽을 풀고 자유롭게 경쟁할 수 있는 여건을 조성하는 것이다. 국제화는 개방화를 전제로 정치, 경제, 사회, 문화의 각 분야에서 국가 간 교류가 가능한 여건을 마련하는 것을 가리켜 말한다. 선진화는 국민의 생활수준과 문화수준을 선진국으로 향상시키는 것을 뜻한다.

그렇다면 세계화란 무엇인가? 세계화란 개방화를 전제로 하며, 자유화의 의미를 내포하고, 선진화를 추구하는 것이다. 세계화가 개방화를 전제로 하고 있기 때문에 상호주의에 입각하여 시장을 개방하는 것이다. 수출을 하면 수입도 해야 한다. 세계화가 진전된 가운데 시장이 확대되고 새로운 기술과 지식도 받아들일 수 있다. 세계화는 자유화를 의미하기 때문에 일정한 규칙(rule) 하에서 자유로운 경쟁을 허용해야 한다. 자유롭고 공정한 경쟁을 보장하는 세계화의 추세 속에서 국제경쟁력이 높은 기업이 시장을 지배할 수 있음을 부인할 수 없으나 반드시 경쟁규칙을 지켜야 한다. 바로 이러한 게임의 규칙을 마련하기 위해 스위스의 제네바에 소재하고 있는 WTO에서는 세계 각 나라의 대표가 끊임없는 회의를 벌이고 있다.

세계화는 선진화를 추구하는 것이지만 반드시 선진국의 생활과 문화를 모방하는 것은 아니다. 자기 나라의 역사와 문화의 정통성을 인정하면서 선진국과 경쟁하고 공존하면서 번영을 이룩하는 것이다.

이제 서비스 시장의 세계화 모습을 살펴보자. 1980년대 이후 세계적으로 '경제의 서비스화'가 진전됨에 따라 각국의 국민소득 추계에서 서비스업이 차지하는 비중이 점점 증가하고 있다. 선진국의 경우는 국민소득의 70% 수준에 이르렀고 개발도상국도 약 50% 선에 이르게 되었다. 선진국보다 개발도상국의 서비스 산업 성장이 더 빠른 모습을 보이고 있다. 교통·통신기술의 발전과 정보산업의 혁신으로 세계화가 급진전되면서 국가 사이의 서비스 무역 또한 늘어나게 되었다.

IMF가 작성하고 있는 《국제수지통계연감(Balance of Payments Statistics Yearbok)》(2001년)에 의하면 1999년 세계 서비스 무역은 2조 8,651억 달러로 전체무역의 20.5%를 차지한 것으로 나타난다. 1990년대에 들면서 서비스 무역은 연평균 6.6%의 성장을 보이는데 이는 상품무역 성장률보다 높은 추세다. 서비스 10대 수출국을 보면 미국, 프랑스, 독일, 영국, 이탈리아, 일본, 네덜란드, 스페인, 벨기에, 싱가포르 등이며 모두 선진국이다. 그런데 서비스 교역은 상품과는 다른 여러 가지 특수성을 지니고 있음을 유념해야 한다.

먼저 서비스는 생산과 동시에 소비되는 동시성을 지니고 있다. 호텔, 식당, 이·미용업 등의 경우에는 서비스를 공급하는 자연인과 영업장소, 즉 상업적 주재를 필요로 한다. 서비스는 무형의 특성을 지니고 있다. 서비스 공급의 질과 안전을 확보하기 위해 변호사, 회계사, 의사와 같이 일정한 자격요건을 요구하는 분야도 있다. 전통적으로 우편, 통신, 철도 등 공공부문은 자연독점 형태를 이루고 있다. 서비스업은 해외투자와 불가분의 관계가 있다.

이러한 특성을 고려하여 'WTO 서비스협정(GATS)'은 협정의 대상으로 하는 서비스를 다음과 같이 네 가지의 공급형태로 규정하고 있다.

첫째, 한 국가의 영토로부터 다른 국가의 영토 내로 서비스를 공급하는 방식(Mode 1: 국경 간 공급)이다. 이 경우 소비자는 자기 나라의 영토 안에 있고 공급자는 외국에 소재하게 된다. 예를 들면 국제전화, 팩스, 데이터 전송, 국제우편, 국제운송, 인터넷 정보제공 서비스가 이에 속한다.

둘째, 한 국가의 영토 내에서 다른 국가의 소비자에 대한 서비스를 공급해주는 방식(Mode 2: 해외소비)이다. 해외관광이나 외국인에 대한 의료 서비스의 제공이 대표적인 예다.

셋째, 한 국가의 서비스 공급자가 다른 국가의 영토 내에서 회사 또는 사무소를 설립하여 서비스를 공급하는 형태(Mode 3: 상업적 주재)다. 외국은행의 지점이나 지사, 대형유통할인점 등을 두고 서비스를 공급하는 경우다.

넷째, 한 국가의 자연인이 다른 국가 안으로 이동하여 서비스를 공급하는 경우다. 회계사, 변호사, 컨설턴트, 패션모델 등과 같은 전문직을 가진 사람들이 해외에서의 서비스를 공급하는 방법(Mode 4: 자연인 이동)이다.

제4장

'도하개발의제'의 파고

우리는 세계화 시대에 부응하는

해외 서비스 시장 진출에도 눈을 돌려야 한다.

그리고 세계시장에서 다국적 기업과 자유롭고 공정한

한판 승부를 벌여야 한다. 우리가 살아남는 길은 단 하나,

우리 스스로 우리의 경쟁력을 키우는 것이다.

1
우루과이라운드의 발자취

GATT의 반세기

제1차 세계대전(1900~14년)이 끝난 후 전쟁의 상처가 아물어갈 무렵인 1929년 10월 24일은 뉴욕 증권시장에서 주식 값이 유례없는 대폭락을 나타내면서 세계 경제대공황이 일어난 날로 기록된다. 대공황은 세계 역사상 최초의 경제위기였다. 아시아, 남아메리카, 아프리카의 원시농업에 종사하던 농민들에서부터 유럽과 미국의 공장 노동자들에게 이르기까지 세계의 모든 나라들이 그 영향을 받았다. 실업자가 엄청나게 속출했고, 임금은 폭락했으며, 공장도 문을 닫게 되어 범죄가 늘고 농업제품도 많은 타격을 받았다. 정치적 선동가들은 경제불황을 빌미로 정권 야욕에 불타 대중을 시위에 끌어들이기도 했다.

유례없는 세계 대공황을 맞아 각국은 외국제품의 수입을 막으려고

관세를 경쟁적으로 인상하거나 수량을 제한하는 등 국제무역에서 이른 바 '인근궁핍화 정책(beggar-thy-neighbor policy)'인 보호주의 조치를 강화했다. 경쟁적으로 수입장벽을 쌓는 무역전쟁을 종식하지 않고서는 경기회복이나 경제성장을 기대할 수 없었다. 이를 위한 국제적인 노력은 제2차 세계대전이 끝날 무렵인 1944년 7월 미국의 브레턴우즈(Bretton Woods)에서 시작되었다. 44개 연합국 대표들이 모인 가운데 국제통화의 안정도모 및 원활한 흐름을 담당하게 하는 'IMF(세계통화기금)'와 국제투자를 담당하는 '세계은행(IBRD)'을 발족시키는 '브레턴우즈 체제'를 탄생시킨 것이다.

한편 UN을 중심으로 미국 행정부에 의해 추진된 국제무역기구(International, Trade Organization: ITO)의 설립이 미 의회의 반대로 수포로 돌아갔다. 이를 지지하던 23개국이 세계교역의 신장을 돕기 위한 '관세 및 무역에 관한 일반협정(General Agreement on Tariffs and Trade: GATT)'의 의정서(protocol)에 서명함으로써 1948년 1월 1일 GATT는 출범과 함께 국제무역정책조정의 중심기구로 부상하게 된다.

GATT는 1948년부터 1994년까지 약 반 세기 동안 8차례의 다자간 무역협상을 통해 세계시장 개방을 위한 노력을 했다. 초기의 다자간 협상은 지속적인 관세인하에 중점을 맞추어 이루어졌고, 미국의 케네디 대통령 제안으로 추진된 '케네디 라운드(1964~67년)'에서는 관세인하와 함께 반덤핑 협상을 통한 GATT 반덤핑 협정을 탄생시켰다.

1970년대에 가진 '도쿄라운드(1973~79년)'에서는 관세, 비관세장벽의 해결과 무역원활화를 위한 교역체제의 개선을 다루었으며, 도쿄라운드의 협상결과, 선진국 시장의 관세율은 평균 3분의 1 정도 낮춰지고 특히 공산품의 평균 관세율은 5%까지 인하되었다. 125개국의 참여로 1986~94년 중 개최된 제8차 다자간 무역협상인 '우루과이라운드 (UR)'에서는 농업, 서비스, 섬유, 지적재산권, 규범 등에 이르는 지금까지의 협상과 달리 가장 광범위한 협상이었다.

GATT는 1948년 이후 47년 간 국제무역에서 차별 대우를 철폐하고 관세와 비관세장벽을 제거하며 자유무역의 확대와 국제무역 규범의 제정을 위한 다자간 협상의 장을 제공한다는 원칙 아래, 무역자유화를 통한 경제의 성장과 고용의 촉진으로 생활수준을 향상시키고 자원의 효율적 이용을 도모하는 등의 노력을 보였다. 23개국으로 출발한 GATT 회원국이 100개국을 넘으면서 GATT는 세계무역량의 90% 이상을 차지하는 국제무역의 중심기구로 발전했다. GATT는 상품을 무역자유화의 대상으로 정하여 관세인하 협상에 많은 노력을 했으며, 전후 평균 약 40%에 달하던 선진국의 공산품 관세율을 한자릿수 이내로 낮춘 일은 GATT의 큰 공로였다.

1970년대와 1980년대 초기까지 국제 석유가격의 상승으로 세계경제는 경기침체를 맞게 되어 보호주의가 다시 일기 시작했다. 비관세장벽이 다시 무역규제 수단으로 등장했고 농산물 교역에도 보조금을 경쟁적으로 지급하기 시작했다.

또한 정보통신기술의 발전으로 서비스 교역은 점차 증가되면서 상품교역과 밀접한 관계를 갖게 되었다. 1970년대 초부터 보호주의가 일어나면서 GATT 체제가 약화되던 시기에 있었던 도쿄라운드가 비관세장벽에 대한 충분한 협상결과를 얻어내지 못했기 때문에 포괄적인 무역자유화의 추진과 다자무역 체제의 강화가 새로운 이슈로 떠오르게 된다.

WTO 시대의 개막

우리 국민들에게 '쌀 시장 개방'이라는 엄청난 충격을 주었던 우루과이라운드의 공식 출범은 1986년 9월 우루과이의 푼타델에스테 (Punta-del-este)라는 도시에서 열린 각료회의였다. 뉴 라운드 협상의 태동은 1982년 11월 제네바에서 개최된 GATT 회원국 회의에서 비롯된다. 이 회의에서는 농산물 이슈가 새로운 어려움을 만들어냈지만, 농업분야를 새로운 협상의제로 선정하는 계기가 되었으며, 1985년 11월 제41차 GATT 총회에서 뉴 라운드 준비위원회가 설치되어 각료선언문의 초안을 협의하게 된다.

1986년 각료회의에서 채택한 협상의제는 관세, 비관세장벽, 농산물, 섬유 및 의류, 서비스, 지적재산권, 분쟁해결, 반덤핑, 보조금, GATT 체제 등 15개 항목이었고 그 협상방식은 포괄적이었다. 포괄적 협상은 협상 참가국들이 광범한 이슈에 대하여 그 혜택을 서로 주고받을 수 있는 이점이 있는 반면, 협상 타결에 많은 시간이 필요하다는 문제를 가지고 있다.

우루과이라운드는 당초 예정된 협상시한을 지키지 못하고 1994년 4월 마라케쉬 각료회의까지 7년 7개월 동안 벌였던 지루한 협상이었다. 협상이 시작된 지 2년이 지나도록 농산물, 섬유, 지적재산권, 세이프가드 등 4개 의제는 회원국 사이의 첨예한 대립으로 협상의제로서 마련되지 못하다가, 몬트리올 중간 평가회의(1989년 4월)에서야 협상의제로 다루어졌다. 1990년에 들어와 본격적인 협상이 시작되고 그해 하반기 브뤼셀 각료회의에서야 초안이 마련되었다. 그러나 수만 명의 유럽 농민들의 반대시위와 미국, 케언즈그룹(Cairns Group) 및 EC 사이에 농산물협상에 대한 첨예한 의견대립이 나타나 협상일정은 다시 연기되었다. 1991년 협상체제는 다시 개편되어 무역협상위원회(Trade Negotiation Committee: TNC)의 감독 하에 시장접근, 섬유, 농산물, 규범제정, 제도분야, 지적재산권, 서비스 등 7개 협상그룹을 만들어 협상에 임하여 UR 의정서 초안(협상그룹 의장의 이름을 따서 '둔켈 텍스트'라고도 부름)이 마련되었다.

1992년 2월 협상위원회(TNC)에서 EC, 한국, 일본, 스위스 등은 '둔켈 텍스트'가 균형을 상실했다고 반대했음에도 이 텍스트가 협상의 기초가 되고 말았다. 1992년 11월에는 미국과 EC가 백악관에서 농산물 분야의 수정안에 대하여 합의하고 제네바에서는 둔켈 사무총장 주재로 대사급 회의가 열려 의정서 초안에 대한 수정작업이 계속 진행되었다. 그러나 미국 백악관 합의에 대한 프랑스의 강력한 반대로 해를 넘기고 1993년 12월 15일에야 우루과이라운드 협상은 막을 내리게 된다.

협상결과는 1994년 4월 15일 모로코의 마라케쉬에서 개최된 회의에서 125개국 협상 참여국가 정상들에 의해 서명되었으며, UR 협상의 결과로 만들어진 마라케쉬 협정은 역사적으로 다음과 같은 의미를 갖는다.

첫째, 반 세기 동안 무역 및 관세에 관한 국제협정방식으로 존립하던 GATT 체제가 국제기구의 법인격을 갖춘 WTO로 대체되었다. 임시기구와 다름없는 GATT는 사라졌지만 GATT 협정은 WTO에 계승되고 있다. 기존의 협정은 이제 'GATT 1947'로 불리고 새로운 협정들은 'GATT 1994'로 명명된 것이다.

둘째, 기존의 GATT는 상품교역만을 다루었으나 WTO는 상품무역에 관한 UR 협정 외에도 서비스 무역에 관한 일반협정(GATS)과 무역 관련 지적재산권 협정(TRIPS)을 함께 포함시키고 있다. 상품무역에 관한 UR 협정(GATT, 1994년)은 공산품을 비롯하여 농산물, 위생 검역, 섬유, 기술장벽, 무역관련 투자조치, 반덤핑, 관세평가, 원산지 규정, 수입허가 절차, 보조금 및 상계관세, 세이프가드 등 상품 이외의 서비스(GATS), 지적재산권(TRIPS) 관련 통상규범에 대한 포괄적 규정을 수록하고 있다.

셋째, WTO는 GATT보다 더욱 강력하고 신뢰할 수 있는 분쟁해결 절차를 두고 있는데, 이는 WTO 체제의 가장 두드러진 걸작이다. 분쟁을 해결할 수 있는 방법 없이는 통상규범을 효과적으로 집행할 수 없기 때문에 WTO 체제는 이를 해결하기 위한 협의과정, 패널 절차 등에 관한 기한과 공정한 절차를 명확히 규정하고 있다.

넷째, 새롭게 탄생한 WTO는 세계 무역질서를 관리할 체제를 갖추고 있다. WTO의 최고 의사결정기구는 '각료회의(Ministerial Conference)'인데 적어도 2년에 한 번씩 회동을 갖는다. 하부기구로는 일반 이사회와 그 산하에 상품교역 이사회, 서비스 교역 이사회, 무역관련 지적재산권 이사회가 있다. 의사결정은 일반적으로 합의(Consensus)에 의해 이루어진다(합의 도출이 불가능한 경우 1국 1표 원칙 하에 투표도 가능). 또한 회원국의 무역정책을 분석하기 위하여 무역정책기구(TPRM)를 두고 있다.

WTO의 의사결정이 합의의 방법으로 운영되기 때문에 중요한 의안에 대하여 회원국들을 합의점으로 이끌어낼 수 있도록 결정적인 역할을 하는 채널은 비공식 회의다. 여기에는 대표단장 회의(HOD, Heads of Delegations)와 그린 룸 회의(Green Room Meetings)가 있다. 그린 룸 회의는 특정주제에 대해 가장 관심을 갖고 있는 40여 국가가 모여 논의하는 것을 말한다. 협상의제 중 가장 어려운 협상은 미국, EU, 캐나다, 일본 등 4대 통상국 회의에서 먼저 돌파구를 마련하게 되는데, '쿼드(Quad 또는 Quadrilaterals) 회의'라고 한다. WTO 조직 안에서 회원국 사이의 교섭력을 높이기 위한 각종 그룹이 만들어지고 있다. 지역협정(RTAs)에 토대를 둔 EU, 동남아시아 국가연합(ASEAN), 라틴아메리카 경제협력체(SELA), 남미 공동시장(MERCOSUR) 외에도 농업무역 자유화를 논의하기 위한 케언즈 그룹(Cairns Group), 다양한 협상의 제별로 공동 관심국가들의 비공식모임인 친선 그룹(Friends Group)들이 있다.

GATS의 탄생

UR 협상이 낳은 역사적 유물의 하나는 서비스 무역에 관한 일반협정(GATS)이다. UR에서 서비스 협상의 타결이 갖는 의의는 다자간 차원에서 최초로 서비스 무역협상을 실시하여 서비스 시장의 자유화기반을 마련했다는데 있다. GATT의 경우 창립 이후 40여 년 간 눈에 보이는 상품만을 무역자유화의 대상으로 삼았으나, UR에서는 '눈에 보이지 않는' 무형의 재화(Invisible and Intangible commodity)를 무역 자유화의 규율 대상으로 삼았으니 일대 변혁이 아닐 수 없다.

우루과이라운드에서 서비스 무역의 자유화를 본격적으로 논의하게 된 배경에 대해서 알아보자. 1970년대 오일 쇼크 이후 세계경제가 침체되어 보호주의 무역이 일반화되면서 공산품의 수출증가는 둔화했다. 그러나 서비스 무역은 증가하고 있었다. 특히 미국은 세계 최대의 서비스 수출 국가다. 미국의 서비스 수출이 늘어날 수 있었던 이유는 정보통신 기술 분야의 발전에서 찾아볼 수 있다. 따라서 서비스 무역의 자유화를 가장 적극적으로 주장했던 나라는 미국이다. 1980년대부터 급증하기 시작한 만성적인 무역적자를 메울 수 있는 방법은 국제경쟁력을 갖춘 서비스 무역의 자유화에 달려 있었기 때문이다.

1973년 '서비스 무역(Trade in services)'이라는 용어가 처음 사용된다. OECD 각료회의(1972년)가 산업구조 변화를 조망하고 도쿄라운드 준비를 목적으로 장기무역 전망을 검토하기 위한 고위 그룹을 설치하기로 결정하여, 이 그룹이 마련한 보고서(Report by the High Level Group on Trade and Trade-related Problems, 1973년)에서 처음 사용하기 시작했다. OECD는 보험(1983년), 은행(1984년), 관광(1984년), 시청각 영상(1986년), 해운(1987년), 증권(1987년) 분야의 서비스 무역 협상을 위한 개념적인 틀과 분야별 자유화원칙(1987년)에 대한 지침을 제시하여 UR 협상의 토대를 마련하게 된다. 서비스 무역의 자유화를 협상의제로 채택하자는 주장은 미국무역대표부(USTR)의 윌리엄 브로크(William Brock) 대사가 「서비스 무역협상을 위한 계획(A Simple Plan for Negotiating Trade in Services)」이라는 자료를 GATT 각료회의(1982년) 직전에 배포하면서 제기된다. 그는 자전거가 "앞으로 계속 나아가지 않으면 넘어진다(unless you continue to move, you will fall off)"는 '자전거 이론(bicycle theory)'을 들고 나와 서비스 무역의 자유화협상이 필요하다는 주장을 했다. GATT 제38차 총회(1982년 11월 24~29일)에서 채택된 각료선언은 각 나라들이 서비스 무역에 관한 조사를 실시하여 1984년 각료회의에서 검토하도록 하자고 명시했다. 이에 따라서 미국, 캐나다, 일본, 영국, 서독, 벨기에, 이탈리아 등 주요 EC 국가들은 1984년 GATT 총회에 서비스 무역에 관한 나라별 보고서를 제출했다. 이 보고서들이 지적한 공통점은 서비스 산업의 성장률이 다른 산업보다 높고, 서비스 무역에 시장접근 제한, 외국회사의 영업제 한 등 다양한 장벽이 있다는 것이다. 이 장벽을 철폐하기 위해 미국과 영국은 다자간 서비스 협상의 개최를 강력하게 주장했다. OECD(1985 년)의 논의 결과를 바탕으로 거의 모든 선진국들은 서비스가 GATT 협 상에 포함되어야 한다는 주장을 하게 된다. 개도국들은 GATT가 서비 스까지 관장할 법적 권한이 없다는 점, 서비스 교역에 관한 정보교환이 부족하다는 점, 상품과 서비스 무역협상 간의 분리여부 등 협상범위와 절차문제를 지적하면서 대립했다. 1986년 GATT 협상 준비위원회는 선진국을 중심으로 다자간 협상 준비작업을 계속 추진했고, 무역협상 위원회(TNC) 주관 아래 상품협상과 서비스 협상 그룹을 별도로 신설하 여 협상을 진행하되, 협상방식은 일괄수락(single undertaking)한다는 타협안으로 협상의제를 채택했다.

UR 서비스 협상에 참가한 국가는 최초 105개국이었는데, 당시 OECD 회원국 24개국 이외에는 대부분 개발도상국들이었다. UR 협상 의 결과는 선진국과 개도국 간 타협의 산물이다. 협상초기 서비스 무역 의 명확한 정의, 신뢰성 있는 통계자료의 확보, 다자간 규범의 범위와 개도국에 대한 예외인정, 협상의 대상과 포괄범위 설정, 무역을 제한하 는 조치와 관행 등에 대해 선·후진국 간 의견대립이 표출되었다. 개도 국은 처음에는 소극적이었으나 개도국을 위한 수출기회의 확대, 기술 이전, 개방유예 기간 등을 반영하는 절차를 채택해야 한다는 양해와 함 께 협상이 시작되었다. 그러나 1988년 12월 몬트리올 각료회의까지 협 상에 큰 진전이 없었다.

UR 협상과정에서 논의되었던 쟁점사항은 무엇인가? 먼저, 서비스 시장의 개방을 약속하는 양허표 작성에 있어서 미국과 EC 등 선진국들은 개방이 어려운 분야만 기재하고 그 밖의 분야에는 개방하는 소극적 목록(negative lists)을 주장한 반면, 대부분의 개발도상국은 양허표에 기재한 분야만 개방을 하겠다는 적극적 목록(positive lists) 작성을 선호했다.

양측이 팽팽히 맞서다가 자유화 약속이 가능한 분야에 양허표에 기재하는 적극적인 목록방식을 채택하되, 양허 분야에 대한 시장접근과 개방일정, 내국민 대우에 대한 제한조치가 있는 경우 이를 모두 기재하는 혼합방식을 채택하게 된다. 개발도상국은 노동력의 이동을 자유롭게 하자는 주장을 전개했으나, 미국을 위시한 선진국들은 이민법 또는 출입국관리법 등의 규정을 이유로 반대했다.

자유화의 속도에 있어서도 개발도상국은 점진적인 자유화를 주장했고 선진국들은 서비스 시장이 개방될 경우 직접투자의 유치로 개발도상국의 경제성장과 고용의 부분에 혜택이 크다는 논리로 조기개방을 주장했다. 선진국들은 서비스업에 대한 현지투자와 서비스 교역에 있어서 내국민 대우를 철저히 보장해야 한다고 강력히 주장함과 동시에 서비스업의 규제가 불가피한 점을 이해하지만 투명성을 보장하라는 주장이었다.

미국은 시장접근(market access)의 부분에 대해 상호주의를 주장했고 개발도상국들은 유치산업의 보호와 기술이전, 공급자 수의 제한 등과 같은 개발도상국을 위한 배려와 제한이 있어야 한다고 맞섰다. 서비스 협상그룹은 노동력 이동, 건설 엔지니어링, 영상·음향, 원거리 통신, 금융, 운송 등 분야별 작업반을 구성하여 논의를 진행했다. 협상과정에서 가장 진통을 겪었던 분야는 영상음향 서비스 부문이었다. EC는 문화적 가치를 보호하는 '문화적 관리사항'을 부속서에 반영하자고 제기했다. 미국이 해운과 기본통신에 대한 최혜국대우(MFN)를 적용하지 말자고 주장하자, EC는 영상·음향 서비스 부문에 대해서도 적용 배제할 것을 주장했다. 협상의 마지막까지 난항을 거듭했던 것은 문화적 가치를 이유로 영상·음향 서비스에 대한 예외를 허용하자는 EC의 주장과 미국, 캐나다 등이 서비스 협정대상에서 직접세를 제외하자는 주장 및 금융, 해운, 기본통신, 영상·음향 등의 양허수준과 최혜국대우 면제를 인정하자는 문제였다.

1993년 12월 15일 저녁 7시 30분, 피터 서덜랜드(Peter Sutherland) 사무총장은 협상의 공식종료를 선언했다. 그는 모든 회원국 대표들의 우뢰와 같은 박수 속에서 "UR 협정은 20세기 정치경제사에 일대 전환점"이 될 것이라고 평했다.

또한 그는 타결된 서비스 협상 개요를 설명한 후, 이 일은 세계무역제도의 커다란 변혁이며, 서비스 교역 증대를 통해 모든 국가의 고용과 소득증대를 가져올 것이라고 선언했다. EC는 UR의 타결을 "경제민주화(economic democracy)의 시작"이라고 논평하는 한편, 미국 역시 세계를 개방과 자유, 전진과 번영으로 인도할 것이라고 평했다. 개발도상국을 대표했던 말레이시아는 개발도상국들을 위한 특별대우 부분의 약속이 결여되어 있으며 개발도상국들에게 유리한 추가 시장개방이 있어야 한다고 지적했다.

사상 최초로 탄생한 서비스 협정(General Agreement on Trade in Services: GATS)은 협정본문, 규범을 다루는 부속서, 각국의 시장개방 양허, 최혜국대우의 예외목록 등 네 부분으로 구성되어 있다. 서비스협정은 29개 조문을 통해 협정의 적용범위, 최혜국대우, 내국민대우, 투명성, 국내규제, 상호인정, 송금, 양허, 추가자유화에 대해서 규정하고 있다.

이 협정의 적용범위는 앞에서 소개한 네 가지 공급형태, 즉 서비스의 국경 간 공급, 해외소비, 상업적 주재, 자연인의 이동에 범위를 두고 있다. 서비스 교역에 있어서 모든 교역 상대국들에게 공평하게 대하도록 하는 최혜국대우는 원칙적으로 인정되나 예외의 목록을 별도로 규정하고 있다. 내국민대우는 외국인을 내국인과 동등하게 대우하는 것인데 상품분야와 다르게 양허한 경우에만 이 원칙이 적용된다. 서비스 협정은 정부가 모든 서비스 무역과 투자에 관련된 규정을 공표하도록 했고 개정시 WTO에 통보해야 하며, 정부 안에 안내소(inquiy points)를 두도록 했다.

서비스에 관련된 국내 규제는 객관적이고 합리적 수준에서 이루어져야 하고, 서비스 공급자의 면허와 자격인증을 위하여 국가 간에 상호인정할 수 있는 근거를 두고 있다. 국제지불과 송금의 경우에도 국제수지로 인한 어려움이 있는 경우를 제외하고는 어떤 제한도 없어야 한다고 정해놓고 있다.

서비스 교역은 상품과 달리 매우 다양하므로 자연인의 이동, 금융, 통신, 항공운송 서비스에 대한 분야별 차이를 인정하는 규정을 부속서에 두고 있다. WTO 회원국은 서비스 분야별로 시장개방을 약속하는 양허표를 제출했고 다자협상을 통해 확정된 양허목록은 서비스 협정으로 구성되었다. UR 타결시 회원국들은 기본통신, 해운, 자연인의 이동, 금융 서비스 등 네 분야에 대해 계속 협상하기로 합의했는데, 이들 중 기본통신과 금융은 추가협상을 통해 협정을 개정했다.

GATS의 한계

UR 협상 결과로 WTO 출범과 함께 탄생한 '서비스 교역에 관한 협정(GATS)'은 서비스 분야의 교역을 다루는 최초의 구속적 다자간 규범이다. 제2차 세계대전 후 세계무역의 자유화를 촉진하기 위해 탄생한 GATT로부터 UR 협상결과로 만들어진 WTO 체제에 이르기까지 다자간 무역체제가 지녀야 할 근본적인 원칙은 ① 무차별 ② 자유화 ③ 투명성 ④ 경쟁원리라는 4대요건을 갖추는 것이다.

이러한 네 기준에서 다자규범으로서 서비스 협정(GATS)을 평가해보기로 하자.

첫째, GATS는 무차별의 원칙을 어떻게 보장하고 있는가? GATS는 제2조와 제17조를 통해 최혜국대우와 내국민대우를 보장하고 있다. '최혜국대우'란 서비스 협정의 대상이 되는 모든 조치에 대하여 특정 회원국에 주는 대우보다 불리하지 않는 대우를 즉각적이고도 무조건적으로 부여하는 것이다.

그리고 '내국민대우'란 외국인 서비스 공급자에게 양허표에 명시된 조건과 제한 이외의 그 어떤 경우라도 내국민과의 차별을 두어서는 안 된다는 조건을 말한다. 그러나 서비스 협정의 경우 그것을 개방하지 않는 국가가 개방의 혜택을 누리는 것을 방지하기 위하여 최혜국대우 면제를 허용한다.

최혜국대우 면제는 개발도상국보다 선진국의 경우에서 더 많이 나타나는데, 앞으로의 협상과정에서 상호주의 원칙에 따라 이 부분을 시장개방의 수단으로 이용할 가능성이 높다. 서비스 협정에서는 내국민대우의 경우에도 일반적인 양허 형태로 인정하고 있다. 따라서 서비스 분야별로 각국의 제도나 규제조치에 차이가 있을 뿐 아니라, '동등한 경쟁조건(equal conditions of competition)' 또는 '동등한 경쟁기회(equal competitive opportunity)'에 대한 구체적 기준에 대해서도 해석상 논쟁의 소지가 많다.

둘째, GATS는 서비스 무역의 자유화를 어느 정도 실현했는가? 주지하고 있는 것처럼 서비스 산업은 그 종류가 무수히 많고 공급의 형태도 매우 다양하다. 서비스 협정은 서비스 자유화의 대상을 폭넓게 인정하고 있으나, 각국이 구체적으로 양허표에 개방약속을 한 실태를 살펴보면 선진국에 비해 개발도상국은 매우 소극적이다.

또한 공급의 형태도 국경 간 공급, 해외소비, 상업적 주재, 자연인의 이동이란 4가지 공급방식만을 인정한다. 자연인의 이동은 상업적 주재와 관련이 밀접한 필수인력의 이동만을 보장하고 있으며 상업성을 갖고 있지 않은 정부의 공공 서비스는 제외되어 있다.

서비스의 4가지 공급형태 중 자연인 이동에 대해서 106개의 양허표 중 92%가 제한을 두고 있으며 2% 정도는 양허를 불허했다.

상업적 주재에 의한 시장접근은 양허 약속의 66%가 제한을 기재했고 4%는 시장접근을 불허했다. 국경 간 이동과 해외소비에 의한 시장접근에 대해서는 비교적 제한이 적었다. GATS는 양허표에서 양허한 서비스 분야는 적극적(positive) 방식에 따라 기재하고 있어 양허하지 않으면 자유화할 의무가 없어진다. 그리고 양허한 분야도 외국인에 대한 제한조치, 즉 시장협조와 내국민대우에 대한 제한을 소극적(negative) 방식으로 기재했다.

개발도상국의 참여가 없는 서비스 교역의 자유화는 그 의미가 작기 때문에 GATS는 점진적 자유화를 목표로 하고 있으며, 개발도상국의 참여증진을 제도적으로 보장하고 있다.

기술이전, 고용조건, 합작투자 요건, 국내 서비스 제공 등과 관련된 개도국의 규제조치를 정당화하는 제도적인 장치는 있지만 그것은 선언적인 성격이 강하고 선진기술의 이전 의무에서와 같은 법적 의무는 없다. 서비스 무역장벽을 철폐하려고 국내 규제조항은 '객관적이고 투명한 기준(objective and transparent criteria)'을 합리적·객관적 방법으로 공평하게 집행하도록 하는 데 그 의미가 있으나, 이를 판정할 기준이 없다는 것이 문제다.

무형의 생산물을 공급하는 서비스 교역은 특정 산업의 경우 자격을 부여하거나 인·허가를 제도적으로 보장한다. 시장접근을 쉽게 하기 위해서 전문 서비스업의 경우, 회원국들 사이에 '자격인정제도'를 두어 자유화에 기여하지만 이는 시행할 수 있는 법적 근거를 제공해주는 것에 불과하다.

셋째, GATS는 투명성을 보장하고 있는가? GATS 제3조에서는 서비스 무역의 투명성을 보장하기 위해 각 회원국에게 공표(publication), 통보(notification), 안내소(inquiry point) 설치 의무를 규정하고 있는데, 이는 투명성을 제고하기 위한 것이다.

그러나 서비스 산업은 그 폭이 매우 넓고 서비스의 공급형태와 관련 규제 조치가 다양할 뿐만 아니라 각 나라마다 특정한 영업관행, 시장접근 제한의 관행을 폐지할 구체적인 의무규정을 명시해두고 있지 못하는 실정이다.

GATS는 제5조에서 지역협정이 차별조치를 철폐하고 새로운 장벽을 구축하지 않는다는 등의 일정 요건을 갖출 경우, 이를 인정하고 있으며 지역협정이 WTO 협정과 상호 양립하는 것으로 받아들이고 있다. 그러나 지역협정이 WTO 규정과 합치하는지에 대한 구체적인 평가기준이 없고 대다수의 지역협정이 서비스 무역자유화를 원칙적으로 규정하고 있으나 자본과 노동의 실질적 자유화는 보장하지 않는다.

마지막으로 GATS는 경쟁원리를 제대로 보장하고 있는가? GATS는 제8조를 통해 서비스 무역의 자유화를 저해하는 독점 및 배타적 경쟁제한 행위를 규제한다. 제9조 역시 서비스 공급자의 특정한 영업관행(business practices)을 통해 경쟁을 제한할 수 있다는 것을 인정하고, 이를 제거하기 위한 회원국들 사이의 협의(consultation)와 정보제공 의무를 두고 있다. 그러나 제한적 영업관행을 폐지할 만한 구체적인 의무규정이 아니기 때문에 문제가 된다. 현재 경쟁정책에 대한 다자간 규범을 제정하기 위한 논의가 WTO에서 진행되고 있어 그 귀추가 주목된다.

또한 GATS는 서비스 산업에 대한 보조금 지급규정을 두고 있으나 상품무역과는 다르게 보조금의 정의나 상계조치의 발동조건 등에 대한 관련 절차규정이 없는 실정이다.

서비스 산업의 특성상 보조금의 지급실태, 보조금 지급의 파급영향, 피해의 규모와 경제적 영향 등을 측정한다거나 명확하게 한다는 일은 현실적으로 어려움이 있기 때문이다.

지금까지 무차별, 자유화, 투명성, 경쟁원리 등 네 가지 기준에서 GATS를 평가해보았다. UR 협상에서 GATT 체제에 서비스 무역을 포함시키고자 했던 것을 개발도상국들이 반발함으로써 별도의 협정을 두고 있다. 별도의 협정으로 인하여 개발도상국들의 참여가 높아지기는 했으나 상품과 관련된 협정과 다르게 GATS는 많은 제도적인 결함을 지니게 되었다.

　회원국들의 자유화 약속인 양허수준 역시 매우 저조하다. 그런 이유
로 도하개발의제가 채택되어 뉴 라운드 협상이 공식 출범하기 전인
2000년 1월부터 서비스 협상을 개시할 운명의 '기설정의제(Built-in
Agenda)'를 두게 된다.

2
WTO 협상전선

앞에서 설명한 것처럼 UR 협상(1986~94년)은 종전 상품무역 위주의 다자간 무역체제에 추가적으로 농업, 서비스(GATS), 지적재산권(TRIPs)을 더했고, WTO의 발족과 분쟁해결제도(Dispute Settlement Understanding: DSU)를 확립하는 등 역사적인 기념비를 세웠다. 그러나 농업협정과 서비스 협정은 각 나라별 정치적 민감성과 회원국들 사이의 첨예한 의견대립으로 점진적 자유화를 택하게 되었고, 5년 후인 2000년 1월부터 재협상을 하기로 규정했다. 이를 '기설정의제'라고 부른다.

1998년 5월 제네바에서 열린 제2차 WTO 각료회의는 차기협상의 안건들을 제3차 각료회의에서 결정하기로 합의했다. 그리하여 1998년 9월부터 제네바에서 본격적인 협상준비 작업에 들어갔고, 1999년 7월까지 진행된 준비협상에서 협상일정, 협상구조, 협상범위와 관련한 논의가 광범위하게 이루어졌다. 그 결과 협상 일정이 2000년 1월 1일부터 3년 이내에 마무리하자는 의견의 일치를 보게 된다.

시애틀의 비운

미국의 시애틀에서 1999년 11월 29일부터 5일 동안 뉴 라운드를 출범시키려는 WTO의 제3차 회의가 열렸다. 이 회의에서는 UR에서 제시되었던 농산물과 서비스 분야에 대한 내용을 좀더 구체적으로 다루기로 되어 있었으며, 또한 미국이 제시한 무역과 노동기준의 연계, EC 및 우리나라, 일본 등이 제시한 미국의 반덤핑 남용에 대한 협상, 개발도상국의 무역우대 조치 등도 의제로 제기되었다.

1999년 12월 3일 밤 10시, 시애틀 컨벤션센터 국제회의장. 제3차 WTO 각료회의 의장인 바셰프스키(Barshefsky, USTR 대표)는 며칠에 걸친 지루한 회의에 지친 듯한 모습으로 의장석에 오른 후, 카랑카랑한 목소리로 시애틀 회의가 뉴 라운드 출범에 합의하지 못했음을 선언했다. 이어 무어(Moore) 사무총장도 각료회의를 중단(suspend)하기로 결정했다고 밝혔다. 뉴 라운드 출범을 목표로 개최되었던 시애틀 각료회의는 이렇게 막을 내린다. 세계의 이목이 집중되었던 시애틀 회의는 왜 실패했는가? 다음과 같은 요인들이 경제전문가와 언론에 의해 공통적으로 지적되었다.

첫째, 각국의 첨예한 이해 대립 때문에 협의가 어떤 합의점에 도달할 수 없었다. 미국과 케언즈 그룹의 국가들은 농업·서비스와 같은 기설정의제(BIA) 외에도 공산품 시장접근 위주의 제한된 분야를 협상대상에 포함시키기를 원했고, 개발도상국들은 협상범위의 확대보다는 기존 협정의 이행문제에 더 큰 관심을 기울였다. EU, 일본, 한국을 비롯한 일부 중견 개발도상국들은 시장접근 분야 의제 이외의 투자, 경쟁정책, WTO 규정검토 등을 망라한 포괄적 협상을 주장했으며, 미국과 대부분의 개발도상국들은 이 문제에 대해 강력한 반대 의사를 표명했다. 농산물의 경우, 미국, 캐나다와 같은 수출국들은 농산물의 국내생산에 대한 정부의 지원을 폐지하는 것은 물론, 유전자변형 농산물에 대한 수입제한 조치의 폐지를 주장했다. 그러나 EU, 한국, 일본과 같은 수입국들은 농산물이 갖는 식량안보, 농촌의 경제적 생존 및 개발, 환경보호, 식품안전 등의 비교역적인 특성을 들어 수출국의 주장을 수용하지 않았다. 또한 다수의 개발도상국들은 뉴 라운드 출범의 선결조건으로 기존협정의 이행(Implementation)을 보장하라는 강경한 입장을 고수했다.

둘째, 각료회의에 임하는 미국의 준비 부족과 비타협적인 자세다. 1990년대 중반 이후 국내경기의 계속된 호황으로 미국 산업계는 뉴 라운드의 필요성이 그다지 절실하지 않았으며, 그것보다는 중국과의 교역증대에 그 관심이 쏠려 있었다. 미국 행정부도 중국의 WTO 가입을 위한 양자협상에 많은 시간과 노력을 집중하여 시애틀 각료회의를 대비하는 사전준비가 소홀했다는 점이 지적되고 있다. 또한 미국의 정치권은 2000년 말 대통령선거를 의식, 거의 모든 WTO 회원국이 반대하는 노동문제를 뉴 라운드 협상의제로 포함하려고 했고, 많은 회원국들이 협상의제에 반덤핑 문제를 포함하자고 하는 의견에 반대하는 비타협적인 모습을 보였다.

셋째, WTO 의사결정 과정의 문제점도 합의의 실패원인으로 지적되었다. WTO의 의사결정은 GATT 이후의 관행인 합의에 의하여 결정하되, 합의가 이루어지지 않는 경우에는 표결에 의한다고 규정하고 있다. 그러나 WTO는 합의에 의한 의사결정 원칙만을 고수(표결 전례는 없음)하고 있기 때문에 현실적으로 주요 문제들의 합의를 135개 회원국으로부터 이끌어내는 일은 매우 힘든 작업과정이었다. GATT 및 WTO는 주요 협상의 효율을 더하기 위하여 주요 교역국이 참가하는 소규모 그룹 회의를 통해 주요 의사결정을 했었지만, 이는 투명성(transparency) 측면에서 많은 개발도상국들이 의사결정 과정에서 배제되는 문제점이 생겨났다. 예를 들어 시애틀 각료회의에서도 23개국 각료만 참석한 그린 룸(Green Room) 회의가 있었는데, 이것에 대하여 여러 개발도상국들은 그들의 불만을 노골적으로 드러냈던 것이다

넷째, 전세계 각 나라에서 모인 시민 사회단체(NGO)들이 보여준 뉴 라운드 출범에 대한 거센 저항이다. 대부분의 NGO들은 WTO 체제와 세계화가 세계적인 경쟁을 유발시킴으로써, 경제적 약자인 노동자나 농민들의 삶을 피폐하게 만들고, 환경을 파괴하는 결과를 초래한다고 주장하면서 뉴 라운드의 출범 그 자체를 반대했다. 각 단체들은 WTO 협의에서 농업, 보건의료 및 교육 서비스, 문화 등의 부분이 일반상품처럼 자유화의 대상으로 논의돼서는 안 된다고 주장했다. 또한, 미국 노총(AFL-CIO)과 국제자유노련(ICFTU)이 무역과 노동기준의 연계를 주장했다. 이들의 격렬한 시위는 시애틀 회의의 당초 예정된 개막식을 불가능하게 했다. 이러한 세계 NGO들의 거센 뉴 라운드 출범의 저항은 시애틀 협상을 순조롭게 진행할 수 없게 했을 뿐만 아니라, 많은 나라들의 협상대표들에게 세계화와 자유화에 대해서 새로운 인식을 심어주는 계기가 되기도 했다. 뉴 라운드 협상의 실패는 세계화와 무역자유

화의 주장과 논리에 대한 크나큰 시련이었으며, 미국 등 선진국 중심의 세력에 대한 저개발국가나 시민 사회단체들의 강력한 도전이었다. 물론 이러한 도전들이 새로운 이데올로기나 국제관계의 형성을 향한 발판으로 작용하기에 그 힘과 역할이 아직은 미미하다고 하겠다. 시애틀 회의의 협상실패가 부분적으로는 이들의 영향을 받았다고 할지라도, 좀더 큰 원인은 미국의 소극적인 태도, 선진국들 사이의 서로 다른 이해관계의 충돌에 있기 때문이다.

도하개발의제

뉴 라운드 출범을 위한 시애틀 각료회의가 실패로 돌아갔음에도 불구하고, 농업과 서비스 협상은 UR에서 합의한 대로 2000년 1월부터 시작되었다. WTO 회원국들은 2001년 11월 9일부터 14일까지 제4차 각료회의를 카타르 수도 도하에서 열고 중국과 대만을 새로운 회원국으로 승인했으며, 동시에 뉴 라운드 협상을 출범시키게 된다. 뉴 라운드 협상을 '라운드'로 부르기보다는 개발도상국의 개발문제를 부각시키기 위하여 "도하개발의제(Daha Development Agenda)"로 명명했다.

각료회의 결과 협상의제로 농업, 서비스, 비농산품을 위한 시장접근, 반덤핑 협정과 보조금협정(수산보조금 포함)의 개정, 지적재산권, 전자상거래, 지역협정, 싱가포르 이슈(투자, 경쟁정책, 무역 원활화 및 정부조달 투명성), 환경 등의 문제를 채택했다. 네 가지 싱가포르 이슈에 대해서는 2003년에 개최될 제5차 각료회의 이후 협상을 하도록 되어 있다. 아울러 환경문제에 대해서는 향후 2년 간 연구분석 작업을 계속하도록 하고 제5차 각료회의에서 협상개시 여부를 결정하기로 했다. 그리고 협상의 문제에 있어 전체협상을 하나의 패키지(package)로 처리하는 일괄타결 방식(single undertaking)으로 진행하고, 협상감독기구로서 일반 이사회 산하에 무역협상위원회(Trade Negotiations Committee)를 설치하되 제1차 회의는 2002년 1월에 열고, 2005년 1월 1일 이전에 협상을 종료하기로 했다.

뉴 라운드 출범을 위한 협상과정에서 개발도상국들이 강력하게 요구한 WTO 협정 이행에 관한 사항(약 100개 사항)에 대하여 약 절반 정도는 그 해결방안을 제시했고, 나머지 이행문제는 작업계획에 따라 처리하기로 했다. 각 협상대상 분야의 이행문제는 협상과정에서 처리하고, 그 밖의 분야에 대한 이행문제는 관련 산하기구에서 검토하되, 그 결과를 2002년 말까지 무역협상위원회에 보고하기로 했다. 또한 개발도상국의 요구를 받아들여 AIDS 치료제 확보 등 공중보건 보호를 위해서 WTO 지적재산권협정(TRIPS 협정)이 제약을 받지 않도록 한다는 원칙을 천명했다.

도하개발의제는 WTO 체제 수립 후 처음 열렸던 시애틀 각료회의의 실패 이후 실추된 WTO에 대한 신뢰회복을 가져옴은 물론, 전반적으로 침체상황에 있는 세계경제의 활성화와 미국 테러 사태 이후 위축되었던 국제사회의 분위기 회복에 기여하게 된다. 도하 각료회의에서 이루어진 중국과 대만의 가입은 WTO가 진정한 세계무역기구로 발전하기 위한 중요한 진전이었으며, 도하개발의제 협상이 성공적으로 마무리될 경우 세계경제와 통상을 관리하는 WTO의 권한과 역할이 확대될 수 있는 계기가 될 것이 분명하다.

도하개발의제 협상을 출범하기 위한 각료선언은 개발도상국의 발언권 강화에 따라 협상의제 및 분야별 협상목표에 개발도상국의 입장을 폭넓게 반영하고 있다. '뉴 라운드'라는 명칭에 대한 개발도상국의 저항을 감안하여 '도하개발의제'라는 명칭을 사용하게 되었고 지적재산권과 공중보건에 대한 별도의 각료선언문은 지적재산권 보호에 소극적인 개발도상국의 주장을 일부 수용하고 있다.

폭넓은 협상 의제에 비해 3년이라는 짧은 협상기간을 설정, 신속한 협상진행이 불가피할 것이기 때문에 앞으로 '도하개발의제' 협상은 어렵고 복잡한 양상을 띨 것으로 보이며 특히 농업, 반덤핑, 환경 등 주요 쟁점 분야에서 나타날 이견대립을 봉합한 이후, 앞으로의 협상과정에서 논란이 재현될 것으로 예상된다.

무역의존도가 높으면서 지역협정에 가입하지 않은 우리나라로서는 WTO 다자협상을 통한 무역자유화가 앞으로 우리가 선진국으로 도약하는 데 중요한 기회인 동시에 심각한 도전을 가져다줄 것으로 전망된다.

경쟁력이 취약한 농업, 수산업 및 일부 서비스 분야는 상당한 어려움에 직면할 가능성이 있음을 부인할 수 없다. 우리의 선택과 의지에 따라 공산품, 서비스, 반덤핑협정 개정, 투자, 경쟁정책, 무역 원활화, 정부조달 등의 분야에서 협상을 통한 해외시장 진출의 장벽을 없애고 그 여건을 개선하며, 세계화의 수준에 맞는 우리의 산업경쟁력 제고 및 관련제도 개선을 촉진할 수 있는 기회가 될 것이다.

GATS 협상전선

정보통신 기술의 발전과 세계화의 진전으로 세계교역 질서가 변하고 있다. 즉 경제통합이 가속화되어 국가 사이의 상호의존성이 더욱 높아지고 있는 것이다. 서비스 무역과 투자자유화의 실현을 위해 다자규범(GATS)의 정립이 불가피하게 되었는데, UR 협상이 종료된 후 서비스 부문은 농산물 부문과 함께 WTO 협정에 반영되었지만, 자유화의 수준이 낮아서 후속협상대상(BIA)으로 정해져 있었다. WTO 체제 출범 후에도 이들 분야에 대한 추가협상이 계속 진행되었던 것이다. 서비스 협정(GATS) 제19조에 "점진적으로 좀더 높은 수준의 자유화를 달성하기 위해 WTO 발효일로부터 5년 안에 협상을 개시"한다는 규정이 있다. 이에 따라 인력 이동(1995년 7월), 기본통신(1997년 2월), 금융서비스(1997년 12월) 등의 개별협상 분야가 추가협상의 결과로서 타결되었다. WTO가 뉴 라운드 협상을 개막하기 위해 'WTO 후속협상에 관한 작업계획'이라는 제목의 논의를 제2차 각료회의에서 개시하기로 결정했는데, 즉 뉴 라운드 협상의 범위, 방식, 일정 등 작업계획에 대한 권고를 제3차 각료회의(1999년 11월 말 시애틀)에 제출하기로 한 것이다. GATS 아래의 서비스 무역 이사회와 서비스 양허위원회, 그리고 전문작업반을 중심으로 논의가 진행되어왔다. 1998년 6월에서 12월까지의 기간 중 양허협상 준비를 위한 분야별 정보교환 프로그램이 본격적으로 추진된 이후, 향후 협상 진행방식에 대한 논의도 개진되었다. 1999년 1월 이후에는 서비스 교역이사회와 각종 작업반 활동을 통해서 '도하개발의제'가 정식으로 채택되기 전 이미 서비스 협상의 토대를 마련했던 것이다.

자유화 추진방식인 양허표의 구조를 살펴보면 GATS를 둘러싼 협상전선을 쉽게 이해할 수 있다. 다음 표에서 보는 것과 같이, 서비스 분야별 자유화조치 내용은 양허표에 적극적 목록(positive)으로 기재하고 있으며, 서비스 분야별 시장접근이나 내국민대우에 대한 제한조치는 양허표에 소극적 목록(negative)으로 기재하고 있다.

서비스협정은 제1장에서 이미 설명했던 것처럼 다양한 무형의 재화로서 공급방식에 있어서도 독특한 성격을 지닌다. 이러한 특성을 감안하여 서비스협정은 서비스 교역의 형태를 ① 국경 간 공급(Cross-broder supply, mode 1), ② 해외소비(Consumption abroad, mode 2), ③ 상업적 주재(Commercial presence, mode 3), ④ 자연인 주재(Presence of natural persons, mode 4)로 규정하고 있는 것이다. 상품교역은 시장접근이나 내국민대우가 일반적으로 통용되는 의무인 것과는 달리 서비스 교역은 양허협상 대상으로 되어 있다.

서비스의 최초 다자규범인 GATS는 시장개방 수준이 낮고, 최혜국대우 의무와 내국민대우의 예외가 폭넓게 인정되어 무차별 원칙의 준수의무에 한계성을 지니고 있다. 전문직, 유통, 건설, 해운 등 분야별 자유화의 범위를 확대할 필요가 있으며, 시장접근, 내국민대우의 제한, 투명성 제고, 국내규제 등의 무역장벽 철폐, 최혜국대우 적용시 문제 등이 앞으로 다루어야 할 주요 협상안건이다. 서비스 무역자유화와 관련해서 서비스 산업 분류의 개선, 자유화와 양허방식의 개선, 보조금과

❙ GATS의 양허표 구조

분야/업종	시장접근 제한	내국민대우 제한	추가적 자유화약속
'예시' 1. 사업 서비스 A. 전문직 서비스 a. 회계	* 공급형태별 유보사항기재 1)국경 간 공급 2)해외소비 3)상업적 주재 4)자연인의 이동	* 공급형태별 유보사항기재 1) 2) 3) 4)	기타 추가 양허사항

긴급조치(safeguard) 등의 규범제정 분야 역시 주요 과제다.

서비스 무역자유화를 위한 서비스 무역 이사회와 그 산하에 있는 서비스양허위원회, 규범제정 작업반 등에서 선·후진국 사이 또는 이해관계를 달리하는 회원국 사이의 새로운 협상전선을 구축하기 위한 갑론을박은 가히 협상의 전초전이라 할 수 있다. 이와 같은 내용들을 ① 협상지침 분야 ② 규범제정 분야 ③ 시장개방 분야 ④ 기타 서비스 교역 관련 이슈로 구분해 알아보기로 한다.

협상지침분야에서 선진국들은 점차 높은 수준의 자유화를 달성하고 (GATS 14조), 시장접근과 내국민대우의 범위를 확대할 것과 효과적인 서비스 무역규범의 발전을 목표로 하고 있으나, 개발도상국들은 그들의 서비스 수출시장을 확대하고 발전능력을 키우는 데 목적을 둔다. 미국의 USTR 대표가 서비스 협상과정에서 공개적으로 밝힌 발언을 한마디로 요약하면 "미국은 서비스 교역과 투자에 있어 ① 무역 원활화 ② 개발도상국 능력형성(capacity building) ③ 서비스 교역의 투명성을 제고"하고자 한다는 것이다.

뉴 라운드 협상을 도하개발의제라 명명한 예를 통해서도 알 수 있는 것처럼 앞으로 서비스 협상의 성공여부는 개발도상국들의 적극적인 참여 여부에 달려 있다고 하겠다. 즉 그들의 이익증진을 위해 신축성을 유지할 필요가 있으며 개발도상국들에게 실제로 의미 있는 상업적 기반(기술접근, 유통경로, 정보 네트워크 활용 등)의 마련과 능력배양 강화에 따른 그들의 요구를 어떻게 수렴할 것인가 하는 문제가 관건이다.

협상범위에 있어서 대다수 회원국은 모든 서비스 분야와 공급형태를 포함한 포괄적 협상을 희망하고 있다. 그러나 협상대상 분야의 우선순위를 부여함에 있어 회원국들은 저마다 그 입장과 이해를 달리하고 있다. 미국의 경우 유통, 시청각, 신기술 분야를 협상의 우선순위로 주장하고 있으며 EU는 환경, 건설, 유통, 보건, 교육 서비스 분야에서, 일본은 해운 서비스, 호주는 사업 서비스에 그 우선순위를 두고 있다. 홍콩은 우선순위를 정할 필요가 없다는 입장이다. 대부분의 개발도상국들은 자신들의 관심분야에 대한 장벽제거와 시장접근 개선에 대해 중요하게 생각하고 있다.

한국, 일본, 홍콩, EU, 호주, 뉴질랜드, 칠레 등의 회원국들은 기존의 양허 중 최혜국대우 면제조치를 검토할 필요가 있다는 데 의견을 같이하고 있으며, 특히 한국과 일본은 국제통상에서 최혜국대우가 기본원칙이라는 점을 강조, 면제조치는 최소화할 필요가 있다는 주장이다.

지금까지 여러 가지 협상방식이 제기되었다. 미국, EU, 일본, 스위스는 'Formula' 협상방식을 제기하고 있으며, 한국, 인도, 브라질, 아르헨티나, 우루과이 등은 요구 및 제출(Request/Offer) 방식을, 호주, 뉴질랜드, 칠레는 최소자유화를 약속하면서 모델 스케줄을 제시하고 이에 따라 R/O 방법을 택하자는 주장이었다. 협상결과는 '단일안 수용(single undertaking)' 으로 채택하자는 의견이 지배적이었다.

규범제정(Rule Making) 분야에 있어서 대부분의 회원국들은 긴급보호조치(safeguard), 보조금, 정부조달, 국내규제를 다루게 될 규범제정 작업을 차기협상에서도 계속하여 논의하는 데 동의한다. 특히 개발도상국들은 긴급 세이프가드와 보조금에 관한 규범개발에 우선순위를 두자는 입장을 보였다. EU, 홍콩, 일본은 회계규범과 기본통신의 예에서와 같이 서비스 분야에도 경쟁정책적 요소의 반영을 제기했다.

현행 GATS 보조금규정(제15조)은 구체성과 실효성이 거의 없다. 서비스보조금의 경우를 살펴보면, 실제로 국내 생산보조금이 대부분이고, 재정지원 이외의 융자지원인 경우가 많고 유사상품의 존재, 거래의 불가시성 및 보조금의 간접효과를 생각해볼 때 지원대상과 효과측정이 곤란하다는 점이 협상을 어렵게 하고 있다. 상품을 위한 GATT의 보조금규정을 참고하되 서비스 공급형태의 특수성을 감안하여 협상이 진행될 것으로 보인다.

현재 각 나라들이 제출한 '보조금 현황'에 대한 문답을 통해 개념정립 작업을 하는 정보교환 단계에 있다. 긴급수입제한조치(ESG)는 서비스 교역의 특성상 국내산업의 범위설정, 공급형태의 다양성, 피해대상의 정의곤란 등 구체적인 규정을 마련하지 못한 상태다. 선진국들은 서비스 공급형태의 다양성과 서비스 양허구조의 특성 등을 고려할 때 긴급수입제한조치의 도입에 회의적인 입장을 보이는 반면, 개발도상국들은 산업피해 구제책의 마련과 서비스 무역자유화를 위한 유인수단으로서 긴급수입제한조치의 도입을 강력하게 주장하고 있다. 긴급수입조치에 대한 규범을 두는 경우에도 많은 회원국들은 모든 서비스 산업분야에 공통적으로 적용하는 수평적 접근방식(Horizontal)을, 미국과 캐나다는 서비스의 분야마다 성격을 다르게 한다는 이유로 각 분야마다 규범을 만들기는 하되, 양허표에 반영하자는 입장(Sector Specific/Schedule)이다.

서비스 협정의 국내규제에 대한 조항(GATS 제6조)은 자격요건, 절차, 기술수준, 면허요건 등 서비스 규제에 대한 원칙적인 선언규정에 불과하다. 시장접근과 내국민대우에 대한 무역장벽의 실질적 개선은 국내규제의 개선에 있다고 할 수 있다. 시장접근을 제한하는 규제적 요소를 제거할 수 있는 규범정립을 위하여 기존 서비스 이사회의 '전문직작업반(WPPS)'을 '국내규제 작업반(WPDR)'으로 대체하여 다음과 같은 네 가지 기본개념, ① 수요검토(necessity test) ② 투명성(transparency) ③ 등가성(equivalence) ④ 세계기준(international standard)을 중심으로 논의하고 있다.

정부조달 서비스에는 최혜국대우와 시장접근, 내국민대우 규정의 적용이 배제되어 있다(GATS 제13조). 정부조달협정 체약국들이 GATS에 정부조달규정이 포함되는 것을 원하지 않는 것이다. 그 이유는 ① 정부조달협정에 이미 서비스가 포함되어 있고, ② 협정참가국도 많지 않으며(26개국), ③ 부가가치 면에서 의미 있는 분야는 건설, 해운 등 일부에 국한되어 있다. 개발도상국들도 개방준비가 미비하다는 이유로 기피하고 있다는 것 역시 배제되고 있는 이유다. GATS 규범작업반에서 투명성보장을 중심으로 논의가 전개되고 있다.

다음 표에서와 같이 세계의 전체적인 서비스업 개방 수준을 살펴보면, 선진국들은 64%를 개방한 반면에 개발도상국들은 16%에 불과하다. 서비스 분야 중 개방수준이 가장 낮은 분야는 시청각, 우편, 기본통신, 운송 부문 등이다.

GATS는 서비스 시장의 개방수준을 높이기 위하여 WTO 협정발효 이후 5년 이내(2000년까지)에 서비스 양허협상을 재개할 것을 규정했다. 이에 따라 UR 협상 이후에도 서비스 협상은 계속 진행되었고 결국

┃ 서비스업의 개방수준

구 분	전체 서비스 업종 중 개방수준	시청각, 우편, 기본통신 운송 부문 제외시
선진국(25개국)	64%	82%
체제전환국(4개국)	52%	66%
개도국(77개국)	16%	19%

체제 전환국 : 체코, 헝가리, 폴란드, 슬로바키아

기본통신 서비스, 인력이동, 금융협상 등의 부문에서는 의정서를 채택하게 된다. 1998년 6월부터 서비스 무역이사회는 각 분야별 '정보교환 프로그램'을 실시하는 등 뉴 라운드 서비스 협상 준비작업을 진행해왔다. 여기에서는 시장개방과 관련하여 기본통신, 금융, 인력이동, 해운, 전문직 서비스 분야를 중심으로 간단히 소개한다.

기본통신 분야는 1994년 5월에 협상 개시하여 1997년 2월 GATS 제4의정서로 채택된다. 협상범위는 유선통신(시내, 시외, 국제전화)과 무선통신(이동전화, 무선호출, PCS) 등 12개 기본통신 서비스 분야다. 기본통신협정의 내용에는 경쟁촉진, 접속보장, 면허의 투명성, 규제의 독립성, 최혜국대우(면제는 개별국가가 결정) 등이 있으며, 기본통신 부문은 선진국 통신사업자와 기술·자본의 제휴는 물론 개발도상국의 시장진출기회가 확대될 것으로 보인다. 앞으로 장기 독점권부여 여부, 인허가 절차개선, 요금정산, 부가통신 등의 분야로 협상범위가 확대될 전망이다.

금융 서비스 분야에 대한 협상은 UR 초기부터 시작되었으나 선진국과 개발도상국 사이에 첨예한 이해의 대립으로 진통을 겪다가 1995년 7월 28일 잠정협정(미국은 불참) 체결을 거쳐 1997년 12월 12일 타결되고, GATS 제5의정서로 채택(1999년 3월 1일 발효)되었다. 한국, 미국, 일본, EU, ASEAN 등 총 70개국이 참여한 협정으로 양허된 업종은 금융(예금, 대출, 리스, 지급, 송금), 보험(생명보험, 손해보험, 재보험, 보험대리업), 증권, 투자신탁, 금융결재, 투자자문 등이다. 차기 WTO 금융협상은 서비스협상이 기설정된 의제이므로 금융협정의 비준이 선결과제다.

인력이동 부문은 1995년 5월 4일 협상을 시작하여 1995년 7월 28일

협상타결을 이루어 채택한 GATS 제3의정서가 1996년 7월부터 발효되었다. 서비스 모든 업종과 관련된 노동력의 이동문제다. 선진국은 서비스 무역에 필요한 필수인력의 이동만을 주장하는데 반해, 개도국은 자유로운 이동을 주장(시민권, 영주권, 영구취업은 이 범위에서 제외됨)하고 있다. EU(15개국), 호주, 캐나다, 노르웨이, 스위스, 인도 등은 이 부문에 있어 개방의 폭이 크며 상업적 주재가 없어도 전문직에게 이동기회 제공이 가능하다.

해운 부문은 1995년 5월부터 1996년 6월까지의 기간 중 16차례나 협상이 있었으나 미국이 타 회원국의 양허 약속이 미흡하다는 이유로 합의를 이루지 못한 채 중단하고 뉴 라운드 협상으로 연기되었다. 협상범위는 외국선사의 국내취항, 내국민대우, 상업적주재, 해운보조 서비스(창고, 통관, 컨테이너 기지, 항만시설접근), 내수로운송 서비스 등이다.

전문직 서비스의 범위에는 법률 서비스, 회계, 감사, 세무, 건축 서비스, 엔지니어링 서비스, 도시계획 및 조경, 의료·치과 서비스, 수의사, 간호, 광고 등이 포함된다. 협상의 핵심은 전문직업인의 자격취득과 인정문제다. GATS 제7조에 상호인증(MRA)을 허용하고 있다. GATS 규범 권고안 마련을 위해 설치된 전문직 서비스 작업반(WPPS)은 다음 3개 분야에 대한 기준을 마련했다.

① 시장접근에 대하여, 다자간 질서개발(GATS제6조 4항)의 발효를 위한 자격요건과 절차, 면허요건 및 절차, 기술적 표준의 확보와 함께 국내규제는 객관적이고 투명한 기준에 준해야 하며 서비스의 질적 확보차원 이상의 부담을 갖게 해서는 안 된다. ② 작업반이 기준을 직접 정하지 않고 국제기구가 마련한 국제적 기준을 활용하도록 건의하고

있다(예를 들면 회계직의 경우 회계와 재무보고, 재무제표의 감사, 자격요건과 윤리). ③ '회계분야의 상호인정협정을 위한 지침'의 채택이 그것이다. 이 같은 기준들은 서비스 교역이사회에서 승인을 받게 된다(1997년 5월 29일).

1998년 2월 19일 WTO 일반이사회에서 미국이 제안했던 인터넷 온라인 제품에 대한 무관세의 국제규범화를, WTO 제2차 각료회의(1998년 5월)에서 '세계 전자상거래에 관한 선언문'이라는 이름으로 채택했고, 각 이사회와 위원회별로 논의했던 결과들을 토대로 보고서를 작성해 제3차 각료회의(1999년 11월)에 제출했다. 서비스 무역이사회(CTS)는 GATS상의 전자상거래 관련사항을 검토하도록 하고 있는데 그 사항들을 열거하자면, 전자상거래의 범위, 최혜국대우, 투명성, 개발도상국의 참여, 국내규제, 표준인정, 경쟁조건과 영업의 관행, 사생활 보호와 사기행위 방지, 시장접근, 내국민대우, 관세부과, 분류문제 등이다. 전자상거래를 서비스 이동에 포함시켜 GATS의 적용대상으로 간주하는 것이 일반적인 견해다〔전자상거래와 WTO의 역할(1998년 3월 보고서)〕. 전자상거래도 앞에서 살펴보았던 서비스의 4가지 교역형태로 이루어지고 있지만, 국경 간 공급(mode 1)과 해외소비(mode 2)의 구분에는 어려움이 있다.

GATS 협상을 위해서 서비스 산업의 체계적인 분류가 필요한데, 상품의 경우 '표준상품 분류체계에 관한 국제협약(International Convention on Harmonized Commodity Description and coding system: HS)'을 사용하고 있다. 서비스의 경우에 통일된 표준분류는 아직 없는 실정이다. UR 협상 때부터 UN의 '상품분류 체계(Provisional Centeral Product Classification: CPC)'를 기초로 일부분 수정해서 사용하고 있다. CPC에 기초한 GATS 양허표상 서비스 산업의 분류는 12개 대분류(Sector)와 155개 소분류(sub-sector)로 나누어져 있다. 대분류로 분류한 서비스 산업(괄호 안 숫자는 소분류의 업종 수)은 사업 서비스(46), 통신(24), 건설(5), 유통(5), 교육(5), 환경(4), 금융(17), 보건 · 사회(4), 관광(4), 문화 · 오락 · 스포츠(5), 운송(35), 기타(1) 등이다. 예컨대 유통(대분류)은 중개, 도매, 소매, 프랜차이즈, 기타 등으로 세분화되며, 도매 서비스에는 곡물도매업, 원유도매업, 비료도매업 등 다양한 업종이 포함된다. UN의 상품분류 체계도 최근 CPC 1.0판으로 개정되었다. WTO에서는 서비스 양허위원회(Committee on specific Commitments)를 중심으로 최근 서비스 산업의 발전양상을 고려한 CPC 분류표를 개정하기 위한 논의가 진행 중이다. 기술변화의 측면을 감안해볼 때, 서비스 범위의 재검토(에너지, 환경, 유통), 상이한 분야 간 중복검토(시청각, 통신, 우편 · 배달 및 운수 서비스), 포괄범위가 넓은 분야의 분리 검토(법무), 공통분야의 대조비교(cross-cutting issue, 환경이 대표적임) 등에 대한 검토가 불가피하다.

협상지침을 둘러싼 전초전

제2차 WTO 각료회의(1998년 5월) 이후 서비스 이사회는 뉴 라운드 협상을 위한 준비를 지속해왔다. 그 중에서 서비스 협상의 목표설정, 협상대상의 범위, 협상의 방법, 국내규제 등을 내용으로 하는 협상지침을 마련하는 것이 난제 중의 난제였다. 1999년 서비스 이사회는 향후 서비스 협상을 위한 지침을 둘러싸고 협상의 전초전을 벌였다. 먼저 협상의 목표에 대해 살펴보자.

호주, 칠레, 홍콩, 일본, 뉴질랜드 등의 선진국 및 개방된 국가들은 서비스 무역규범의 발전과 점차 높은 수준의 서비스 교역 자유화를 이루고(GATS 제14조), 실질적인 시장접근이 가능해질 수 있도록 시장접근과 내국민대우에 관한 협정내용을 개정해야 한다는 주장을 폈다. 또한 선진국들의 최혜국대우 면제도 축소돼야 한다는 입장 또한 표명되었다. EC는 회원국의 약속과 시장현실 사이의 차이를 극복하자고 역설했는데, 서비스 시장의 다양한 교역장벽이 해소돼야 한다는 입장을 대변한 것이다.

기본입장에 입각하여 모든 서비스 업종과 네 가지 공급방식에 대해서 개발도상국들은 좀더 균형 있는 약속의 필요성과 적극적인 참여를 조장하는 방법으로 협상을 진행해야 한다는 입장을 보인 것이다. 반면에 개발도상국들은 서비스 무역에 개발도상국들의 참여증대와 서비스 수출확대에 관심을 표명했는데, 개발도상국을 포함한 다수의 회원국들은 서비스 협정이 개발도상국의 참여증대(GATS 제4조)를 보장하고 있으므로 개발도상국의 발전수준과 경제여건을 고려해 탄력적으로 대응하는 것이 필요하다는 입장을 전개했다.

개발도상국들은 협상지침에 그들의 참여와 촉진, 그리고 참여의무를 반영하면서도 개발도상국에 대한 특별한 배려가 보장되는 방안을 채택하자고 주장했다. 선진국은 다음 라운드협정에서 개발도상국의 이해가 얽혀 있는 분야일지라도 상업적으로 의미 있는 약속을 해야 한다는 입장이었고, 일부 구체적인 의견으로 개발도상국을 위한 상업적 기술전수의 협력과 공급 채널 및 정보 네트워크에 대한 접근개선으로 그들의 국내 서비스 능력과 경쟁력 강화를 도모해야 한다는 논의도 있었다.

인도와 이집트는, 서비스 무역자유화는 개발도상국의 발전수준에 맞는 시장접근과 제한조건 등을 고려해 실시하되, 그들 국가의 고유한 정책목표를 존중해야 한다고 피력했다. 또한 선진국의 새로운 시장개방 약속은 개도국에게 실질적인 의미로 다가와야 하며, GATS 규정 이행, 특히 개도국의 무역과 영향에 관한 종합적인 평가가 협상 개시의 선결조건이라는 강경 입장을 제시했다.

협상의 범위에 대해 우리나라를 비롯한 대다수 회원국들은 특정한 분야 또는 공급방법이 미리 제외되지 않은 상태에서 이루어져야 한다는 포괄적인 입장이었다. 개발도상국들은 금융 서비스와 기본통신 같이 최근에 타결된 협정분야에 참여하는 것을 부담스럽게 생각하면서도 많은 회원국들이 모든 분야에 포함되어야 한다는 입장에 그 생각을 같이하고 있었다. 이는 일괄적으로 협상이 타결될 때 얻는 이익의 형평성까지도 고려된 것이다.

협상범위를 논의하는 과정에서 각 업종 사이에 우선순위를 둘 것인가에 하는 문제에 대해서는 각 나라들이 처해 있는 경제적 이해관계가 다양했기 때문에 많은 의견들이 제시되었다. 선진국들은 대체로 협의 지연을 피하기 위해 분야별 협상개시 전 우선순위를 부여할 필요가 없다는 분위기였고, 어떤 국가를 막론하고 국제적인 서비스 영업을 한 경험이 있는 분야(항공 해운)와 개방수준이 극히 저조한 서비스 분야(금융, 통신, 전문직 서비스)에 대해서 더욱 자유화를 위한 노력을 경주해야 한다는 입장이다.

협상과정에서 어느 정도 우선순위가 드러나겠지만 항공 및 해운처럼 제한된 양허 분야와 지난 협상 이후 규제개혁이 이루어진 경우, 또한 정보 및 시청각 서비스와 같이 기업구조 개혁이나 기술진보에 따른 경우에는 자유화의 관심이 집중될 것이라는 전망을 했다. 거의 모든 개발도상국들은 그들의 서비스 수출 관심분야에 대한 장벽제거가 우선되어야 한다고 지적했다.

서비스 교역은 특성상 네 가지 공급방식(국경 간 공급, 해외소비, 상업적 주재, 자연인 이동)이 있다는 것은 앞에서 소개했다. 개도국들은 이를 구체화하기 위해 국제노동기구의 국제 표준직업 분류와 경제수요 검증(Economic Needs Tests: ENTs)을 통해 면제 리스트를 채택하자는 주장을 했다. GATS는 상업적 주재(mode 3)시 자연인 이동 (mode 4)이 자연스러운 일이기 때문에 개발도상국들의 자연인 이동에 대한 선진국의 약속을 강화할 필요가 제기되었는데, 자연인 이동에 대한 장벽, 특히 엄격한 비자발급 요건, 허가요건, 경제적 수요 검증 등에 대해 좀더 완화적인 조치가 필요하다고 주장했다.

일부 국가는 자연인의 일시적 이동에 수량적 제한 없이 자동적으로 비자발급을 해야 한다고 현실성이 결여된 강경한 입장을 주장하기도 했다. 입국조건, 내국민대우 관련법률, 행정법규집 발간, GATS 하의 입국 체류시 발생되는 고충처리 메커니즘(mechanism) 개발, 자연인의 이동과 관련 현재 이민을 억제(binding)하고 있는 규정, 국적 및 거주 요건의 재검토 등과 같은 이민정책의 투명성과 객관성을 강화하자는 주장을 했다.

서비스 시장 접근의 핵심분야는 시장진입을 막는 국내규제를 철폐하는 데 있다. 이와 관련해 선진국들은 대체로 시장진입을 막는 규제를 개혁하겠다는 목표로 기본적 국제규범을 마련한다는 입장을 보이고 있었는데, 서비스협정 제6조 4항에 입각한 GATS 규범에 경쟁원리를 추가적으로 도입할 것을 주장했다. 많은 회원국들은 국내규제를 개혁할 기준작성의 작업을 원칙적으로 지지했다. 회계규범의 성공적 수립을 모델화하여 전문직 서비스를 위한 수평적 규범에 대한 작업을 지속할 수 있을 것으로 믿고 있었다.

GATS 위임 사항에 의한 최혜국대우 면제에 관한 부속서 검토, 항공 운송 서비스에 관한 부속서의 재검토(아르헨티나, 호주, 칠레, 뉴질랜드, EC, 홍콩, 일본), 해운부속서 재검토가 필요하다는 의견들이 많은 회원국들의 입장이었다. 최혜국대우 면제범위는 점진적으로 축소돼야 하므로 최혜국대우 면제를 검토하고, 그 원칙적용을 확대하기 위한 좀 더 명확한 기준을 정립해야 한다는 것을 지적한 것이다. 협상방법도 EC는 효율적인 협상을 위해 수평적 협상방식(horizontal formula)이 고려돼야 함을, 그리고 일본은 수평적 협상방식에 분야별 협상을 결합한 방식의 가능성을 열어두되, 수평적 협상방식이 협상에 유용한 도구이므로 당분간은 수평적 방식의 시도를 논의하자는 주장을 했다.

표준양허표(model schedule), 표준화된 최소자유화 약속, 요구제시 방식 등 효과적이고 실용적인 협상 방법이 채택되어야 한다는 주장이 일부 선진국에서 제기되기도 했으며, 홍콩은 기본적인 방식으로서 요구제시 방식을 택하되, 수평적 접근방법 또는 이러한 방법들을 혼합해 보완하자고 제안했다. 앞으로 GATS 협상에 있어 분야별 협상은 적극적 목록기재(positive listing), R/O 등의 접근 방법에 준하여 일관되게 진행해야 한다는 것이 개발도상국들의 입장이었다. 그리고 협상은 양자, 복수 또는 다자협상 등의 방법으로 진행되어야 한다는 의견이 지배적이었다. 모든 서비스 분야의 협상결과는 단일안 수용(single undertaking) 방식으로 채택돼야 한다는 것이 다수 회원국의 견해였다.

서비스 협상에 있어 새롭게 적용되고 있는 상품의 경우와 달리, 일종의 자유화 인센티브 제도로서 자발적 자유화조치가 있다. UR 협상 종료 후 자발적으로 취해진 자유화 조치에 대해 일정한 크레디트(cred-it)를 부여해주는 것이다. 서비스 이사회(CTS)는 UR 이후, 각 회원국이 취한 자발적 자유화 조치들에 대해 그것들을 합리적인 방법으로 반영하기 위한 방안을 만들어야 한다는 주장도 적잖게 제기되었으나, 크레디트 부여 대상조치의 범위, 조치의 평가와 부여기준 등 절차적 문제에 대한 구체적인 합의는 아직 이루어지지 않고 있다.

개도국들은 서비스 이사회가 협상지침을 만들기 위해 필요한 모든 요소들을 갖추었다고 믿고 있지만, GATS 제19조에 준하는 서비스 무역평가가 UNCTAD와 연계되어 뉴 라운드 협상지침 시행 전 반드시 이루어져야 한다는 입장을 제시했다. 동 이사회는 GATS 제4조를 포함한 GATS의 목적에 비추어 전반적 또는 분야별로 서비스 무역을 평가해야 할 필요가 있다는 데에는 공감하고 있었다.

서비스 협상에서 또 하나의 문제점은 협상분야와 양허표 작성의 기초가 되는 서비스 산업의 분류문제다. 서비스 산업의 분류는 각국 산업의 발전 정도에 따라 매우 다르다. 오늘날 하루가 다르게 기술의 변화가 이루어지고 있다는 점을 생각해볼 때 서비스 범위를 재검토할 필요가 있고(에너지, 환경, 유통), 다른 분야 사이에 중복(시청각, 통신, 우편 배달 및 운수 서비스)되는 문제도 재검토의 대상이 되어야 한다.

GATS 협상에서 간과할 수 없는 것은 전자상거래의 발전이다. GATT, GATS, TRIPS와 관련, 전자상거래의 해석과 운용, 전자상거래 분야의 기술진보, 무역규범에서 전자상거래로 야기된 문제점 등을 검토하고, 이를 반영하기 위해서는 차기 서비스 무역협상에서 전자상거래문제가 다루어져야 한다.

협상기구에 대하여 서비스 이사회가 관장할 수는 있으나 기술적 전문지식이나 상당한 업무량이 요구되는 분야에 대해서는 별도의 그룹 설치에 많은 회원국들이 동의하고 있다. 서비스 분야가 넓고 다양하게 분포된 전문분야가 있다고 해도 기구설치의 남발은 지양되어야 한다. 협상은 소규모 대표단을 구성해야 하는 필요성을 고려해 회원국에 불필요한 부담을 주지 않고 신축적이고도 능률적인 방법으로 진행하고, 또한 협상기능은 업무가 중복되지 않도록 관련 기구에 명확히 배정되어야 할 것이다.

서비스 이사회는 협상지침과 관련, 지난 수 년 동안의 논의를 거치는 과정 속에서 40개 회원국으로부터 70개의 제안을 접수받고 이를 협의한 끝에 '서비스 협상지침과 절차(The Guidelines and Procedures for the Negotiations on Trade in Services)'를 채택했다. 뉴 라운드 협상이 공식적으로 출범하기에 앞서 2001년 3월 특별회의에서 합의한 것이다.

'서비스 협상지침과 절차'는 앞으로 전개될 서비스 협상에 기초를 마련한 기본법과 같은 것이다. 여기에 그 내용을 소개한다.

서비스 협정의 전문과 제4조(개도국의 참여증진)에 규정된 취지에 따라 모든 교역국가 및 개발도상국의 경제성장과 발전을 촉진하기 위한 수단으로서 점진적 자유화를 실현해나가야 한다. 서비스 협상의 목표는 첫째, 효과적인 시장접근의 수단인 서비스 교역의 장벽을 감축하고, 상호주의에 입각하여 모든 회원국의 이익을 증진한다. 회원국의 권리와 의무 균형을 위해 서비스 교역의 자유화 수준을 점진적으로 높인다. 둘째, 서비스 교역에 있어서 개발도상국의 참여를 늘리고, 협상과정에서 개발도상국들의 국가발전

목표, 발전수준과 경제의 규모를 고려한다.

협상대상 서비스 산업과 공급의 형태는 기존의 GATS 방식을 따르기로 했는데 모든 서비스 산업과 4가지 공급형태가 그것이다. GATS 제2조의 부속조항인 최혜국대우의 면제도 협상대상이며, 개별 개발도상국에 대해 탄력적·신축적으로 대응해야 한다.

서비스 협상은 서비스 교역이사회 특별회의에서 주관하고 정기적으로 일반이사회에 보고한다. 서비스 자유화협상은 양자, 복수, 다자간 협상으로 추진하되, 협상방식은 요구 및 제출(R/O) 방식을 택한다. 협상과정은 모든 회원국에게 투명하게 공개된다. 개발도상국의 참여를 높이기 위해 서비스 개방분야, 교역의 자유화, 외국기업의 시장접근 확대와 같은 문제에는 개도국에 대한 신축성을 허용한다.

UR 협상 이후, 자발적으로 취한 자유화조치에 대해서 다자간 합의된 기준에 따라 평가하여 크레디트를 부여한다. 회원국들은 이 기준을 양허협상이 시작되기 전에 정하기로 한다.

서비스 교역이사회는 서비스 협정의 목표, 특히 개발도상국의 참여증진을 위해서 서비스 교역의 전반적 여건과 분야별 실태에 대한 평가를 실시해야 한다. 서비스협정 제25조의 취지에 따라 개발도상국을 평가할 때, 각국의 요청에 의해 기술지원을 한다. 협상과정에서 개도국의 참여와 효과적인 약속의 이행을 위하여 개도국의 사정, 특히 소규모 서비스 공급자의 요구에 대해 배려하도록 한다. 서비스 교역이사회는 필요시 보조기구를 둘 수 있으나, 기존의 조직을 최대한 활용한다. 서비스 협상을 위한 대표단의 규모는 축소되도록 배려한다.

2001년 3월 28일 이 지침이 서비스 교역이사회에서 합의되자, 무어

사무총장은 "이제 협상규범의 핵심인 지침이 마련되어 협상의 전진을 위한 길이 열리게 되었다(The way is now open)"는 소감을 밝혔다.

개발도상국의 운명

개발도상국이 WTO 체제에 성공적인 통합을 할 수 있는지의 여부는 서비스 무역의 증진에 달려 있다. 즉 국제경쟁력이 있는 서비스를 생산할 수 있는 능력강화와 서비스 수출 이익을 누릴 수 있는 서비스 산업의 자유화 확대에 있는 것이다. 개발도상국의 수출확대와 다변화에 장애가 되는 무역장벽을 찾아내고, 개발도상국의 서비스 교역 능력강화와 수출시장 개척을 위한 지원이 필요하다. 개발도상국의 서비스 분야 능력향상(capacity building)을 돕는 것은 선진국에게 수출의 기회를 제공하는 것이기 때문에 이익이 된다.

이를 위하여 서비스 교역 현황의 평가와 성장능률 향상을 위한 서비스 하부구조 및 정책형성을 지원하는 것이 주요 과제다. 또한 서비스 교역과 밀접한 관계가 있는 외국인 직접투자(FDI) 추이와 이와 관련된 정책, 외국인 투자·교역·기술·발전 간의 상관관계, 다국적 기업관련 문제에 대한 이해도 제고시킬 필요가 있다.

'유엔 무역개발회의(UNCTAD 2000)'는 개도국의 서비스 산업실태와 비교우위를 종합적으로 분석한 「개발도상국의 서비스 무역을 평가한 보고서(Assessment of Trade in Services of Developing Countries)」를 발간한 바 있다. 개발도상국의 실태를 균형 있게 다룬 이 보고서는 우리에게도 시사하는 점이 크기 때문에 여기에서 잠시 그 핵심내용을 살펴보도록 하자.

개발도상국의 성장과 변화에 서비스 부문이 크게 기여하고 있지만 거의 모든 개발도상국의 서비스 수지는 적자상태다. 서비스 협정 (GATS) 채택 후, 개도국의 서비스 수출(주로 아시아 국가)은 다소 증가했으나 세계 20대 서비스 수출국은 주로 선진국이다.

서비스는 장기 경제발전에 크게 기여한다. 서비스는 경제능률을 향상시키고, 특히 생산자 서비스의 발전이 중요하다고 볼 수 있는데, 그 중에서도 금융, 운송 서비스가 상품생산과 수출 경쟁력에서 그렇다. 서비스의 사회적 차원, 즉 기초 서비스 분야(하부구조와 보건, 교육)와 지속적인 발전 사이에도 깊은 연관성이 있다. 서비스 역할이 경제발전에 중요하다는 점을 개발도상국들은 제대로 인식하지 못하는 실정이다. 일관성이 결여된 정부정책은 잠재력을 갖춘 투자가들을 제약하는 원인이 되고, 시장접근의 장벽이 되기도 한다. 서비스 무역의 발전은 상품수출에만 크게 의존하고 있는 개발도상국의 수출구조를 다양화시키는 데에도 기여할 수 있다. 개발도상국만이 서비스 수출을 확대할 수 있는 특화영역(niche opportunities) 또는 잠재적 비교우위를 지닌 분야로서는 전문사무직, 예컨대 컴퓨터, 자연인 이동을 통한 사무지원(back office), 보건, 관광, 건설, 시청각, 운송 등 6개 분야다. 이들 분야가 현재 비교적 우위에 있다고 해도 새로운 기술과 시장환경에 신속한 적응이 필요하다. 개도국은 UR 협상에서 GATS에서 국경 간 공급(mode 1)과 상업주재(mode 3)에 크게 양허했음에도, 자연인 주재(mode 4)에서는 경제적으로 가치 있는 양허를 받지 못했다. 서비스 산업의 경우 자연인 주재(mode 4)의 분야에서 가장 실질적인 제한이 주어지고 있으며, '경제적 수요평가(Economic Need Tests)'가 개도국의 서비스 수출

확대에 중요한 장애가 되고 있다.

개발도상국의 서비스 산업 실태

첫째, 대부분의 개도국들은 공급제약이라는 문제에 직면하고 있다. 즉 경쟁력 있는 서비스 산업 구축을 위하여 필요한 다음과 같은 선결조건을 갖추지 못하고 있다는 것이다. 개도국들은 ① 전문성과 일정자격 기준을 갖춘 인력자원과 기술능력배양 ② 통신 하부구조의 질적 향상 ③ 서비스 기업의 경쟁력을 향상시키는 유인제도를 포함한, 상품, 서비스, 무역투자에 일관된 경쟁 지향적 규제의 틀 ④ 서비스 산업과 수출이 국내 경제발전에 불가결함을 드러낸 국가적 서비스 수출전략 ⑤ 서비스의 질적 향상과 신기술, 경영기법을 위한 서비스 기업과 중소기업에 대한 정부의 지원 ⑥ 전문직 자격기준의 제정, 시장진출, 서비스 산업에 대한 의견수렴을 위한 서비스 산업협회의 조직 ⑦ 서비스 기업의 금융조달 능력 증대 ⑧ 서비스 기업의 수출촉진 ⑨ 국경 간 공급형태의 노동집약적 서비스 수출을 위한 통신과 정보기술 ⑩ 새로운 경영기법(제휴 등), 네트워크 형성과 그 활용 ⑪ 주요 시장의 상업적 주재 ⑫ 지역시장 진출 기회의 개척 ⑬ 서비스 패키지의 작성과 제공 ⑭ 수출 서비스와 관련된 활동에 제조업과 농업분야를 연계시키고 상품과 서비스의 통합 패키지를 제공하는 지식과 능력의 활용 측면에서 공급제약을 안고 있다.

둘째, 서비스 무역에서 모든 공급방식은 상호의존적이다. 서비스 공급방식이 결합된 형태가 시장접근에 활용되어야 한다. 즉 모든 생산 요소(노동, 자본, 정보와 기술)의 자유화가 필요하다. 시장접근(MA)과 내국민대우에 중요장벽이 되는 자연인 이동(mode 4)만을 통한 서비스 공급은 개발도상국의 경우 매우 힘들다. 그렇지만 정보기술이 원거리 서비스 수출에 새로운 기회를 제공할 수 있다. 개도국은 자연인 이동이나 상업적 주재 없이도 정보기술을 이용해 서비스 수출 기회를 높일 수 있으며 이미 일부 국가에서는 이와 같은 방법을 활용하고 있다. 지나친 설비투자는 오히려 개도국에 새로운 수출제약이 될 수도 있다.

셋째, 개도국 서비스 공급에 필수적인 자연인 이동(mode 4)에 대해 선진국은 상업적으로 의미 있는 양허 약속을 하지 않기 때문에 결과적으로 교역조건에 불균형을 가져온다. 자연인 이동에 대한 장벽은 서비스 모든 분야의 양허와 관련된 문제일 뿐만 아니라 비자 발급이나 자격요건과도 관련이 있다. 이러한 장벽이 개도국과 그들 기업인의 세계 서비스 시장 진출 활동을 막고 있는 것이다. 경제적 수요 테스트(ENTs)는 자유재량적인 특성상 자연인 이동(mode 4)과 관련한 서비스 교역에 주요 장애가 되고 시장접근 양허에도 불확실성을 가져온다.

서비스 분야별 분석 결과, 개도국의 서비스 무역에 대한 수많은 장벽들이 있음이 밝혀졌다. 국내 공급자에게 독점권이 주어진 서비스 시장에 대해서 외국인의 접근금지, 국적, 거주요건, 비자발급 절차 등의 문제는 인력의 이동을 금지하거나 제한할 수 있다. 자연인의 이동에 대한 출입국세와 비자수수료의 징수, 항공기 착륙 수수료 및 항만세 부과의 차별화, 서비스 집약상품이나, 서비스 공급을 위해 조달되는 물품에 대한 관세부과(영화, TV 프로그램, CD에 입력된 컴퓨터 소프트웨어, 컴퓨터, 통신기기, 특수 광고 또는 선전재료) 등의 문제는 서비스 무역 자유화의 장애로 작용할 수 있다.

기술표준과 면허도 개방에 있어 장벽으로 작용한다. 특정 전문직서비스, 금융서비스의 면허와 기준설정은 그 산업으로 진입을 제한하기 위해 이용된다. 상호인정협정(MRAs)은 무역원활화에 도움을 줄 수 있지만 이에 참여하지 못하는 제3자는 경쟁에서 불리한 위치에 있기 때문에 시장에서 배제될 수도 있다. 건설분야에 있어서도 복잡한 환경안전규정 및 표준, 등록절차 등의 문제는 사업수행에 중요한 장애로 작용한다. 주 또는 지방정부에 따라 이 같은 절차가 각각 다른 국가의 경우, 문제가 더욱 복잡하다.

정보화시대에 정보 채널과 유통망에 대한 차별적 접근 또한 중대한 장벽이 되고 있다. 통신망 공급자는 이용자의 배제, 높은 수수료 부과, 접속장비에 대한 이용제한 등을 통해 차별을 둘 수 있으며, 항공운송 이용과 보조, 서비스 비용 차별은 항공산업의 경쟁을 제약할 수 있다. 공항에서 영업장소(slot) 배정과 주요 공항에서 영업장소 보유비용의 과다책정, 광고와 마케팅에 대한 규제도 시장접근을 제한할 수 있다.

금융조달의 중요성은 높아지고 있지만, 개도국은 국제 금융시장으로 접근하기가 쉽지 않다. 그리고 정부의 법규와 시책에 투명성이 결여된 점, 예컨대 이민 규정과 절차나 대기업의 관행들도 개도국의 시장접근에 주요 장벽이 되고 있다. 정부 조달시장이나 건설 서비스 분야의 시장참여에 있어서도 내국인을 우선하거나 국내산 제품 우선공급 또는 구매선호 경향이 있다.

이제 경쟁과 관련한 이슈들에 대해 살펴보자. 대부분의 서비스 시장은 비교적 소수인 선진국의 대기업들과 일부 세계화된 기업들에 의해 좌우되고 있다. 대다수가 중소기업인 개도국 서비스 공급자들은 막대한 금융 우위와 첨단기술, 세계적 네트워크, 정밀한 정보기술 기반을 갖춘 대규모 다국적 서비스 기업들과 경쟁해야 하는 실정이다.

이러한 고도의 기업집중은 대량자본과 기술우위를 확보함으로써 여러 제품을 동시에 개발하고, 대규모의 경제를 유지하고자 통합조직망을 이룬 결과다. 광고, 감사, 경영자문, 기업 고객관계가 세계적 규모로 이루어지고 있으므로 개도국 기업은 세계시장에 접근하기 어려운 실정이다. 인수합병이나 전략적 제휴의 경향은 이러한 상황을 더욱 가속화시키고 있다. 위생, 관광, 항공, 건설 분야에 있어서도 이와 같이 새로운 비즈니스 기법이 부각되고 있다. 예를 들면, 관광회사(tour opera-tors)와 여행사(travel agents) 사이의 수직적 결합은 기존의 개별기업이나 경쟁자를 불리하게 만드는 등 상당한 시장지배력을 조성한다.

고객의 수요에 따라 다양한 전략적 제휴 형태를 통해 상호 보완성을 갖춘 서비스를 만들어 공급하고 있다. 고객의 품질보증 욕구와 수요의 예측 가능성 등을 기초로 하는 유통망이 세계적인 증가 추세다. 쉬운 예로, 건강관리 및 컴퓨터 예약 시스템 등에 세계적 유통체계의 프랜차이즈 체인이나 대리점영업방법이 늘어나는 것으로 생각하면 되겠다. 또한 관광, 항공의 분야에서 국제적 수준의 전략적 제휴, 운송체계는 그들의 경쟁을 제한하는 결과를 가져왔고 개발도상국의 시장진입에 어려움을 주는 장벽으로 작용한다.

개발도상국들은 선진기업과의 네트워크 제휴를 통해 새로운 시장진출을 모색하고 있으며 점차 국제적으로도 기업 인지도를 얻고 있다. 제휴의 방법을 통해 얻을 수 있는 것으로는 높은 부가가치의 창출을 위한 제품의 혁신, 기술 이전의 편의성, 고급 인력의 해외시장 진출 등이 있다. 그러나 주의해야 할 것은 선진기업들이 새로운 산업의 표준을 만들거나 가격 선도자로서 활동할 경우 진입장벽이라는 새로운 장애가 만들어질 가능성이 있기 때문에, 다자간 경쟁정책의 규범마련에 특별한 주의가 요구된다.

또한 반경쟁적인 관행을 통제하기 위한 조치가 있어야 한다. 이와 같은 조치는 경쟁 사이에 있는 국가 간의 협력을 강화하기 위한 제도인 다자기구 및 국내 경쟁규범의 개발이 포함돼야 하고, 그럼으로써 양도가격(transfer pricing), 독점거래 약정, 기업연합, 수출 카르텔 등의 문제가 폭넓게 다루어져야 한다.

정보기술의 발전으로 서비스의 교역 가능성이 높아졌고 기업들은 세계시장에서의 경쟁우위를 확보하고 있다. 정보기술과 통신망이 발달되고 그 비용이 낮아졌다.

그 결과 정보집약 서비스의 공급과 소비가 분리되어 새로운 경쟁력의 발전가능성이 생겨났는데, 즉 정보집약 사업(R&D, 재고관리, 품질관리, 회계, 법률 서비스, 마케팅, 광고 및 유통)의 외주와 국제적 외부조달(out-sourcing) 등이 가능해졌다는 것이다. 인터넷 또한 시장구조의 변화에 큰 역할을 하고 있으며, 점차 중간유통 단계가 사라지고 있다. 새로운 정보매체(infomediaries)와 유통 채널이 이미 무역에 적잖은 영향을 미치고 있는 것이다.

많은 개발도상국들은 기간산업과 정보기술 부족으로 어려움을 겪고 있다. 전자상거래 인프라 구축은 많은 비용이 필요한데, 이는 수출 증대를 가로막는 원인이 된다.

개도국이 전자상거래를 통해 동일한 혜택을 함께 공유할 수 있기 위해서는 개발도상국의 참여증진(GATS 제4조)과 시장접근의 신축성(GATS 제19조 2항), 통신협정 부칙의 기술 및 금융협력 규정이 성실하게 집행되어야 한다. 전자상거래를 통해 이루어지는 상당한 범위의 거

래가 이미 서비스 협정(GATS)에 포함되어 있다

전자상거래를 통한 서비스 교역의 큰 장점은 개발도상국의 국민이 자국 안에서 자신의 서비스를 세계시장에 제공할 수 있는 점이다. 저비용과 고기술(low-cost and high-tech)의 비교우위로 이익을 얻을 수 있고 두뇌유출도 피할 수 있다는 장점이 있다. 인터넷을 통해 그들의 서비스를 광고할 수 있다는 것도 장점이다. 국경 간 서비스 공급방식에 대해 상업적 주재보다 정보수단을 선호하는 경우, 외국인 직접투자(FDI)의 흐름을 감축시키고, 기술 및 경영기법 이전과 고용의 기회가 줄어들 것이라는 점을 주의해야 한다.

개도국들은 인터넷을 이용해 그동안 접근이 불가능했거나 부담하기 어려웠던 정보를 얻을 수 있게 되었다. 기술의 노하우가 자연스럽게 이동됨에 따라 개도국의 서비스 수출이 높아질 수 있고, 정보가 매우 중요한 생산요소로 쓰일 수 있다는 점을 고려하여, 국경을 넘어 데이터를 이동시키기 위한 개발도상국의 접근이 제약받지 않도록 해야 한다.

개도국들은 경영제도와 경영능력이 부족하다는 점을 생각해볼 때 위와 같은 문제들은 개도국에게 타격이며 문제점이라 하겠다. 또한 이런 문제점들이 국제사회에 대두되고 있기 때문에, 문제해결을 위해 범세계적인 국제기구를 결성하고 독점발생에 대응하는 경쟁보호 조치(safeguards)를 마련할 필요가 있다는 주장이 나타나고 있다.

개도국의 국경을 넘어 정보를 이동시키기 위한 접근을 제약하지 않는 장치가 필요하며, 개도국과 선진국 정보공급자 사이의 정보 불균형은 특히 서비스 부문에서 중요하다. 정보접근을 향상시키기 위한 방법과 수단이 연구되어야 한다.

인터넷 전자상거래는 기술력(technological leadership)의 역동적인 발전으로 조성돼 있는 지식기반 경제의 중요한 특성이다. 개도국과 선진국의 기술 수준은 많은 격차가 있으며, 선진국의 높은 기술력은 이미 세계시장에서의 입지가 매우 견고하다. 개도국에게 건축, 엔지니어링, 디자인 서비스 산업 등의 정보기술이 광범위하게 전해질 수 있다면 개도국의 수출능력은 분명히 증대될 것이다.

개도국이 이러한 산업분야에서 취약한 이유는 지식집약적인 산업이라는 데 있으며, 서비스의 생산과 분배에 필요한 정보기술이 주로 선진국에서 이용되기 때문이다. 정보기술을 많이 활용할수록 시간과 노동이 절약되고 급변하는 시장환경에 빨리 적응할 수 있기 때문에 생산성이 높아지게 된다.

정보통신 부문의 인프라를 구축할 때 필요한 투자규모, IT 설비기준의 다양성과 새로운 IT 시스템의 도입 등 정보기술 투자는 비용부담과 위험부담이 따르는 투자이기도 하다.

서비스 무역의 자유화와 상업적 주재는 개도국의 발전과 사회사업 목적을 달성하는 데도 크게 기여할 것이다. 그러나 서비스 무역의 자유화가 바람직한 결과를 얻기 위해서는 일정한 전제조건이 필요하다. 서비스 시장 자유화 약속은 비교우위를 지닌 특정 서비스 산업과 각 분야 사이의 관계에 대한 정확한 인식 아래에서 이루어져야 한다. 기술적 표준이나 전문자격을 심사하기 위한 법적·제도적 장치도 있어야 한다.

예를 들면, 금융 서비스 분야를 자유화하기에 앞서 선행되어야 하는 것은 건전한 법률의 시행이다. 외국인 공급자가 의료분야에 진출할 경우, 국내의 의료 및 관련 보험체계에 따라 의료 시스템이 강화되거나 취약해질 수 있다.

환경 서비스 분야에 있어서도, 기술적으로 시행 가능한 법률이 제정되어 있고, 해당 개도국에 수입 서비스 공급을 위한 충분한 경제력이 확보되어 있을 때, 외국 서비스 공급자는 그 국가의 환경보호에 긍정적인 역할을 할 것이다.

서비스 교역의 자유화로 국가경제에 대한 혜택이 극대화되기 위해서는 GATS 제6조(국내규제)의 개혁이 반드시 필요하다. 서비스 양허약속은 자유화에 따른 사회적 환경적 격차를 고려해 결정되어야 할 필요가 있기 때문이다.

3
서비스 시장을 열어라

도하 신호탄

WTO는 2001년 11월 카타르 수도 도하에서 제4차 각료회의를 갖고 중국과 대만의 회원가입을 승인하는 한편, 뉴 라운드 출범 협상을 위한 각료선언문을 발표했다. 도하에서 통상협상과 관련한 보이지 않는 전쟁이 시작된 것이다. WTO에는 2002년 1월 현재 세계무역의 약 95%를 차지하는 144개국이 회원으로 참여했다. 중국과 대만이 정식 회원국이 됨으로써 WTO가 추구하고 있는 세계무역 시장의 자유화·개방화는 앞으로 더욱 가속화될 것으로 보인다.

우리나라의 경우 앞으로 전개될 협상에서 농산물 개방 부문 등 현재 우리가 수용하기 힘든 분야가 없는 것은 아니지만, 서비스 분야에 대한 범세계적 차원의 자유화·개방화 협상은 우리에게 좋은 기회라고 생각된다. 특히 국제적인 경쟁력을 갖추지 못한 일부 서비스 산업의 경우 치열한 생존경쟁에 휘말리게 될 것이다.

이미 설명된 것처럼 과거 GATT에는 상품무역에 대한 규범이 있었을 뿐, 서비스는 비교역재로 취급되어 여기에 대한 다자간 무역규범이 존재하지 않았다. UR 협상결과로 최초의 구속적 다자간 규범인 '서비스 교역에 관한 일반협정(General Agreement on Trade in Services: GATS)'을 제정, 1995년 WTO 출범과 함께 발효되었다. 그러나 GATT의 역사와 같이 출범한 상품교역에 비해 서비스에 대한 협정은 불과 5년여에 지나지 않으니 아직은 미완의 작품이라고 할 수 있다. 그렇기 때문에 WTO 출범시 농업 부문과 서비스 부문은 5년 이내에 재협상하는 후속협상의 기설정의제(BIA, built-in agenda)로 규정된 것이다.

이제 새롭게 전개되는 무역협상 전의 일정을 살펴보자. 도하에서 새로운 협상체제를 출범시키기로 결정했고, 첫 회의가 2002년 1월 말에 있었으며, 그 후 2002년 2월부터 협상이 재개되었다. WTO 서비스 협상은 2001년 3월 향후 협상의 중요한 골격을 담은 협상 가이드 라인이 채택되었다. 도하에서 열린 제4차 WTO 각료회의에서는 지금까지의 순조로운 서비스 협상에 만족을 표명하고 앞으로의 일정을 구체적으로 밝혔다.

이에 따르면, 2002년 6월 30일까지 각 나라마다, 1차적으로 양허요청안(request list)을 제출하고, 이에 대한 양허안(offer list)을 2003년 3월 30일까지 제출하기로 일정을 잡았다. 이와 같이 1차 양허 요구사항과 허용사항을 서로 주고받은 뒤 본격적인 양허협상을 갖고, 도하개발의제 전체 협상시한인 2005년 1월 1일까지 협상 완료하도록 예정되어 있다. 협상이 완료되면 특별 각료회의가 열리고 각 나라의 비준절차 후 서비스 시장은 전면 개방된다.

서비스 시장 개방 요청

우리나라는 WTO 도하개발의제 협상의 일환으로 진행 중인 서비스 협상에서, 각 서비스 분야별 시장개방 요구사항을 포함한 1차 양허요청안(Initial Request)을 WTO 36개 회원국에 제출했다. 이 요청안에는 좀더 넓은 해외시장 진출을 목표로 세계에 진출한 우리 기업들이 겪고 있는 어려움과 각종 무역장벽을 구체적으로 조사한 내용이 들어 있으며, 각 해당국들에게 이에 문제에 대한 법적 · 제도적 완화 또는 철폐해 달라는 요청이 담겨 있다. 우리가 서비스 양허요청안을 제출한 대상국가로는 미국, EU, 일본 등 주요 서비스 교역 선진국들과 중국, 동남아시아 등 우리 서비스 산업의 진출 가능성이 높은 나라들, 또한 통신, 건설, 해운 등의 분야에서 우리 기업의 진출 가능성이 높은 나라가 포함되어 있다. 시장개방을 요청할 분야로는 통신, 건설, 해운, 유통, 금융 등 우리가 이미 경쟁력을 갖추고 있거나 시장개방을 허용한 분야를 주로 선정했으며, 전문직 서비스, 환경, 항공운송, 교육, 문화, 관광 등 대부분의 서비스 분야를 포함한다.

우리나라도 2002년 8월 2일 현재 미국, 일본, EC, 중국 등 19개국으로부터 법률, 교육, 의료, 시청각 등 전분야에 걸친 서비스 양허요청안(Initial Requests)을 접수받았다. 그 요청안의 주요 내용은 법률, 보건의료, 교육, 우편송달 분야 등 현재 양허되지 않은 분야에 대한 개방 요구다. 또한 일부 전문직 서비스(회계, 세무 등), 유통, 건설, 통신, 운송,

금융, 시청각 등은 현재 양허되어 있지만, 앞으로 양허대상의 확대와 기존제한의 철폐를 요구하고 있다. 에너지 분야는 UR 당시 종합적인 논의가 없었던 분야였으나, 새로운 분류를 통해 포괄적인 개방을 요구하고 있으며, 서비스 전반에 적용되는 사안(수평적 제한사항) 중 외국인투자자 또는 서비스 인력이동 분야의 제한 완화를 요구하고 있다.

국가별로는 미국, EC 등이 서비스 전체분야에 대해서 개방 수준의 확대를 요구했고, 2001년에 WTO에 가입한 중국과 대만도 법률, 보건의료, 시청각, 교육 등 민감한 분야에 대해서 개방을 요구하고 있다. 지난 2002년 7월 22~25일, 제네바에서 열린 1차 협의에서 우리나라는 미국, EC, 일본, 캐나다, 중국, 대만, 호주, 뉴질랜드 등 8개국과 상기 요청내용에 대하여 논의했으며, 앞으로 3차례에 걸쳐 각 나라와 추가양자협상을 벌인 후, 2003년 3월 말까지 우리 측의 1차 양허안(Initial Offer)을 제시할 예정이다.

양허요청안(Request)은 서비스 협상과정에서 상대국에게 분야별로 구체적인 자유화 요청 내용을 전달하는 일종의 시장개방 요청서다. 양허요청안을 접수한 국가는 내용을 검토한 후, 자국의 시장개방안을 담은 양허안(Offer)을 마련하여 제시하도록 되어 있다. 지난 2001년 11월에 채택된 도하개발의제 협상 각료선언문은 서비스 분야에 대한 양허요청안(Initial Request)을 2002년 6월 말까지 제출하고, 양허안(Initial Offer)의 경우 2003년 3월 말까지 제출하도록 구체적인 시한을 정했다.

WTO 회원국들은 2002년 6월 말까지 양허요청안을 제출했고, 2002년 7월부터 각 나라들이 제출한 이 요청안을 토대로 해당국과 양자협상을 진행하고 있다. 2003년 3월 말까지 각국의 양허안이 모두 제출되면, 본격적인 양허협상을 통해 도하개발의제 협상이 종료되는 2005년

1월 1일 이전까지 각 나라의 양허내용을 최종적으로 확정하게 된다.

서비스 협상은 모든 서비스 산업을 대상으로 넓게 적용될 규범분야와, 분야별 양허협상 두 가지로 진행된다. 우선 규범분야에서는 UR 당시 향후 협상에서 규범제정을 논의하기로 했던 긴급 세이프가드, 보조금, 정부조달 등에 대한 규범제정 작업이 진행 중이다. 또 다른 규범분야로서 국내규제에 대한 규범을 좀더 명확하게 하는 작업도 진행 중이다. 이는 현행 GATS 제6조(국내규제) 4항과 관련한 자격요건 및 절차, 기술적 표준, 면허요건 등 국내 규제조치가 서비스 교역에 불필요한 장벽이 되지 않도록 하기 위한 필요규범을 제정하도록 한 규정을 따르는 것이다. 이에 따라 국내규제 작업반이 설치되어 국내규제의 투명성과 필요성 여부에 대한 논의가 진행 중이다.

이 밖에도 최혜국대우 면제 및 항공부속서에 대한 검토와 자발적 자유화에 대한 논의가 이루어지고 있으며, MFN 면제와 관련하여 GATS의 일반적 의무로 규정되어 있는 MFN 의무를 UR 당시 각 나라별로 면제조치를 허용한 적이 있는데, 이들 MFN 면제조치의 향후 처리문제를 논의하고 있다. 또한 GATS의 적용이 배제되어 있는 항공운송에 대해 정기적인 항공운송 분야의 발전상황을 검토하고 있으며, GATS 적용 확대여부를 고려하게 되어 있는 항공부속서 규정에 따라 각 세부 업종별로 시장발전 상황을 검토 중이다. 자발적 자유화 문제는 WTO 출범 이후 양허 약속된 사항에 추가적으로 시행된 자유화 조치들에 대해, 앞으로 있을 협상에서 어떤 대우를 할 것인가 하는 문제를 논의하는 것이다. 현재 구체적인 방법론까지 거론되어 논의가 진행 중이다.

서비스 모든 분야에 경쟁력을 지닌 선진국들은 도하개발의제 협상에서 UR 당시보다 개방수준을 높이는 데 많은 관심을 둔다. 개발도상국들은 '점진적 자유화'라는 GATS의 기본원칙에 따라 각 나라의 개발 정도에 의한 적당한 개방을 약속하는 한편, 그들이 수출경쟁력을 갖고 있는 인력이동(mode 4)과 관광 서비스 등의 분야에서 자유화 수준을 높이고 개도국에 불리한 장벽을 개선할 것을 요구하고 있다.

서비스 협상에서 노리는 성과는 분야별 서비스 양허에 드러나 있다. 분야별 양허협상은 각 나라가 서비스 분야별로 양허표에 기재할 자유화 약속사항을 협상하는 것으로, 2001년 12월까지 기초작업이 이루어져 23개국이 100여 개의 협상제안서를 제출했다.

현재까지 각 나라들이 제출한 제안서의 내용을 살펴보면 향후 서비스 협상에서 기존의 양허 내용을 양적으로 확대하고 질적으로 심화시키는 것을 목표로 한다. 특히 통신, 금융, 건설, 유통, 운송 등 세계경제의 비중이 높고 중요성이 큰 분야에서의 자유화 수준을 넓히고, 최근 실물경제에서 생산기술과 정보통신 기술의 발전상황을 반영하여 종합적으로 접근할 필요가 높아진 분야들(에너지 서비스, 시청각 서비스 등)의 다자간 자유화를 도모할 것으로 보인다.

이제 서비스 산업분야 중 UR 협상 이후 협상의 진전을 크게 보인 해운, 통신, 건설, 유통, 금융 등 5개 분야에 대한 산업의 변화와 회원국들의 협상제안 내용을 구체적으로 살펴보자.

해운 서비스 협상

해운은 바다에서 선박이나 또는 기타의 운송수단을 사용하여 여객이나 화물을 운송하고 그 대가로 운임을 획득하는 상행위이다. 「한국

표준산업분류(KSIC, 통계청 고시 1991-1호)」에 의하면 해운산업은 내
항여객 운송업, 내항화물 운송업, 외항여객 운송업, 외항화물 운송업,
기타 예인선 운영업 및 유람선 임대업 등으로 규정하고 있다. 그런데
최근의 해운 서비스는 복합운송 서비스로 발전하여 해상운송과 내륙수
로운송 외에도 다른 운송과 항만 서비스, 기타 물류 서비스까지 포괄하
는 경향이 있다.

1999년 세계적 해상물량은 51억 6,000만 톤, 2000년에는 53억 7,000
만 톤으로 추정된다. 특히 세계 전체 해상 컨테이너 물동량은 1999년 1
억 8,000만 톤이었다. 앞으로도 국제교역 운송의 컨테이너화가 계속
늘어날 전망이다.

우리나라는 3면이 바다로 둘러싸여 있다는 지정학적 조건 때문에,
해운산업의 중요성과 그 기능은 아무리 강조해도 지나침이 없다. 우리
나라 수출입 화물의 99.7%가 해상을 통해 수송되고 있다는 사실이 이
를 뒷받침한다. 우리나라 해운산업의 기능이 수출입 화물의 수송에만
국한된 것이 아니라 국민경제에 직접적으로 기여함은 물론, 여러가지
관련산업의 발전에도 중요하다는 것을 인식해야 한다. 해운산업은 성
장성, 생산파급효과 및 외화가득률이 산업의 평균 수준보다 낮은 것으
로 분석되고 있다. 그러나 국제수지 개선효과가 높고 일반 제조산업과
달리 일정한 서비스의 수준을 유지하기 위하여 안정적인 선대의 확보
가 중요하기 때문에 소비자잉여가 매우 큰 것이 특징이다.

국민소득 면에서 선원 및 육상인력에 지불되는 임금, 타인자본 유입
에 따르는 이자, 선박 및 항만 등 타인자산의 이용에 따른 임대료, 선주
또는 주주에게 지급되는 이윤 등이 포함된다. UR 협상에서 해운 서비
스 협상은 1996년 6월 종료될 예정이었으나, 양허 패키지에 대한 일부

회원국의 반발로 중단되었다. 그러나 WTO 서비스 교역이사회가 WTO/GATS 체제에 대한 재검토 회의가 시작되는 2000년부터 협상을 재개한다는 원칙을 정함에 따라 WTO 해운 서비스 협상이 본격적으로 추진되고 있다.

2000년 10월 WTO 서비스 교역이사회 정규회의와 제5차 특별회의는 WTO 해운 서비스 협상의 조기 재개 틀을 마련하는 분기점이 되었다. 한국을 비롯하여 미국, 일본, 영국, 프랑스, 독일, 노르웨이, 덴마크, EU, 인도, 브라질, 호주, 싱가포르 등 138개 WTO 회원국 대표단이 참석한 가운데 열린 이 회의에서는 WTO 해운 서비스 협상에 관한 공동제안서가 제출되어, 당해 협상을 빨리 열어야 한다는 분위기가 조성되었다.

2001년도의 제2단계 서비스 협상에서 제출된 각 나라의 제안서 중 해운 서비스 분야는 2001년 말까지 EC, 일본, 노르웨이, 칠레, 호주, 한국, 콜롬비아 등 7개국이 협상제안서를 제출했다. 제안서를 제출한 모든 국가가 지분제한, 현지대리인 임명요건, 정부화물에 대한 제한, 차별적 세금 및 항만수수료, 복잡한 항만하역 및 통관절차, 기타 외국 국적선에 대한 차별대우 등의 장애요인을 개선할 것을 제안했다. 회원국들의 제안서 내용을 종합하면, 해운 서비스 분야의 시장접근을 저해하는 장벽을 축소 · 제거함으로써 개방화 · 자유화 수준을 실질적이고 의미 있는 수준으로 제고하는 데 협상목표를 두고 있다.

협상대상으로는 국제해운 서비스, 해운보조 서비스, 항만 서비스 외에 해상복합운송 서비스나, 연안해운 서비스(cabotage)를 포함하는 데는 유보적인 입장을 보인다. 선호하는 협상방식으로는 과거 UR 협상과 후속 해운 서비스 협상그룹(NGMTS)의 협상 당시 정착된 모델 방식

(model schedule)이다. 그리고 서비스 교역이사회에서 직접협상을 진행하는 것이 바람직하다는 데 대체적인 합의를 보이고 있다. 우리나라의 경우 해운 서비스 분야는 어느 정도 개방화와 자유화가 이루어져 있는 만큼, 앞으로의 서비스 협상에서 대외진출의 확대에 중점을 두고자 하는 대표적인 분야다. 특히 시장진입의 벽이 두꺼운 중국, 인도, 아프리카 국가들과 우리가 중점적으로 진입해야 할 중남미 지역 국가들의 시장개방을 위해 친선 그룹(Friends Group) 국가들과 공동 노력을 기울여야 할 것이다.

향후 협상에서 진출 대상국의 해운 서비스 시장을 개방시키는 것 못지않게 우리나라 해운산업의 경쟁력을 위한 정책이 필요하다. 특히 선박확보금융 조달상의 어려움, 국제여건에 비해 상대적으로 과중한 조세부담 및 선원비 부담, 해운산업 고유의 재무구조상의 취약성 등에 대한 개선책이 마련되어야 한다. 우리나라의 경우 교역상대국에 개방요구를 할 뿐만 아니라 앞으로 전개될 화물수송권 및 선박의 소유 등에 대한 개방요구에 대해서도 미리 대비해야 할 것이다.

통신 서비스 협상

통신분야에서는 2001년 12월까지 호주, EC, 미국, 일본, 한국 등 모두 10여개국이 협상제안서를 제출했다. 이 제안서의 협상 제안내용에는 외국인 지분소유한도 확대, 국경 간 공급제한의 폐지, 통신 서비스 규범의 구체화, 국제정산료 등의 문제가 주요 골자다.

기본통신 협상결과를 보면 일본을 제외한 선진국들의 대부분이 예외없이 외국인소유 지분한도에 대해서 제한을 두지 않는다. 미국, 프랑스 등 일부 선진국들은 직접투자에 대한 20% 제한을 유지하는 가운데, 지주회사를 통한 간접투자 방식으로 외국인투자를 100%까지 허용한다. 다만 일본, 캐나다 및 EC 회원국의 일부인 아일랜드, 포르투갈, 그리스 등이 외국인 지분소유 한도에 대한 제한을 유지하고 있다. 이 중에서 일본은 기본통신협정 발효 이후인 1998년 7월, NTT를 제외한 모든 통신사업자에 대한 외국인 지분소유 제한을 폐지했다.

앞으로의 통신 서비스 협상에서 선진국들은 시장여건이 좋은 국가들에 대하여 통신망과 통신 서비스를 실제로 소유하거나 통제할 수 있는 수준의 시장접근 개선을 요구할 것으로 예상된다. 이는 외국인에 대한 대주주 허용이다.

우리나라의 경우에는 IMF 경제위기를 겪으며 외국인 지분소유 한도 확대를 예정보다 앞서 시행했으나, 외국인은 아직까지 한국통신을 포함한 기간통신사업자의 지분을 합계 49% 이상 소유할 수 없다. 특히 한국통신에 대해서는 15% 동일인 지분 제한 및 대주주 제한이 유지되고 있다. 서비스의 공급방식 가운데 상업적 주재(commercial presence)가 대부분을 차지하지만, 기술발전이 빠르게 진행됨에 따라 국경 간 공급(cross-border supply)의 중요성이 높아지고 있다. 특히 이러한 현상은 전자상거래가 활성화됨에 따라 더욱 강해질 것으로 보인다. 현재 통신 서비스 분야에서는 국가 간 국제 서비스 요금격차에 기초한 콜백(call-back) 서비스가 국경 간 공급의 전형적인 예로 알려져 있다.

기본통신협정 가입국의 양허표를 살펴보면 대부분 국가들이 아예 양허하지 않거나, 제한사항을 열거하고 있다. 대표적인 제한사항으로 국경 간 공급의 경우 국내사업자와의 상업적 약정체결 의무를 들 수 있다. 이는 반(反) 경쟁행위 통제, 국내의 소비자보호, 조세부과, 국가안보 등이 문제될 경우 규제근거를 확보하기 위한 것으로 판단되며, 우리의 경우에도 이와 동일한 제한을 유지하고 있다. 그러나 통신기술이 빠르게 발전하는 상황에서 국경 간 공급을 통제하는 것은 기술적 실현가능성이 점점 작아지고, 국경 간 공급과 관련해 상기와 같은 문제가 발생할 경우, 여타 GATS 규정을 근거로 제한이 가능하다는 점에서 제한유지의 실효성은 거의 없다. 또한 국제 서비스 시장에서의 경쟁심화로 인해 요금이 급격하게 인하된 현재 상황에서 국제 서비스와 관련된 반경쟁적 행위의 여지도 거의 없다고 판단된다. 이러한 맥락에서 국경 간 공급에 대한 제한의 당위성이 현저하게 줄어들 것으로 보인다.

시장진입 양허내용의 실효성을 뒷받침하기 위해 마련된 통신 서비스 시장 내의 경기규칙(rule of the game)을 담은 참고문서(reference paper)는 규제제도의 일반적인 원칙을 담고 있다. 이 참고문서는 시장지배적 사업자와 관련된 규칙과 정부가 이행해야 할 규칙으로 구성되어 있다. 참고문서는 다른 서비스 분야에 유래가 없는 국내규제와 연관성 있는 다자간 문서인데, 통신 서비스 분야와 다른 서비스 분야의 자유화에 대해 시장개방 실현에 필요한 단서를 마련한다. 특히 통신 서비스의 경우 주요사업자(major supplier)가 이른바 필수설비(essential facilities)로 지칭되는 시내전화망에 대한 독점력을 갖기 때문에 주요사업자의 반경쟁행위에 대한 효과적인 규제는 경쟁 활성화의 중요한 전제조건이다. 그런데 참고문서 자체는 각각의 규칙을 어떻게 적용하는지의 문제는 밝히지 않고 있다. 참조문서의 구체화 작업과 관련해 신규사업자의 시장진입에 필수적인 허가제도의 개선과 상호접속 관련제도의 개선, 규제기관의 독립성 확보 등의 문제가 우선적인 논의대상이 될 전망이다.

국제접속 서비스(termination services)는 호주에 의하여 기본통신협상 과정에서 제기되었다. 호주는 국제접속 서비스라는 개념을 통해 현행 국제 정산체계 문제해결을 시도하고 있다. 국제접속 서비스는 국제 유선 및 이동전화, 국제 위성 서비스, B-ISDN 서비스, 패킷 교환 데이터 전송 서비스 등의 구성요소인데, 국가 사이의 교역이 가능한 일종의 상호 접속 서비스로 이해한다. 호주는 발신지와 관계없이 구현되는 서비스의 속성은 동일하지만, 국가별로 국제접속 서비스의 요금(예 : 국제정산료)의 대부분이 비용이 아닌 시장지배력에 따라 결정되는 이유로서 접속 서비스 시장에서 정부가 소유 운영하는 일에 문제를 제기한다. 또한, 경쟁이 허용되는 경우에도 사업자 수가 적거나, 가격경쟁 및 특정 사업자에 대한 통화량을 제한하는 국내법 및 규제를 유지하기 때문이라는 의견을 제시한 바 있다.

호주의 의견은 협상 참여국으로부터 별다른 호응을 얻지 못했다. 그 이유는 대부분의 개도국들이 외환획득을 위한 전략으로 국제정산료 수입을 활용하고 있었기 때문이다. 다른 한편, 통신기술 발전에 따른 국제신호 전송원가의 하락과 채판매 서비스 활성화에 따른 서비스 시장의 경쟁확대 등 국제시장 환경변화로 인한 국제정산료가 급격하게 하락하고 있다. 그리고 국제정산료 협정체결의 주체인 국영사업자가 지속적으로 민영화되고 있는 세계적인 추세를 반영할 때, 국제정산료를 국제접속 서비스 요금으로 이해해 GATS에 포함하는 문제는 잠정적 합의에 그칠 가능성이 높다. 국제정산료 문제는 선진국과 개도국 간 발생하는 국제전화 통화량의 불균형으로부터 발생한다. 통상적으로 국제전화 통화는 선진국의 발신이 개도국의 발신보다 많다. 국제 정산적자의 증가로 선진국의 부담이 크고, 개도국은 정산흑자를 자국의 통신 인프라 구축 및 내부 보조의 재원으로 활용하고 있다. 세계 최대 정산 적자국인 미국은 그 심각성이 매우 크다. 기본통신협상 과정에서 미국은 자국의 국제 정산적자 문제해결을 위해 다자간 합의를 도출하고자 했으나, 국제 정산체제는 전통적으로 WTO가 아닌 ITU에서 다루어져 왔고 개도국들의 이해관계가 첨예한 분야이기 때문에 협상의 마지막까지 실마리를 찾지 못하고 있다.

건설 서비스 협상

건설산업은 한 국가의 자연환경과 지역적인 특성뿐만 아니라 경제발전 단계, 사회 · 정치적 환경과 밀접한 관계가 있다. 특히 수요의 측면에서, 세계 건설시장은 경제발전과 각종 기술의 발전, 금융, 무역 거래의 확대와 밀접한 관계를 맺으며 발전해왔다. 아시아 시장이 외환위기를 맞은 1997년을 제외하곤 지금까지 세계 건설시장은 지속적으로 확대된 것으로 나타나는데, 미국의 〈엔지니어링 소식지(Engineering News Record)〉에 의하면, 2000년 세계 건설 시장 규모는 약 3조 4,000억 달러로 집계되었다. 이는 1999년에 비해 5.2%가 증가한 것으로 이 소식지는 향후 각 나라마다 건설업의 개방화로 세계 건설시장은 성장세를 보일 것으로 전망한다.

건설업은 국가의 기본적인 기반시설(infrastructure)을 갖추고 산업시설을 생산하는 가장 기초적이고 직접적인 문명화와 산업화의 수단이자

경제발전의 원동력으로 기여했다. 각 나라마다 약간의 차이는 있지만, 국민총생산에서 차지하는 비중도 대략 10% 내외에 달한다.

이미 국가의 기본 인프라가 완성되고 산업사회가 고도화된 사회에 도달한 미국과 서구 선진국들의 경우, 대규모 신규 건설사업은 없지만 새로운 첨단 산업시설 건설과 기반시설의 유지와 보수만으로도 GDP의 6~7%대의 비용유지를 한다. 그러나 개발도상국의 경우, 기본 인프라 구축과 산업화의 수요에 따라 건설업이 차지하는 비중이 GDP의 15~20%대에 이르기도 한다. 세계은행이 발표한 바에 의하면 개도국들은 향후 인프라 구축과 산업화 부문에 연간 3,000억 달러의 투자가 필요할 것으로 추정되고 있다. 경제의 세계화로 세계 건설시장도 큰 변화를 맞고 있다. 과거에는 건설산업의 변화가 전자나 항공산업과 같은 첨단 산업에 비해 크게 눈에 띄지는 않았다. 최근 빠르게 진행되는 세계경제의 글로벌화는 건설산업의 성격이나 건설사업에 사용되는 재료, 기술 및 서비스 등의 범위나 폭에 중요한 변화를 일으키고 있다.

세계화 과정 속의 경제는 모든 산업이 성공적 투자이윤을 위해 전세계를 무대로 더 높은 이윤을 좇아 빠르게 움직이고 있으며, 건설업체들도 고객들의 수요에 부응해 스스로의 사업방법을 바꾸는 것이 불가피한 현실이 되었다. 또한, 세계화 속의 건설산업은 점차 지역의존적 특성에서 벗어나게 했다. 세계 어느 곳에서나 건설 기자재와 장비를 조달할 수 있게 되었고, 비록 제한적이긴 하지만, 건설 노동인력의 이동도 잦아졌다.

더욱이 정보통신 기술의 발전과 국제 자본시장의 출현은 건설업의 세계화를 더욱 확대시켰다. 전통적으로 건설은 시공 자체의 용이성보다 사회 경제적 이유로 선정된 특정한 사업이 수행된다. 따라서 한정된 시간에 지역적으로 흩어진 다수의 대규모 현장을 운영하게 되기 때문에 수많은 작업에 대한 의사결정을 위한 본사와 현장 간의 지속적인 고속 정보통신망의 유지가 필수적이다. 컴퓨터와 통신기술의 비약적인 발전은 여러 현장과 본사와의 네트워킹으로 설계 데이터의 송수신과 화상회의, 발주자나 납품업체, 협력업체까지를 연결한 실시간 관리를 가능하게 하는 등 해외 현장의 효율적 운영을 돕는다. 또한 해외시장 상황, 경쟁업체, 기자재 공급업체 등에 대한 정보 검색을 통해 회사의 마케팅에도 큰 영향을 미치고 있다.

한편, 1980년대 이후 금융이나 자본시장의 세계화는 건설 금융에 유연성을 가져다준 여러 종류의 새로운 금융방식과 금융 제공 프로젝트를 개발시켰다. 또한 건설업체가 건설수요자에게 다양한 금융조건들을 제시할 수 있는 길을 열어 주었다. 프로젝트를 위한 자금의 조달은 기존의 발주자 단독 과업에서 발전해 이제는 건설업체가 금융 주선을 통해 프로젝트를 창출하는 주요 수단으로 바뀌고 있다. 이런 추세에 따라 최근 금융회사와 건설회사 사이의 밀접한 관계가 해외 건설시장 프로젝트의 성공을 위한 중요 문제로 떠오르고 있다.

이는 해외시장에서 복수화폐로 공사비가 지급되는 프로젝트의 경우 환율이나 이자율의 심한 등락으로 외환 리스크(risk)에 대한 대응이 프로젝트 입찰 참여 때부터 필요하기 때문이다. 이와 같이 프로젝트의 금융조달 능력은 현재 부동산개발 사업의 수주에 있어서도 관건이 되고 있다. 따라서 세계 건설시장 구조의 변화는 경쟁력을 갖춘 업체에게 새로운 기회를 제공하는 반면, 그렇지 못한 업체들에게는 해외건설 시장의 양적인 확대에도 불구하고 새로운 시장으로의 진출뿐 아니라 기존에 선점한 시장에서조차도 주도권을 상실할 우려가 높음을 시사한다.

세계 건설시장의 변화는 발주형태와 수주여건을 크게 변화시켰다. 즉 과거에는 발주자(owner)가 자체적으로 설계 및 시공 조직과 인력을 가지고 직접 설계 시공하던 'Owner-Builder' 방식이 주로 사용되었으나, 프로젝트가 점차 대형화되고 복잡해지면서 이전의 단순한 프로젝트 계약인도 방식(Project Delivery System)인 설계와 시공의 분리발주 방식(Design-Bid-build)으로는 발주자와 시공자 모두에게 이익을 도모하기 어려워짐에 따라 이를 보완하기 위한 여러 가지 방안이 강구되었다. 그에 따라 설계, 시공, 공사와 감리 분리 발주방식(Design-Bid-Build+CM), 시공자 설계방식(Design-Build), 감리자책임 발주방식(CM at Risk), 설계 시공 일괄입찰방식(Lump Sum Turn-key: LSTK) 등 다양한 발주방식이 출현하게 되었다. 엔지니어링 능력과 재원조달 능력이 수주에 있어서 중요한 2대 관건으로 부상되고 있다. 지금까지 우리나라 해외 건설시장의 중심은 중동과 아시아였다. 특히 1998년 이후 중동지역에서의 수주는 크게 늘어나 2001년도 해외수주의 약 52%에 이른다. 지금까지의 누계를 보면, 우리나라 건설기업이 해외에서 가장 많이 수주한 공사는 건축공사 분야로, 전체의 39%(650억 달러)를 점유하고, 다음은 토목공사 36%(600억 달러), 플랜트 건설은 전체의 24%(400억 달러) 수준이다.

건설 서비스 분야에서는 2001년까지 EC, 호주, 일본, 뉴질랜드, 칠레, 브라질, 케냐, 한국 등 모두 8개국이 협상 제안서를 제출했다. 이 분야에서 제안서를 제출한 거의 모든 국가들이 상업적 주재(mode 3) 상에 있어서 법적형태, 외국자본 참여, 지분소유, 국적 거주요건 등에 대한 제한을 철폐할 것을 제안한다. 우리나라는 입찰 절차에 있어서 외국기업에 대한 차별적인 대우의 철폐도 제안했다. 자연인 이동(mode

4)에 대해서는 호주, 칠레 등이 자격의 상호 인정 확대 또는 신속한 인정을 제안했으나, EC는 유보적인 입장을 보이고 있다. 건설 서비스 분야의 자연인 이동(mode 4)은 인도, 파키스탄 등의 개도국들이 특별한 관심을 갖고 있다.

한편 EC가 토지이용, 건축규제 등 국내규제의 개선을 제안하고, 호주가 건축회사의 면허절차 및 요건에 대한 필요성 심사를 제안했으며, 일본이 행정상의 합리성, 객관성, 공평성 확보를 주장하는 등 국내규제 측면에서의 개선도 도모할 것으로 보인다. 우리나라는 계약 이행에 있어서 현지조달 또는 현지사용의무의 완화, 조세 및 이익송금 관련 외국기업에 대한 차별적 조항 철폐 등을 제안했다.

유통 서비스 협상

낙후했던 소매업은 글로벌화(globalization)가 진행되면서 그 형태가 다양화되고 있는데, 전통적으로 로컬(local)에 민감하게 반응하는 지역 특성이 점점 약해지고, 문화 장벽도 빠른 속도로 허물어지고 있다. 아울러 물류비용이 줄어들고 점포의 운영 효율성이 증가하면서 국경의 문턱도 점차 낮아지는 추세다. 과거 10년 동안 소매유통업이 얼마나 빠른 속도로 세계화되었는지 세계시장으로 진출한 10대 소매기업들의 매출고를 보면 파악할 수 있다.

한편으로는 국제화의 진행으로 인한 대형 할인점이 성장하면서 전통시장의 몰락은 매우 심각한 사회문제로 대두되고 있으며 이와 같은 추세는 향후에도 지속될 것으로 보인다. 또한, 국제화의 진전은 백화점의 상대적인 퇴조를 가져왔고, 하이퍼마켓(할인점)의 호황을 가져다주었다. 불과 10년 전까지만 해도 유럽의 상위 25개 소매업체 중 5개 업체만이 아시아에 진출했으나 2001년 현재 그 숫자가 20개에 달하고 있으며, 특히 지난 5년 동안 할인점 업체의 성장 및 진출은 그야말로 눈부실 정도이다.

도시화 현상이 지속되는 가운데 많은 사람들은 도시생활에 적합한 놀이시설, 영화관, 음식백화점 등 복합 시설을 갖춘 대형 엔터테인먼트 쇼핑몰을 즐겨 찾고 있다. 우리나라도 재래시장 재개발 성공사례로 꼽히는 동대문 패션 쇼핑몰과 엔터테인먼트 쇼핑몰이 생겨 성공하면서 지방 도시로까지 확산되는 분위기이다. 쇼핑몰은 1970년대부터 개발되어 왔으나 엔터테인먼트형 쇼핑몰의 개발은 최근에 와서야 활발히 이루어지고 있다.

대형 쇼핑몰의 성장과 함께 편의점도 고속성장을 하는 추세에 있다. 일본형 편의점이 한국과 대만, 싱가포르, 홍콩에서 큰 성공을 보였고, 최근 그 뒤를 잇고 있는 태국, 말레이시아 등 신흥경제권 나라에서도 편의점은 고속성장 중이다. 특히 편의점 왕국 일본에서는 5만 개의 편의점이 영업 중이고, 이 중 40%는 상위 5개 업체가 운영하고 있다. 대만과 한국의 편의점 수는 약 2,000개 정도의 수준이지만 그 수가 빠르게 신장세를 보이는 실정이다.

홈쇼핑 부문은 불과 수 년 전만 하더라도 자리 잡지 못했다. 1990년대 통신 인프라가 정비되면서 이 부문이 성장하기 시작했는데, 우리나라의 경우 TV 홈쇼핑이 세계에서 유래 없는 성장을 보이고 있다. 특히 'LG 홈쇼핑'과 'CJ 39'는 불과 6년 만에 2조 원 규모의 시장을 창출해냈다. 앞으로 인터넷 쇼핑몰의 성장잠재력에 대해서 의심하는 사람은 거의 없다. 현재 인터넷 쇼핑의 주된 고객은 중산층이지만 주력 소비층인 주부 등으로 그 수요자의 확산이 진행 중이다. 또한 네트워크 마케팅으로도 불리는 직접판매 방식도 일본과 한국을 중심으로 급속히 성장하는 무점포 소매업이다.

유통 서비스 분야에서는 2001년 12월까지 미국, EC, 스위스, 일본, 칠레, 한국, 콜롬비아 등 12개국〔남미 공동시장(MERCOSUR)은 공동제안서 제출〕이 협상제안서를 제출했다. 그 중에서 미국이 제안한 내용을 소개한다.

최근 직송 거래, 전자적 판매(electronic sales), 매장 판매(store sales), 직접 판매(direct sales), 프랜차이즈 판매(franchise sales) 등의 대규모 소매 서비스가 발전하고 있으며, 유통공급망(supply chain)이 상품제조와 마케팅의 핵심이 되고 있다. 유통 서비스 분야의 효율적인 운영은 재고관리, 직접계약(direct contracting), 통관중개활동(customs brokerage activities), 상품의 통합과 분할(consolidation and deconsolidation of merchandise), 배달, 운송 서비스, 우편 서비스, 창고 보관 서비스, 차량보수(fleet maintenance), 생산, 판촉, 마케팅, 광고 서비스 등과 밀접한 관계에 있다. 이와 같은 배경에서 미국은 다음과 같은 불편사항들을 시정하거나 없애줄 것을 제안했다.

내국인 지분 요건(49% 이상), 부동산 매매 및 임대상의 제한, 경제적 수요심사, 매장의 규모 및 위치조건, 매장 수의 제한, 합작시 의무요건 또는 허가, 정부허가의 지연과 투명성 문제, 이익의 송금보장과 과중한 수수료 및 세금, 로열티 지불과 수수료, 교통수단 이용제한, 정보접근과 과세차별, 합작시 외국 파트너에 대한 차별, 외국 프랜차이즈에 대한 차별, 직접 판매에 대한 차별, 국내 법규의 투명성 및 행정상의 공정성유지, 면허요건에 대해 미리 결정된 객관적인 기준, 구획(zoning)에 대한 정보의 부족, 입지에 관한 논의를 위한 현지 공무원 또는 지역대표와 만날 수 있는 기회의 결여, 우편이나 다른 배달 서비스의 선택권 결여, 터미널, 창고 및 기타 시설의 규모, 형식, 전화 및 전자 미디어 마케팅에 대한 높은 규제, 인센티브 상품 기타 판촉 프로그램 제공에 대한 규제, 현지인 최소고용 의무, 전문가와 기술인력의 일시적 입·출국 보장 등 개도국에서 기업 활동을 하는 데 겪는 애로사항을 총 망라하고 있다.

금융 서비스 협상

금융 서비스 역시 UR 협상에서 통신 및 해운 서비스와 마찬가지로 개발도상국의 시장접근과 내국민대우가 미흡해 미국의 주도로 타결하지 못했다. 후속협상을 통해 GATS 제5차 의정서(금융 서비스)가 채택되었다. 앞으로 개도국 시장에서의 진입장벽의 철폐, 내국민대우, 다양한 금융상품의 분류문제, 국내규제의 투명성 원칙, 건전성 규제의 범위, 회원국의 권리 등이 협상의 쟁점이 될 것이다.

우리나라 금융 서비스 부문의 경우 OECD 가입(1996년)과 IMF 외환위기(1997년) 이후 금융부문의 각종 자유화조치를 통해 이미 선진국 수준으로 개방되었다. 예컨대 외국인의 주식투자와 채권투자가 제한 없이 자유화되고, 은행, 증권사의 현지법인 설립까지도 허용되었다. 그러나 앞으로 외국기관이 금융기관의 영업활동 범위의 제한 완화와, 자본거래의 완전 자유화를 요구할 소지는 남아 있다. 내국민대우에 차별은 존재하지 않는다. 외국 은행에 대한 차별적 규제가 완화되는 경우에 많은 외국 금융기관의 진입이 예상되고 있다.

금융 서비스 분야에서는 2001년 12월까지 미국, EC, 캐나다, 호주, 스위스, 일본, 노르웨이, 콜롬비아, 한국 등 9개국이 협상 제안서를 제출했다. 미국은 향후 온라인을 통한 금융, 증권거래, 보험 서비스, 금융 정보 서비스 등 국경 간 공급 형태가 전체 금융 서비스에서 차지하는 비중이 증가할 것이라고 전망하고 자유화의 확대를 제안했다.

EC와 스위스, 일본 등 선진국들은 금융 서비스 부문의 자유화 폭을 대폭 확대하자는 입장을 취하고 있다. 우리나라도 상업적 주재에 대한 차별적 규제 폐지, 상호주의에 입각한 최혜국대우 면제조치, 중앙정부 와 지방정부 사이에 존재하는 여러 가지 규제 등, 금융 서비스 교역을 왜곡하는 장벽들의 점진적 제거를 주장했다.

일본은 금융 서비스 분야에서 모든 형태의 서비스가 원활하게 공급 되기 위해 각 기업의 자금조달 및 신용창출 방법을 다각화하고 경제의 안정화를 통해 국가별 위험도를 낮춘다는 입장을 표명했다.

선진국들은 상업적 주재(mode 3) 제한을 철폐하고, 앞으로도 활성 화 가능성이 높은 국경 간 공급(mode 1)과 해외소비(mode 2)에서도 양허를 확대할 것을 제안하고 있다. 특히 상업적 주재(mode 3)에 대해 대부분의 제안국들은 지분소유, 법적 형태, 공급자의 수나 지역 등에 대한 제한조치를 철폐할 것을 요청했다.

국경 간 공급(mode 1)의 경우, 금융정보, 자문, 재보험, MAT 보험, 보험중개, 부수 서비스 등의 분야에서 양허를 늘려달라고 기대하고 있다.

반면 우리나라는 국경 간 공급(mode 1)의 자유화가 대규모 자본이동과 관련 없는 분야에 국한되기를 제안한 바 있다. 해외소비(mode 2)의 모든 분야에서 자유화를 확대하고, 특히 운송과 관련 있는 보험이나 재보험에서의 해외소비를 양허할 것을 유도하고 있다.

한편, 미국과 캐나다는 국내규제 작업반(WPDR)과 별도로 금융 서비스 분야에서 독자적인 국내규제의 원칙을 논의할 것을 제안했고, 우리도 건전성 규제의 투명성과 객관성을 제고하는 방안을 논의하자는 의견을 제시했다. 반면, 개도국 중에서 제안서를 제출한 콜롬비아는 각 회원국의 발전 정도를 감안해 자유화가 이루어져야 한다는 입장을 강조하고, 국경 간 공급(mode 1)과 해외소비(mode 2)의 자유화에 대해서는 신중하게 접근해야 한다는 입장을 제시했다.

선진국들의 경우 대부분 양해각서에 의한 금융 서비스의 상대적인 개방화조치가 행해졌다. 선진국이 국제 금융시장에서 차지하는 비중이 큰 것을 반영하면, 이러한 개방화 조치는 세계적인 금융 서비스의 개방화를 반영한다고 볼 수 있다. 대부분의 선진국은 은행 및 증권 서비스에 대한 해외소비(mode 2) 자유화조치를 채택하고 있다. 그러나 국내 금융상품에 대한 국경 간 공급의 부분에서는 약간의 규제가 있는데 이는 통화 정책에 안정성을 유지하고자 하는 목적이다. 상업적 주재(mode 3)에 대해서 대부분의 선진국이 양허했지만, 단 20% 정도만 조건 없는 상업적 주재를 허용하고 있는 실정이다.

미국은 전업종을 양허했으나, 주법에 따라 지점, 자회사, 대표사무소의 초기진입에 대해 제한을 두는 경우가 많다. 이사의 50%와 설립자에 대해 국적요건이 부과되고, 주별로 설립 자본금이나 사무소의 수 등에 대해 제한을 두고 있으며, 보험의 경우는 과세, 영업허가 수수료 등에서 외국 공급자에 대한 차별을 두고 있다.

EC는 일부 국가가 운송관련 보험의 국경 간 공급과 해외소비(mode 1, 2)를 개방하지 않고, 국적요건, 경제적 수요평가(ENT), 설립형태 제한, 지분상한 등을 두고 있다. 일본과 호주는 자동차 책임보험에 대해 일정 제한을 두고 있다.

선진국에서의 양허 수준이 다른 선진국 사이의 다자간 협상 또는 경제협력체(EU, OECD, NAFTA) 등에 비해 낮은 이유는, 건전성과 감독체제가 상이한 국가와의 금융접근이 자칫 국내 금융 시스템의 불안정을 초래할 수 있다는 우려를 반영한 것이라고 볼 수 있을 것이다.

대부분의 신흥 시장국가들은 선진국에 비해 국경 간 거래에 대한 양허수준이 미흡한 편이다. 국경 간 공급(mode 1)에 대한 은행 및 증권 서비스와 관련해 20%만이 양허 이행을 약속했고, 이 중 50% 이상은 조건부 양허 이행을 제시했다. 특히 자본수지에 대한 제한조치가 신흥 시장국가에서 보편적으로 나타나고 있는데, 아르헨티나, 홍콩, 인도네시아, 말레이시아, 싱가포르를 제외한 대부분의 국가들은 자본수지 거래에 대한 제한 조치를 시행한다. 이러한 자본수지 거래제한은 해외소비(mode 2)에 대한 사항을 반영한다.

많은 회원국들은 은행과 증권 서비스의 상업적 주재에 대한 개방을 약속하고 있다. 홍콩과 헝가리의 경우 제한 없는 외국은행 서비스를 보장한다. 동구권 개발도상국 중에서 헝가리, 체코가 비교적 개방수준이 양호하고, 중남미 개발도상국은 아르헨티나와 브라질이 신규진출 및 영업확대를 금지하는 등 상대적인 제한이 심한 편이다. 이러한 제약에도 불구하고 신흥 시장국들의 금융시장의 급속한 발전으로 인해 앞으로 이 부분의 자유화조치가 확대될 전망이다.

높은 경제성장을 경험하고 있는 신흥 시장국은 자본의 효과적인 배분을 위해 금융시장 하부구조의 선진화를 빠르게 진행시키고 있으며, 새로운 금융상품의 도입으로 효율적인 자원분배를 유도하고 있다. 이에 따라 금융시장 자유화가 빠르게 진행되고 있으며, 금융시장 개혁 및 금융시장 건전성 규제 등이 선진화되고 있다. 소득수준이 낮은 개발도상국의 경우, 상대적으로 금융시장의 규모가 작고, 양허수준도 다양한 형태로 나타난다. 은행 및 증권서비스의 경우 40%의 양허수준을 보이며, 이들 대부분이 조건 없는 국경 간 공급(mode 1)과 해외소비(mode 2)를 양허하고 있다. 상업적 주재의 양허와 관련해서 비록 조건부이기는 하지만 은행의 자유화는 높은 편이다.

앞으로 금융협상의 전망은 선진국이 개도국에 대한 개방 압력이 확대될 것으로 보인다. 개도국들은 개도국의 발전 정도를 감안한 서비스 협상이 이루어지기를 원하고 있어서 선진국의 입장과 대립되고 있다. 우리나라는 금융 서비스 부문의 자유화를 상당부분 진행시켰다. 선진국 시장에서 국내 업체들의 경쟁력이 뒤지는 상황에서 실익을 기대하기는 힘들지만, 아시아 개발도상국의 경우는 문화적 유사성과 지역적 정서 등을 감안할 때, 국내 기업의 진출이 경쟁력을 갖는다고 판단된다.

4
우리 경제의 현주소

서비스 경제의 발전

국가마다 지리적 위치, 부존자원, 발전수준 등에 따라 생산과 고용 유형에 많은 차이가 있는 것은 사실이다. 그러나 경제가 발전할수록 경제활동의 중심이 농림·어업에서 제조업을 거쳐 서비스 산업으로 이동하게 되는데, 이는 국민총생산이나 취업인구의 비중을 살펴보면 알 수 있다.

경제구조가 고도화되면 서비스 산업의 비중이 증가하게 되는 것이 경제발전의 일반적인 모습이다. 우리는 얼마 전까지 서비스업은 소비를 일삼는 유흥업임과 동시에 비생산적이고 낭비요인이 크다는 부정적 사고가 팽배했다. 그러나 선진국 산업구조의 변화 패턴에 따라 소득수준이 증가함에 따라 서비스가 경제활동에서 차지하는 비중이 계속 확대되고 있다. 현재 국내총생산 중 서비스 부문의 비중은 미국의 경우 80% 선에 이르고 한국, 브라질은 60%, 아프리카의 우간다나 잠비아의 경우에도 40~50%에 이른다. 이렇게 서비스의 비중이 증가하는 이유는 두 가지 중요한 변화가 있기 때문이다.

첫째, 서비스 수요의 소득탄성치가 크기 때문에 소득수준이 높아지면서 소비자를 위한 서비스 수요가 크게 증가한다. 즉 관광, 교육, 보건, 식당 등의 서비스 수요는 소득증가에 따라 증가한다. 그런데 호텔, 식당, 수송 부문과 같은 부문의 예에서는 서비스 생산이 노동을 자본으로 대체하기 어려운 점이 있어 비교적 생산성이 낮다.

둘째, 국내총생산에서 서비스의 비중이 증가하는 것은 생산·제조 회사들이 효율을 극대화하기 위해 생산조직을 변화시키고 있기 때문이다. 서비스업은 자체적으로 부가가치를 창출하면서도 제조업이나 다른 서비스업의 부가가치 창출에도 기여한다. 즉 설계, 회계, 감사, 금융, 운수, 창고, 통신 등 외부 생산자 서비스를 활용하는 비중이 증가한다는 것이다.

대외적으로도 서비스 무역이 최근 급격히 증가하고 있다. 과거의 국제무역은 상품위주로 이루어져 왔다. 미국의 경우 서비스 생산이 국내 생산량의 80%를 차지하지만 수출량은 그것의 4분의 1 수준이며, 전세계의 서비스 교역이 차지하는 수준은 비중은 5분의 1 정도이다. 1995년 서비스 교역량은 1조 2,000억 달러에 이른다. 여기에는 상품생산에 투입되는 설계, 디자인 등 서비스는 제외되고 있으며 호텔, 관광, 식당, 금융, 보험, 컨설턴트 등을 통한 거래가 불분명한 점을 감안할 때, 거래 규모는 이보다 더욱 클 것으로 예상된다.

우리나라의 경우도 예외는 아니다. 한국 경제는 1962년부터 경제개발계획에 착수해 급속한 경제성장을 이루었는데, 산업구조는 점차적으로 농업에서 제조업, 그리고 서비스업으로 이동해왔다. 현재 국내 총생산(GDP)에서 서비스 산업(건설포함)이 차지하는 비율은 60%를 넘고 있다. 건설을 포함한 서비스 산업의 국내총생산 및 고용의 구성비는 1980년 각각 43.9%, 39.5%였으나 2000년에는 63.7%와 68.9%로 크게 늘어났다. 미국, 싱가포르, 일본의 경우 GDP에서 차지하는 서비스 산업의 구성비(1996년)는 각각 74.1%, 70.9%, 64.4%였다.

산업별 고용구조를 살펴보면 선진국의 경우 서비스 산업 종사자의 비중이 60~70%에 이른다. 우리나라는 1998년 68.2%를 기록했다. 또한 우리의 산업구조를 살펴보면 아래의 표에서 보는 것처럼 경제발전 과정에서 농림·어업 부문의 비중은 차츰 감소하는 반면 서비스 산업 부문은 늘어났으며 취업인구 비중도 크게 높아졌다.

우리나라 서비스 산업의 분류를 알아보자. 우리는 세계은행이 1, 2, 3차산업으로 분류한 것을 기초로 한 UN의 권고방식을 수용해《한국표준산업분류(2000년 1월 제7차 개정)》를 채택했다. 이에 따르면 도·소매업, 숙박·음식업, 운수업, 통신업, 금융보험업, 부동산 및 임대업,

┃ 우리나라 생산 및 고용 구조 (단위 : %)

구분	고용				생산			
	1985	1990	1995	2000	1985	1990	1995	2000
농림 어업	24.9	17.9	12.4	10.9	12.5	8.5	6.2	4.7
광업 제조업	24.4	27.6	23.6	20.2	30.5	29.6	29.8	31.6
건 설	6.1	7.4	9.3	7.5	7.5	11.4	11.3	8.0
서비스	44.5	47.1	54.7	61.4	49.5	50.5	52.7	55.7
계	100.0	100.0	100.0	100.0	100.0	100.0	100.0	100.0

자료 : 통계청. 한국은행

사업 서비스, 공공행정·국방, 교육 서비스, 보건 및 사회복지, 오락·문화 및 운동관련업, 공공·수리·개인 서비스, 가사 서비스, 외국기관 등 14개로 대분류(코드부여 G-T)해서 2000년 3월부터 시행하고 있다.

3차산업 중 전기·가스·수도, 건설사업은 생산설비를 이용해 서비스 공급이 이루어지므로 서비스업에서 성질상 제외되었다. 최근 반도체, 정보·통신기술에 대한 지식집약 산업과 관련된 서비스 산업이 급부상하고 있어 적절한 재분류가 요구된다.

서비스 업종별 성장추세를 보면 금융, 보험, 부동산, 사업 서비스업은 1980년대 말부터 1990년대 중반까지 연평균 10% 이상의 성장률을 보였으나 1990년대 중반 이후에는 연평균 5% 이하로 둔화되었다. 1990년대 초반에 성장세가 저조했던 운수, 창고, 통신업은 1990년대 중반부터 연평균 10% 이상 성장하고 있다.

취약한 서비스 산업경쟁력

2000년 초부터 뉴 라운드 서비스 협상이 예정되어 있었지만 그 대신 도하개발의제가 채택되어 본격적인 협상이 시작되었다. 서비스 무역의 자유화는 우리 경제에 긍정·부정적 영향을 동시에 가져다줄 것이다. 우리가 협상에 성공할 수 있을 지의 여부는 협상대표들의 협상전략과 협상기술도 중요하지만 우선은 우리나라 서비스 산업의 경쟁력이 뒷받침되어야 한다. 그러나 우리의 현실은 어떤가? 우리나라 서비스 산업의 국제경쟁력을 살펴보자.

경제개발 과정에서 서비스 산업은 꾸준한 성장을 보였다. 1997년 외환위기 이후 경제의 구조조정과 외국인 투자환경의 개선으로 대외개방의 폭이 확대되고, 정보·통신기술의 발전 등에 힘입어 경쟁력이 강화된 면도 있다. 그러나 근로자들의 3D(difficult, dirty & dangerous) 업종에 대한 기피로 서비스 부문에 노동력 유입이 빨라지고 있어 노동생산성이 다른 나라에 비해 낮은 수준이다.

서비스 산업의 경쟁력을 평가하는 지표로 서비스 산업의 노동생산성을 활용하고 있다. 한 연구보고서에 따르면 1996년 우리나라 전체 서비스 산업의 노동생산성은 미국의 34%, 그리고 일본의 36% 수준에 불과한 것으로 나타난다. 우리나라 제조업의 노동생산성이 미국의 44% 수준이고 일본의 53% 수준에 이르는 것을 보면 서비스 산업의 노동생산성이 제조업에도 뒤지고 있다고 볼 수 있다.

서비스 업종별로 운수·통신업의 경우 미국의 50%, 금융 보험 서비스업은 미국의 40%, 공인회계사, 변호사, 컨설팅 등 개인 서비스업은 미국의 25% 수준이고 부동산업은 미국의 20% 수준에 불과하다. OECD 통계에 따르면 한국의 서비스 생산(1995년 불변가격 기준)은 총 생산에서 약 50%를 차지하고 있다. 앞에서 지적한대로 이 분류에 포함되지 않은 농림, 어업, 광업, 제조업, 건설업 관련 서비스를 포함하는 경우 그 비중은 크게 증가할 것이다. 고용부문의 경우 서비스 산업의 고용실태는, 1992년 50%를 차지했으나, 1999년에는 60%를 상회했다. 같은 기간 중 총고용은 7% 증가한데 반해 서비스 부문의 고용은 30%가 증가되었다. 식당, 호텔, 부동산, 행정, 국방 부문의 취업인구가 크게 늘어나 서비스 산업의 생산성을 저하시키고 있다.

또 지적하고 싶은 것은 1989~99년 기간 중 서비스 산업 부문으로 취업인구가 유입된 것은 결과적으로 생산성을 저하시켜 생산비중(불변

업 종	생 산 (1995년 불변가, 십억원)				고 용(천명)			
	1989	1995	1999	1989~99 증가배수	1992	1995	1999	1992~99 증가배수
1.도 · 소매	24,427 (0.21)	37,306	42,272 (0.20)	1.73	3,147 (0.35)	3,702	3,772 (0.32)	1.20
2.식당 · 호텔	6,202 (0.05)	9,867	10,680 (0.05)	1.72	1,203 (0.13)	1,574	1,760 (0.15)	1.46
3.운송 · 창고	12,347 (0.11)	17,432	19,259 (0.09)	1.56	992 (0.11)	1,056	1,168 (0.10)	1.18
4.통신 · 우편	2,687 (0.02)	7,389	16,607 (0.08)	6.18	운수창고 에 포함			
5. 금융 · 보험	11,312 (0.10)	24,763	29,690 (0.14)	2.62	555 (0.06)	704	701 (0.06)	1.26
6.부동산	19,003 (0.16)	28,612	34,891 (0.17)	1.84	651 (0.07)	904	1,168 (0.10)	1.79
7.기업 서비스 (컴퓨터, 광고, R&D 등)	6,983 (0.06)	14,860	15,495 (0.07)	2.22	부동산 에 포함			
8.행정 · 국방	13,227 (0.11)	15,668	15,885 (0.08)	1.20	549 (0.06)	630	842 (0.07)	1.53
9.교육	14,785 (0.13)	18,122	19,279 (0.09)	1.30	796 (0.09)	890	970 (0.08)	1.22
10.보건 · 사회 복지	12,015 (0.10)	19,624	22,085 (0.11)	1.84	1,175 (0.13)	1,01	1,432 (0.12)	1.22
A.서비스 합계	117,176 (100)	179,255 (100)	209,582 (100)	1.79	9,068) (100)	10,761 (100)	11,813 (100)	1.30
B.총생산 또는 총고용	236,359	365,632	426,502	1.80	17,931	19,384	19,259	1.07
A/B 비중(%)	49.58	49.03	49.14	–	50.57	55.51	61.34	–

* (　)내 숫자는 구성비를 표시함

자료 : 한국은행(부가가치), 통계청(경제활동인구), OECD(2001년)

가격 기준)을 증대시키지 못하고 있다는 점이다. 업종별로 신장률의 차이가 있으나 통신, 금융보험, 기업 서비스 부문의 생산은 크게 증가했고, 부동산과 보건·사회·복지 부문 외의 모든 부문에서 평균성장률을 크게 밑돌고 있다.

비즈니스 서비스 산업의 경쟁력

서비스 산업 중 비즈니스 서비스 산업의 경우를 알아보자. 물류, 마케팅, 광고, 디자인, 컨설팅, 연구개발, 인력파견 등과 같은 비즈니스 산업은 제조업 못지않은 부가가치를 창출할 수 있다. OECD는 기업의 경쟁력 확보와 경제성장의 핵심역할을 하는 ① 마케팅, ② 생산조직(컨설팅, 인력공급 등) ③ 연구개발 ④ 인력개발 ⑤ IT 서비스 등 5개 분야를 '전략 비즈니스 서비스(strategic business services)'로 분류한 바 있다.

1999년에 각 나라가 차지하는 국내총생산(GDP) 중 비즈니스 산업의 비중은 미국 9.7%, 프랑스 12.7%, 일본 7.3%였으나, 한국은 3.6%에 그쳤고 고용 면에서도 미국 11,2%, 프랑스 10.2%, 일본 5.5%를 보인 반면, 우리나라는 2.8%에 이르러 선진국에 비해 낮은 실정이다.

OECD 국가의 비즈니스 산업은 1995년 1조 1,000억 달러에서 1999년 1조 5,000억 달러로 연평균 약 10%의 급성장을 하고 있다. 국가별로는 미국이 OECD 서비스 시장 전체의 49%, 일본이 21%, 프랑스가 10%를 차지하고 있으며, 업종별로는 컴퓨터 관련 서비스가 32%로 가장 큰 비중을 보인다.

우리나라는 2000년의 경우 시스템 통합, IT 컨설팅 등 IT 서비스 분야가 비즈니스 전체 매출액의 39%, 고용의 22%를 차지할 정도로 서비스 산업이 주력산업으로 부상하고 있다. 세계적인 추세는 IT 산업의 발전에 따라 생산 시스템과 네트워킹 체제의 구축을 위한 IT 서비스 수요가 높아지고 벤처기업의 활성화, 기업의 아웃소싱(outsourcing) 경향으로 비즈니스 서비스 수요가 증대하고 있다. 우리는 IT 인프라의 높은 경쟁력을 갖추고 있으며, 우수한 기술인력이 풍부하다는 점에서 이 분야의 성장잠재력이 크지만, 폐쇄적인 기업문화와 비즈니스 서비스 산업의 영세성, 기업 간 제휴나 협업에 대한 소극적 태도, 연구개발과 지식공유에 대한 인식부족 등으로 비즈니스 산업이 취약한 실정이다.

서비스 산업의 연구개발에 대한 민간과 정부차원의 지원이 미력하다. 미국, 독일, 노르웨이 등 선진국에서는 국책연구개발 자금의 일부를 서비스 산업 부문에 배정하고 있으나, 우리의 경우 산업기술 개발자금(약 5,100억 원), 산업기술 기반조성 자금(약 3,000억 원) 중 서비스 분야에 대한 지원은 거의 없는 형편이다.

한국의 서비스 시장 개방

1997년 IMF 금융위기 이후 서비스 부문의 중요성이 더욱 커지고 서비스 경제 부문의 전반적인 개혁이 건의되었다(Mckinsey 1998년) 서비스 자유화는 기술이전과 경제규모에 생산성 향상을 불러올 수 있다. 이것은 제조업 부문의 FDI 생산성 효과와 유사하다(FDI의 생산성 증대효과는 여러 학자들의 연구에서 입증됨).

해외투자 역시 경쟁촉진을 가져와 생산성 향상에 기여한다. 서비스 무역의 자유화는 제조업을 포함한 다른 부문에도 다양성 증대, 품질향상, 투입비용 감소의 효과를 가져와 생산성 증대에 기여한다. 사업 서비스 부문에 FDI는 전문화를 촉진시키고 따라서 생산성 증대를 가져올 수 있다. 제조업 부문의 FDI는 1980년대 초 이후 이루어졌으나 서비스 자유화는 UR 협상, OECD 가입협상과 관련해 1990년대 중반 이래로 실현되었다.

그것은 WTO와 OECD 양허약속 수준 이상이었다. 유통 서비스, 사업 서비스, 연예·오락 서비스, 기타 개인 서비스는 1990년 이후 자유화되었고 운송 서비스, 금융 서비스, 통신 서비스는 일부만 자유화되었다. 본격적인 자유화는 1997년 이후 이행되었다. 부동산업, 토지개발, 수도사업 등은 1998년에 개방했고 1999년 5월 출판, 원양해운, 카지노 운영이 개방되었다.

1999년 신문발행, 케이블 방송, 전신전화, 무선전화의 외국인 주식 투자비율이 높아졌다. 나머지 24개 업종은 2000년 5월에 자유화되었다(단, 라디오와 TV 방송부문 FDI는 제한됨). 22개 업종 중 신문발행, 연안 수송, 항공, 통신, 투자신탁회사, 발전 등의 부문은 부분적으로 제한되고 있다.

다음 표에서 보는 것처럼 우리나라 서비스 교역은 1990년대 후반에 들어 양적으로 급성장했다.

상업적 주재를 제외하고 수출과 수입거래량이 228억 달러였으나 2000년 646억 달러를 기록했다. 세계교역에서 차지하는 비중은 교역량의 증대에 따라 점차 증가추세이고 2000년도에는 2%를 넘어섰다.

구 분	1991		1995		2000	
	수출	수입	수출	수입	수출	수입
국경 간 공급[1]	7,158	8,953	17,677	19,465	23,699	26,291
• 운송	3,873	4,897	9,272	9,645	13,687	10,879
• 통신	353	204	561	642	387	623
해외소비[2]	2,856	3,214	5,150	6,341	6,834	7,132
상업적 주재	–	–	–	–	–	–
자연인 이동[3]	604	54	774	132	582	51
합 계	10,618 (1.2)	12,221 (1.3)	23,601 (1.8)	25,938 (2.0)	31,115 (2.1)	33,474 (2.2)

자료 : IMF. BOP 국제수지 통계연감(2001년)
주 1) BOP 상업서비스에서 여행을 공제
　　2) BOP에서 여행
　　3) BOP에서 피용자 보수
＊(　　)내 숫자는 세계 전체에서 차지하는 구성비(%)

　　서비스 시장을 개방하면 서비스업에 대한 투자가 증가하게 된다. 즉 자연인의 이동과 상업적 주재가 늘어나게 되는데, 경제학자들의 연구결과를 통해 기술이전과 경쟁격화로 생산성이 향상된다는 긍정적 효과를 알 수 있다. 외국인의 투자유치로 인해 새로운 자본과 기술의 도입, 전문인력의 이동, 기술 및 경영기술 전수, 사내 연구개발, 서비스 품질의 향상, 국내기업과의 경쟁유발 등 다양하고 급격한 변화를 맞고 있다.

　　우리나라 서비스업은 금융, 건설, 통신 등의 대기업을 제외하면 영세성을 면치 못한다. 통계청이 2000년도에 실시한 부동산 및 임대업, 사업 서비스업, 보건 및 사회복지사업, 오락·문화 및 운동관련업, 공공 수리 및 개인 서비스업 등 5개 분야 서비스업 통계조사보고서(2002년 2월)에 따르면 업체당 종사자수는 2~8명에 불과하고 연간 1인당 매출액도 3,000~8,000만 원 수준에 그친다. 앞으로 이들 분야에 외국기

(단위 : 백만 달러)

	1962-81	1982-90	1991-95	1996-97	1998-99
서비스 FDI	412.2	1,600.2	2,078.7	2,213.1	6,330.9
전기 · 가스	0	0	26.1	0	378.7
건설	10.4	40.1	21.4	79.8	9.6
도 · 소매	0	20.1	103.4	586.6	956.7
무역	0.4	55.5	394.7	306.5	336.1
식당	0	4.2	60.2	7.1	9.4
호텔	206.0	956.9	362.3	211.4	64.5
운송	28.7	9.6	9.9	150.2	9.4
금융	109.7	384.9	710.3	480.8	2,292.9
보험	3.0	77.3	158.0	23.2	407.9
부동산	0	0	1.8	0.1	33.0
기타	53.9	51.4	230.5	367.4	1,832.5
한국 총 FDI	1,477.8	4,385.1	5,057.2	5,394.2	15,489.7

* 자료 : 산업자원부(2000년)

업이 진출하는 경우를 가정해보면 적지 않은 어려움이 있을 것으로 예상된다.

서비스업에 관한 분류에 있어서 생산된 자료와 통계의 한계로 인해 모든 서비스 업종에 대한 경제분석과 경쟁력 평가는 어렵다. 여기에서

사 업 명	업체 수(개)	업체당 종사자 수(명)	일인당 매출 (백만 원)	영업이익률 (%)
부동산 임대	95,225	3.5	61	10.9
사업 서비스	68,137	8.3	52	13.1
보건 · 사회복지	65,944	7.4	42	14.9
오락 · 문화 · 운동	120,517	2.6	82	21.3
공공 · 수리 · 개인	255,428	2.1	30	30.2

자료 : 통계청(2002년 2월)

는 유통, 법무, 보건의료, 교육, 시청각 서비스에 대해서만 좀더 구체적
으로 알아보기로 한다.

(1) 유통 서비스

우리나라 유통산업은 1989년부터 점포수와 매장면적에 제한을 두고
소매업 투자개방(1991년), 대형할인점 허용(1996년), 백화점과 쇼핑센
터 건립허용(1998년), 고기도매업 투자개방(2001년) 순으로 단계적인
개방을 실시했다. 이에 따라 유통업에 대한 외국인의 투자는 증가했다.
외국의 대형할인점 진출에 영향을 받은 국내 유통업체들도 할인점 설
립을 급속히 늘리게 되어 국내 소매업에서 외국업체(약 25%)와 국내업
체 간의 경쟁이 심화되고 있다.

유통서비스 시장의 개방은 중소형 소매점의 영업에 큰 타격을 주기
도 했다. 그들은 경영의 어려움을 극복하기 위해 체인이나 조합을 결성
하고 공동구매, 물류유통의 효율화를 도모하는 등 유통·경영체제를
개선하고 있다.

유통시장이 개방되면서 유통단계의 축소(직거래), 소비자 수요에 대
한 대응(신선농산물, 품질보증 등), 마진율 축소로 유통업체의 가격결
정권 확대 등의 구조조정이 일고 있으며 경쟁격화로 유통가격이 인하
되는 등 소비자 후생에도 크게 기여하고 있다. 유통업체의 운영 면에서
도 점포 표준화, 운영 매뉴얼화, 시장정보 시스템 구축 등 새로운 경영
기법이 도입되고 있다.

우리의 유통시장은 이제 열려 있다. 미국의 대형할인점인 월마트나
코스코(COSCO)를 비롯해 까르푸(Carrefour)와 프로모데스도 진출했

다. 전자제품을 전문으로 취급하는 서킷시티(Circuit City)와 장난감을 대상으로 하는 토이즈알어스(Toys "R" Us)가 전문할인점(Category Killer)을 확대해가고 있다. 이제 국내 백화점이나 소매시장은 세계기업과 치열한 경쟁을 치러야 하는 현실에 직면해 있다.

(2) 법무 서비스

법무 서비스 시장개방 협상도 서비스 협상에 포함된다. 법무 서비스는 판사나 법원공무원 또는 검사 등에 의한 법의 집행, 법률자문과 소송대리 서비스 등을 지칭하지만 WTO 서비스 무역에 관한 일반협정(GATS)에서는 정부권한 행사에 의해 공급되는 서비스는 개발협상 대상에서 제외된다. 따라서 법무 서비스 시장개방 협상의 대상은 변호사, 변리사, 법무사, 행정서사 등에 의한 법무 서비스다.

법무 서비스업은 WTO 서비스 협정상의 12개 업종 중 전문직 서비스에 속하며 높은 수준의 교육과 훈련을 받은 전문인력이 일정한 자격과 허가요건을 갖추어야 서비스 공급이 가능하다. 법무 서비스 종사자들은 고도의 전문성, 개인의 책임과 윤리의식을 갖추어야 한다. 법무 서비스는 개인이나 법인 또는 사내 전문인력에 의해 이루어지지만 선진국에서는 주로 대형법률회사(law firms)에 의해 제공된다.

미국, 영국, EU 등에서 법무 서비스에 종사하는 법률가나 법률회사의 규모는 방대할 뿐만 아니라 전문성을 비롯한 해외 경쟁력도 갖추고 있어 앞으로의 협상에서 이들 국가로부터 시장개방 요구가 클 것으로 예상된다. 1990년대 중반 미국 법률가의 수는 약 80만 명이고, 고용 변호사를 기준으로 세계 20대 로펌 중 15개가 미국 계열이며, 법무 서비스 총생산액(1994년)은 944억 달러에 달한다. 고용 변호사 3,100명과 파트너 570명으로 세계 최대 로펌인 클리포드 찬스(Clifford Chance)를 비롯한 5개 영국 계열의 로펌이 세계 20대 계열에 속한다.

법률회사(law firms)의 국제화 현황(2000년)을 알아보자. 전세계에 법률사무소를 6개 이상 두고 있는 로펌의 수는 13개사이며 이들 로펌 소속 전체 변호사 중 외국에 근무하는 비율은 13~80%선이다. 시카고에 본사를 두고 있는 베이커 앤 맥켄지(Baker & McKenzie)는 고용변호사 2,330명, 파트너 535명을 두고 있는데 전세계에 35개 법률사무소를 두고 있으며 소속 변호사의 80%가 해외에서 근무하고 있다.

우리나라 법무 서비스 산업의 현황을 살펴보면(1996년), 전국적으로 6,875개 사업체에 3만 2,177명이 종사하고 있는데, 이 중 변호사업에 종사하는 사업체는 2,209개이며, 종사자는 1만 2,003명이다. 그 규모가 매우 영세하다고 할 수 있다. 우리나라 법무 서비스 산업의 부가가치가 GDP에서 차지하는 비중(1998년)은 0.17%에 그친다. 미국과 영국 (1~2%)에 비할 때 상대적으로 취약하다.

법무부의 「외국인변호사 취업자료(2000년 2월)」에 따르면, 법률사무소에 99명, 기업체에 18명 등 총 117명이 국내에 취업하고 있다. 이들 외국인 변호사는 법률가가 아닌 법무보조원 자격으로 외국법에 대한 법률자문 역할을 수행한다. 한편 한국인 또는 한국인 2세로 국제변호사 자격을 취득한 자의 수를 정확히 파악하기는 어렵지만 국제한인변호사협회(International Association of Korean Lawer)에 가입한 회원 수를 기준으로 파악할 때 2000년 말 현재 1,181명 정도이다.

앞으로 우리나라가 도하개발의제 서비스 협상에서 법무 서비스에 대한 개방이 불가피해보인다. 법무시장의 업무개방범위와 시장접근과 내국민대우(국적요건, 자격요건, 로펌 설립요건 등) 등에 관한 협상대책 수립이 필요하다. 또한 법무 서비스 시장개방과 함께 국내 법무 서비스 산업의 경쟁력 제고와 국내 소비자의 선택기회의 확대라는 긍정적 효과도 고려해야 할 것이다.

(3) 보건의료 서비스

보건의료 서비스 산업은 인간의 생명을 다루며 면허를 가진 전문인력에 의해 서비스가 공급되는 특성이 있다. 또한 의료인력과 시설 공급에는 막대한 인적, 물적자원이 소요되고 서비스 공급 설비를 갖추는 데 오랜 시간이 필요하다. 우리나라의 의료인력(2000년) 현황을 보면 최근 10년 간 양적으로 크게 증가해 의사 7만 2,404명, 한의사 12만 138명, 치과의사 18만 16명, 약사 5만 638명, 간호사 16만 299명을 확보하고 있다. 치과의사를 제외한 전체 인구대비 의사인력, 간호사의 규모는 미국의 약 20% 수준이다.

전체 의료기관(1999)의 수는 병원, 의원, 치과, 한방, 조산원을 포함 3만 6,820개이고, 이 중 종합병원은 277개, 병원 517개, 의원 1만 8,507개, 병상 수(1997년)는 25만 9,459개이다. 인구 1,000명당 병상 수(1997년)를 비교하면 일본이 16.4개로 1위를 보이고 있으며 우리나라의 병상 수는 4.8개이다.

우리나라 보건산업의 경쟁력을 알아보면, 1999년 우리나라 병원의 자기자본 비율은 33.7%였으나 최근에는 감소되는 추세이고, 종합병원은 경영수지 면에서 적자를 보이고 있다. 병원의 노동생산성은 전반적으로 매년 증가세를 보이나 300병상 미만의 종합병원은 감소하고 있다.

우리나라는 UR 협상에서 보건의료 서비스는 양허하지 않았다. 도하 개발의제 협상에서 보건의료 서비스 시장의 개방이 불가피해보인다. 보건의료시장의 개방으로 외국 의료기관과 의료인력이 국내에 진출하게 되면 국내 의료기관과 경쟁을 불러일으킬 것이다.

보건의료 서비스 공급자 사이의 경쟁촉진은 의료기관과 의료 인력의 혁신과 효율성 증대를 도모함으로써 의료 서비스 수준을 향상시킬 뿐 아니라 선진 의료기술과 경영기법의 이전효과도 가져올 것이다. 의료인력의 개방에 있어서 면허문제와 언어소통이 걸림돌이 될 수도 있지만 수요자인 고객 측면에서는 의료 서비스의 선택폭이 넓어지고 양질의 서비스를 제공받을 수 있어 소비자 후생을 증가시킬 것으로 예상된다.

(4) 교육 서비스

교육 서비스 산업은 개인에게 인성교육과 지식 및 기술을 습득시켜 산업에 필요한 인력을 양성하는 지식집약 산업이다. 오늘날 선진국들이 지식기반 경제건설에 역점을 두고 있음과 비교해볼 때, 교육 서비스 산업의 경쟁력은 개인의 소득과 복지수준의 향상은 물론 산업의 경쟁력과도 직결된 문제라고 하겠다.

우리나라는 세계적으로 높은 교육열과 고학력 국가로 알려져 있지만 교육 서비스의 질적인 경쟁력은 취약하다. 우리나라 정규 교육기관의 현황(2001년)을 살펴보면, 교육기관 수는 1만 8,924개(초등학교 1만 3,730, 중학교 4,820, 고등학교 374)이며 학생 수는 1만 1,906명, 교육기관 종사자 수는 54만2,817명이다. 우리나라 교육 서비스 산업의 생산액(1998년)은 26조 8,000억 원으로 전체 산업생산액의 2.5%를 차지한다. 그러나 부가가치 규모 면에서는 전체 산업의 4.6%를 차지하는 것으로 볼 때 전형적인 고부가가치의 지식기반 산업이라 하겠다.

국내 교육 서비스 산업의 국제경쟁력은 낮은 것으로 평가된다. 스위스 국제경영개발원(IMD)의 국제경쟁력 비교결과를 보면 우리나라가 양적 교육투자의 면에서는 최상위권이지만, 교육 시스템과 대학교육의 경쟁력은 최하위권에 머물고 있다. 교육 서비스 산업의 양적 풍요와 질적 빈약은 OECD(2001년) 자료에서도 엿볼 수 있다. 교원 1인당 학생의 수는 OECD 평균에 비해 월등히 높고 이로 인해 인력의 질적 수준이 낮아질 염려가 있다. 교육부가 발행하는 교육통계연보(2001년) 자료를 기준으로 교육 종사원 1인당 학생수를 산정하면 30.7명이다. 열악한 교육여건 못지않게 심각한 문제는 경쟁부재로 인한 대학교육의 저효율이며 대학교육과 인력수요의 괴리현상으로 인해 고학력 실업과 전문인력의 부족 현상이 병존하고 있다.

UR 서비스 협상에서 정규 교육 서비스 시장은 개방을 양허하지 않았으나 도하개발의제 협상에서는 교육 서비스의 경쟁력이 있는 미국, 호주, 뉴질랜드 등 선진국의 시장개방 요구가 적극적일 것으로 예상된다. 우리나라 학원은 1995년부터 전문학원을 중심으로 부분적으로 개방되어, 1997년 2월부터는 전면 개방되었다.

교육 서비스 시장개방은 원격교육(mode 1, 국경 간 공급), 해외유학(mode 2, 해외소비), 교육기관의 진출(mode 3, 상업주재), 교육 서비스 종사원의 이동(mode 4, 자연인의 이동) 등의 형태로 이루어지는 것이 대표적이다. 교육 서비스 중에서도 공공부문이 중추적인 역할을 담당하는 초·중등 교육보다 대학 이상의 교육 서비스에 대한 시장개방

요구가 클 것으로 전망된다. 우리나라 교육 서비스 수요는 외국어 교육의 이점과 외국 학위에 대한 선호도가 높아 보인다. 이 점을 고려할 때 우수 외국대학의 대학신설이나 분교설립, 정보통신 시설을 통한 원격교육의 진출이 예상된다.

교육 서비스 시장이 개방되면 선진국의 교육내용과 경영기법의 도입에 따라 교육 서비스 수요자의 후생증대와 인적자원의 질적 향상, 국내 교육기관의 경쟁력 제고, 유학비용 절감 등의 효과로 국제수지 개선 및 국제교류와 교육기관 사이의 네트워크 형성 등 이점이 많을 것으로 기대된다. 반면 외국 교육기관의 국내교육 서비스 시장의 잠식, 부실 교육기관의 붕괴, 브랜드 고등교육기관 입학을 위한 과열경쟁 등이 우려된다.

교육 서비스의 개방과 교역확대는 이미 세계적 추세이므로 개방에 대해 소극적으로 대응하기보다는 고등교육 서비스의 질을 높이고 경쟁력을 강화하는 데에 초점을 맞추어야 할 것이다. 우수한 교육기관의 선별유치와 선진국의 교육내용, 방식, 경영기법의 도입으로 지식기반 경제의 토대를 이루는 우수한 인적자원의 공급을 가능하게 해야 할 것이다. 시장개방에 부응해 우리나라 교육 서비스 산업의 구조조정과 경쟁력강화가 시급한 과제다. 장기적인 과제로 생각되지만 교육 서비스의 교역자유화 추세에 발맞추어 국내 교육기관의 해외진출도 적극 추진할 필요가 있다.

(5) 시청각 서비스

시청각 서비스는 인터넷과 위성방송 등 뉴 미디어의 출현을 가져온

정보통신과 방송기술의 결합을 통해 새로운 시장이 확대되고 있는 산업이다. 미주 지역과 달리 공영방송이 주류를 이루던 유럽 지역에 1980년대 초부터 상업용 TV 방송이 활성화되면서, 위성 TV와 케이블 TV 방송 채널이 빠른 속도로 증가하고 있다. 디지털과 정보통신 기술이 발전하면서, 앞으로도 시청각 서비스 산업 시장은 더욱 확대될 것으로 보인다.

세계시장에서 미국이 주도하고 있는 시청각 서비스는 UR 협상 당시 EU가 문화적 정체성과 다양성 유지를 이유로 미국과 시장개방을 위한 한판 승부를 벌였던 분야다. 인도와 일본 등 몇몇을 제외한 대부분의 나라들이 이 부문의 무역거래에서 적자를 보이고 있다. 새로운 서비스 협상에서 개방에 대한 관심이 집중된다. EU 역시 미국의 시장지배력을 줄이기 위해 유럽 영상물의 제작 배급, 기술개발, 산업육성 자금조성 등 시청각 서비스의 성장잠재력을 키워왔다.

미국은 현재 세계 시청각 서비스 시장의 약 40%를 점유하고 있으며 시장우위를 누리는 영상기술, 정보통신 기술, 세계화된 기업활동, 대량자본 동원 등 유리한 경쟁조건을 바탕으로 이 부문의 서비스 교역(1999년)을 통해 연간 약 50억 달러의 무역수지 흑자를 기록하고 있다. UR 협상에서 시청각 서비스 시장개방을 양허한 국가는 미국, 일본, 인도 등 19개 국가지만 극히 제한적으로 영화나 비디오 제작 · 배급(17개국), 영화상영 서비스(10개국), 라디오 · TV 전송 서비스(8개국) 등의 분야를 개방했다. 우리나라는 영화 및 비디오 제작 및 배급과 음향녹음에 한해 양허한 바 있다. 방송 분야에서도 외국인에 대한 진입제한(방송법 제13조), 외국자본 진입제한(동법 제14조), 외국 프로그램 편성의 제한을 두고 있다.

2002년 1월부터 외국문화의 다양성을 수용하기 위해 특정국에서 제작된 콘텐츠는 60% 이내에서 편성할 수 있도록 규제가 완화되었다. 시청각 서비스의 개방에는 문화적 정체성의 보호, 디지털 콘텐츠와 인터넷 온라인 기술의 발달, 우리 산업의 해외시장 개척('한류' 열풍이 대표적인 예), 국내산업의 경쟁력 강화 등의 문제가 복합적으로 연관되어 있다. 도하개발의제 협상에서 EU와 개발도상국이 얼마나 버팀목이 될지는 미지수이나, 이미 영국과 독일이 쿼터 방식의 규제 시스템의 철폐를 주장하고 나섰고, 최근 정보통신 기술의 획기적인 발전의 여파로 문화적 다양성의 유지는 소비자의 선택에 맡겨야 한다는 미국의 주장을 감안할 때, 문화적 정체성의 논리는 약화될 것으로 보인다. 따라서 시청각 서비스의 개방을 둘러싸고 새로운 논쟁이 일 것으로 예상된다.

우리의 과제

뉴 라운드 협상이 출범하기 전에는 외교통상부의 통상교섭본부 산하에 뉴 라운드 협상대책위원회(위원장 통상교섭조정관)를 두었고, 그 아래에 서비스 협상을 위한 실무대책반(12개 분야별 작업반)을 설치(1999년 4월)하고 운영해왔다. 도하개발의제가 채택된 후에는 대외 경제장관회의(의장 경제부총리)를 중심으로 정부적인 협상체제를 만들고 통상교섭본부 내에 도하개발의제 협상실장을 두어 농업, 서비스, 공산품 등 7개 분야별로 협상반을 마련해 협상에 임하고 있다. 재외공관을 중심으로 대외 협의체제도 구축하고, 국민의 이해와 지지를 얻는 협상을 위해 관민합동 포럼도 설치했다.

　　서비스 협상과 관련해 우리 정부는 일반이사회(1999년 4월12일)에
서 우리의 기본입장을 제시한 바 있다. "한국은 서비스 협상에 있어서
모든 산업분야를 대상(comprehensive approach)으로 하며, 서비스 무
역에도 최혜국대우 원칙을 엄격히 적용하고, 조기 규범제정으로 서비
스 무역자유화의 기반을 조성할 필요가 있다"는 입장을 밝혔다.

　　이제부터 서비스 분야의 무역자유화의 이익을 최대한 확보하기 위
한 국민적 공감대를 형성하고, 이를 바탕으로 향후 협상에서 적극적
으로 참여해야 하며 협상과제에 대한 사전연구, 전략적 대책 등을 마
련해야 할 것이다. 우선 서비스협상 준비를 위한 기초자료 작성이 필
요하다. 기초자료의 내용으로는 각 서비스 분야별 산업현황(생산, 고
용, 교역, 경쟁력 등), 분야별 시장접근과 내국민대우에 관한 국내규
제 현황파악, 서비스 교역현황 분석과 교역장벽조사, 해외 서비스 시
장 및 주요국의 진입장벽 조사, 협상정보의 신속한 입수와 자료의 DB
화(양허표 작성포함) 등을 갖추는 것이 협상에 앞서 미리 대비해야 할
사항이다.

　　또한 서비스 협상 범위, 방식 및 규범제정에 대한 입장을 정립해야
한다. 서비스 산업의 분류와 통계개선, 협상전략과 방식, 서비스 분야
보조금 규정, 긴급 수입제한조치(Emergency Safeguard Measures), 규
정, 자격의 상호인정, 공정경쟁 등 국내 규제제도 검토, 경쟁정책, 전자
상거래 관련 문제(분류, 국내제도, 관세, 평가 등), 정부조달 규범적용
문제 등이 이에 해당된다.

　　서비스 분야별 협상대책은 서비스 업종별로 별도로 수립할 필요가
있다. 서비스는 업종별로 특성이 있을 뿐만 아니라 경쟁력도 상이하기
때문이다. 이와 관련한 분야별 자유화의 범위확대와 취약부문에 대한

신축성 유지방안도 강구되어야 한다. 또한 해외시장 진출을 위한 주요 교역국의 자유화조치 확대방안과 최혜국대우 면제목록 검토(개발도상국도 외국인 투자유치를 위한 시장개방에 적극적일 가능성도 있음)도 있어야 하겠다. UR 협상 이후 자발적 자유화의 추진실적과 계획을 검토하는 것도 크레디트(credit)를 부여받아 협상을 유리하게 진행할 수 있는 전략이다. 분야별 개방확대의 경제·사회적 효과를 분석하고 분야별 작업반의 협상대책을 산업계와 조율할 필요도 있다.

마지막으로, 우리 서비스 산업의 해외진출을 촉진하기 위해서 다른 회원국의 국내 시장접근(market access)을 위한 자유화 폭의 확대와 진입장벽 해소에도 적극적인 모습을 보여야 할 것이다. 서비스 협상에 대한 국민적인 지지와 이해를 얻기 위해서 협상과정에 민간의 참여와 대국민 홍보계획을 수립하는 일도 필요하다. 정책토론회와 세미나를 통한 민간의 의견수렴과 분야별 작업반에 민간의 참여와 역할분담도 필요하다.

도하개발의제(Doha Development Agenda) 협상이 시작되었다. 시장진출을 노리는 회원국들의 '서비스 시장을 개방하라'는 협상요구서가 각국 정부에 제출되었다. 서비스 시장 확보를 위한 선전포고를 한 것이다. 새롭게 회원국이 된 중국과 대만을 포함한 144개 모든 회원국이 이제부터 밀고 당기는 공방을 치르게 된다. 우리 서비스 산업에도 거센 개방의 압력이 밀려 올 것이다. 지금까지 외국과의 경쟁에서 무관심한 태도로 국내의 보호를 받았던 법률, 교육, 의료 서비스분야도 개방이 불가피하다. 도하개발의제 협상은 UR보다 훨씬 넓은 범위에서 더 높은 수준의 무역자유화를 협의하게 된다.

우리는 세계화(globalization) 시대에 부응하는 해외 서비스 시장진

출에도 눈을 돌려야 한다. 또한 시장진입의 장벽을 낮추고 내국민대우
상의 차별을 없애야 한다. 우리는 세계시장에서 다국적 기업과 자유롭
고 공정한 한판 승부를 벌여야 한다. 우리가 살아남는 길은 단 하나, 우
리 스스로 우리의 경쟁력을 키우는 길이다.

■ 참고문헌

김준동 외 2인, 《WTO 서비스규범관련 논의동향 및 대응방안》, 대외경제정책연구원, 2000년.

김준동 외 6인, 《WTO 서비스협상의 영향분석 및 대응전략》, 대외경제정책연구원, 2000년.

김창선, 《분배의 정치경제학》, 동아출판사, 1990년.

유필화 · 신재준, 《기업문화가 회사를 말한다》, 한언, 2002년.

이승철 · 한선옥, 《서비스 산업의 뉴라운드 대응전략》, 한국경제연구원, 1999년.

한철수, 《서비스 산업개방과 WTO》, 다산출판사, 서울, 1994년.

斎藤重雄編, 《現代サービス 經濟論》, 創風社, 東京, 2001년.

松本源太郎, 《經濟の サービス化と 産業政策》, 北海道大學, 2001년.

Aharoni, Yair & Nachum, Lilach, *Globlaizaion of Service*, Routledge, 2000.

Badaracco, Jr., *The Knowledge Link*, Harvard Business School Press, Boston, 1998.

Bradley, Stephen P., et al., *Globalization, Technology & Competition*, Harvard Business School Press, Boston, 1993년.

Drucker, Peter, *Post Capitalist Society*, Harper Business, N.Y., 1993.

Freeman Christopher, *Technology Policy and Economic Performance*, London, Pinter Publishers, 1988.

IMF, *Balance of Payments Statistics Yearbook*, N.Y. 2001.

Kennedy, Paul, *Preparing for the Twenty-First Century*, Random House, N.Y., 1993년.

Kim, Chang-son, *Toward Cultural Capitalism*, Hoover Institution Press, 1995.

McRae, Hamish, *The World in 2020*, Harvard Business School Press, Boston, 1994.

Meyer, Arnold De, et al., *The Bright Stuff*, Financial Times Prentice Hall, London, 2002.

Neef, Dale, *The Knowledge Economy*, Butterworth-Heinemann, Boston, 1998.

Ochel, Wolfgang & Wegner, Manfred, *Service Economies in Europe*, Pinter Publishers, London, 1987.

OECD, *Governance in the 21st Century*, OECD, Paris, 2001.

OECD, *The Creative Society of the 21st Century*, OECD, Paris, 2000.

OECD, *The Future of the Global Economy*, OECD, Paris, 1999.

OECD, *21st Century Technologies*, OECD, Paris, 1998.

OECD, *OECD Economic Surveys Korea*, OECD, 2001.

OECD, *Services Statistics on Value Added & Employment*, OECD, 2001.

Pfeffer, Jeffrey, *Competitive Advantage through People*, Harvard Business School Press, Boston, 1994.

Ravitch, Diane, *National Standards in American Education*, The Brookings Institution, Washington, D. C., 1995.

Schneider, Benjamin & Bowen, David E., *Winning the Service Game*, Harvard Business School Press, Boston, 1995.

Schneider, Susan C. & Barsoux, Jean Louis, *Managing Across Cultures*, Prentice Hall, London, 1997.

Terpstra, Vern & David Kenneth, *The Cultural Environment of International Business*, South-Western Publishing Co., Cincinnati, 1991.

Thurow, Lester, *The Future of Capitalism*, Nicholas Brealey Publishing, London, 1996.

WTO, *Guide to the GATS*, Kluwer Law International, London, 2001.

WTO, *Guide to the Uruguay Round Agreements*, Kluwer Law International, London, 1999.

WTO, *The Results of the Uruguay Rounds of Multilateral Negotiations*, Geneva, 1995.

●

서비스 경쟁력이 돈이다

●

지은이 / 김창선
펴낸이 / 김경태
펴낸곳 / 한국경제신문 한경BP
등록 / 2-315(1967. 5. 15)
제1판 1쇄 인쇄 / 2002년 12월 5일
제1판 1쇄 발행 / 2002년 12월 15일
주소 / 서울특별시 중구 중림동 441
홈페이지 / http://bp.hankyung.com
전자우편 / bp@hankyung.com
기획출판팀 / 3604-553~6
영업마케팅팀 / 3604-561~2, 595
FAX / 3604-599

●

ISBN 89-475-2409-3

값 12,000원